「持たざる企業」の優位性

基盤技術を保有しない企業の製品開発

山﨑喜代宏 [著]
Yamazaki Kiyohiro

中央経済社

まえがき

　日本の製造企業の多くは，研究開発を自社で行い，自前で強固な技術的資源を構築し，それを活用することで，これまで革新的で性能の高い製品を開発してきた。ただし，技術力の向上は，いつでも企業の競争力に結びつくわけではない。

　産業の導入期には，製品が市場に登場したばかりで，その性能水準は低いため，消費者は，その性能向上に対価を支払ってくれる。そのため，産業では技術開発が積極的に行われ，高い技術力を持つ企業は競争を優位に展開していくことができる。

　ただし，技術進歩の速度は，消費者がその技術を利用できる能力の向上スピードよりも速いため，技術開発が進んでいくと，製品の性能水準は顧客の要求水準を超えていく。そうなると，消費者は，製品の性能に十分に満足するようになるため，競争の焦点は製品性能から製品価格へと移っていき，製品はコモディティ化してしまう。また，製品アーキテクチャがモジュラー化していくため，あるいは技術を保有する企業がそのデバイス生産に量産効果を働かせようとするため，重要なデバイスであっても外販されるようになっていく。このように変化していく競争環境の中では，産業において参入企業も消費者も競争上重要だと認識している基盤技術を保有していない企業（「持たざる企業」）に機会が訪れる。

　本書は，この「持たざる企業」に焦点を当て，その製品開発を考察するなかで，基盤技術を保有しないからこそ生み出される優位性を明らかにするものである。

　これまで，技術的資源の開発とその蓄積の重要性が声高に叫ばれてきた。それには反論の余地はないけれども，技術力のみによって競争優位を構築することが難しくなっているのもまた事実である。では，どのような方策が考えられるのだろうか。本書で主張する基盤技術を保有しない企業の優位性の論理が，この問いを考えるための一助になれば幸いである。

本書は，神戸大学に提出した博士論文を基に加筆・修正したものである。これまで研究を行う過程では，たくさんの方々に多くのご支援やご協力をいただいた。はじめに，大学院在学中にお世話になった延岡健太郎先生（一橋大学）と原拓志先生（神戸大学）にお礼を申し上げたい。博士論文を執筆するなかで，研究者としての心構えやモノの見方など，多くのご指導をいただいた。また，ゼミ外でも時間を割いていただき，多岐に渡って相談にのっていただいた。加えて，副査を務めていただいた加護野忠男先生，伊藤宗彦先生（神戸大学）には論文指導だけではなく，講義や研究会，学会などでもご指導いただいた。

網倉久永先生（上智大学）には，時に東京で，また名古屋に来られる際は時間を作っていただき，多くのコメントをいただいた。その際の貴重なサジェスチョンは本書に活かされており，この場を借りて感謝申し上げる。

さらに，大学院の同じゼミで工藤秀雄先生（東京理科大学），横澤幸宏先生（岡山商科大学），宮尾学先生（神戸大学），陰山孔貴先生（獨協大学）と共に切磋琢磨できたことは，現在の研究活動の礎となっている。

上記以外にも，私が出会った多くの方々のご支援によって本書は成り立っている。本来であれば，そのすべての方々を記して感謝申し上げたいところであるが，その数は多く，特定の誰かのみを選ぶこともできないので，ここでは割愛させていただく。どうかお許し願いたい。

なお，本書の完成には，多大な資金的援助をいただいた。大学院生時には，神戸大学大学院経営学研究科の研究助成や日本学術振興会の特別研究員といったサポートのおかげで，研究活動に専心できた。また，中京大学経営学部の出版助成により，出版にかかる費用をご援助いただいた。中央経済社経営編集部の浜田匡氏には，博士論文を書籍化するためのさまざまな提案をいただき，本書の刊行にあたってご尽力をいただいた。これらのご支援にも感謝申し上げる。

最後に私事になり恐縮だが，大学院に進学し，研究者の道を志したとき，黙って支援してくれた父といつも明るく励ましてくれた母に心からありがとうと伝えたい。そして，日々の研究活動を支えてくれ，心に平穏をもたらしてくれる妻と娘に，感謝のメッセージとともに本書を捧げたい。

2017年1月

山﨑喜代宏

目　次

まえがき　i

第1章　「持たざる企業」の優位性とは
――問題設定と本書の構成 ―――― 1

1.1 技術的資源が乏しい企業の製品開発：本書の問題設定　1
1.2 「持たざる企業」とは：本書における基盤技術の定義　2
1.3 複数ケーススタディ：本書で使用した方法論と調査方法　5
1.4 ソニー・カシオ計算機・任天堂の製品開発：本書で取り上げる3つの事例　8
1.5 本書の構成　9

第2章　技術保有と競争優位
――これまで研究者はどう捉えてきたか ―――― 13

2.1 基盤技術の保有の有無と競争優位の関係性：文献レビューのフレームワーク　13
2.2 「持つ企業」は競争力を発揮できる：基盤技術保有の優位性を主張する研究　14
2.3 「持つ企業」は弊害も抱える：基盤技術保有が競争優位の妨げになりえると主張する研究　17
2.4 「持たざる企業」でも製品開発はできる：基盤技術がなくても製品開発の可能性を示唆する研究　21
2.5 「持たざる企業」が優位になることもある：基盤技術を保有しないことが優位になる理由等を扱った研究　24

2.6 「持たざる企業」だからこその強みとは：基盤技術を保有しない企業の優位性の論理の構築に向けて　28

第3章　薄型テレビ産業におけるソニーの事例分析　33

3.1　薄型テレビ産業の概要と基盤技術の設定　33
3.2　ソニーの薄型テレビ産業参入以前の製品開発　35
3.3　2004年以前のソニーの薄型テレビ開発　44
3.4　2005年以降のソニーの薄型テレビ開発　50
3.5　ソニーの薄型テレビ開発の特徴　58
3.6　ソニーの優位性に関する論理　64
3.7　第3章のまとめ　70

第4章　デジタルカメラ産業におけるカシオ計算機の事例分析　77

4.1　デジタルカメラ産業の概要と基盤技術の設定　77
4.2　カシオ計算機の「EX-S1」以前の製品開発　79
4.3　「QV-10」以降のデジタルカメラ産業の拡大　84
4.4　「EX-S1」の開発プロセス　89
4.5　「EX-Z1000」の開発プロセス　98
4.6　カシオ計算機の優位性に関する論理　101
4.7　第4章のまとめ　110

第5章　家庭用据え置き型ゲーム機産業における任天堂の事例分析　117

5.1　家庭用据え置き型ゲーム機産業の概要と基盤技術の設定　117

5.2 任天堂の「Wii」以前の製品開発　119
5.3 「Wii」発売当時の競争状況　134
5.4 「Wii」の概要　136
5.5 「Wii」の開発プロセス　141
5.6 任天堂の優位性に関する論理　148
5.7 第5章のまとめ　162

第6章 「持たざる企業」の優位性の論理 —— 169

6.1 「持たざる企業」が発揮する2つの優位性：
　　経済的優位性と組織的優位性　169
6.2 経済的優位性：選択広範性と切替容易性　170
6.3 組織的優位性：思索・探索の活性化と組織的危機感　184
6.4 3事例の相違　198

第7章 「持たざる企業」が優位性を確立するために —— 207

7.1 「持たざる企業」の優位性の源泉　207
7.2 「持たざる企業」の強さと「持つ企業」の弱さの関連性　212
7.3 「持たざる企業」が優位性を発揮するための条件　216
7.4 理論的・実践的な示唆　220
7.5 今後の課題　228

参考資料　234
参考文献　247
索　引　259

第 1 章

「持たざる企業」の優位性とは
― 問題設定と本書の構成

1.1 技術的資源が乏しい企業の製品開発：本書の問題設定

　企業が保有する経営資源が競争優位の源泉となり，それを活用する結果として競争優位が構築されるという議論が多くの研究者によって行われてきた（例えば，Wernerfelt, 1984；Barney, 1986, 1991）。このように企業の持つ経営資源や能力に着目して，その企業の強さを説明するアプローチは，Resource-Based View of the Firm（RBV）と呼ばれるものである。このアプローチの主張は，企業の保有する経営資源や組織能力や，企業活動を通じて新たに蓄積されていく資源や能力は企業によって異なり，また企業の意思決定や行動は違うため，その結果としての企業の競争優位は異なるというものである。

　その一方で，中核的な資源を保有することが，競争優位の獲得の妨げのなることも報告されている（例えば，Levitt and March, 1988；Leonard-Barton, 1992 and 1995；Christensen, 1997；高, 2006）。これは，経営資源を持つことが，企業にとってリジディティやジレンマに変貌してしまうことを議論している。しかし近年，中核的な経営資源を保有せずとも競争優位を構築する企業が多く見受けられる。

　本書の理論的な問題意識として，これまでの戦略論の研究の中で，中核的な資源を保有しない企業が競争優位に立つ論理が議論されてこなかったことが挙げられる。中核的な資源を保有・活用して競争優位を築く＜持つ強さ＞や，中

核的な資源の保有が優位性の構築を妨げてしまう＜持つ弱さ＞は，活発に議論がなされてきた。だが，中核的な資源を保有しなくても競争力を高められる＜持たざる強さ＞は，十分な研究蓄積が進んでいるとは言い難い。したがって，本書ではこの＜持たざる強さ＞の論理を構築したい。

ただし，本書で展開する基盤技術を保有しない企業（「持たざる企業」）の強さの論理は，基盤技術を保有する企業（「持つ企業」）の弱さのロジックの裏返しの部分がある。しかし，それが＜持たざる強さ＞のすべてではなく，基盤技術を保有しない企業ならではの強さがあり，それを論じることには理論的な意義があると考える。

また，実務的な問題意識として，中核的な資源を保有しない企業が強さを発揮する産業が，近年増えていることが挙げられる。例えば，DVDプレーヤー産業や薄型テレビ産業などがある。これらの産業では，技術の共同開発が行われたり，デバイスのモジュラー化が進むことで，中核的な資源を保有しない企業が，そのデバイスを手に入れ，優れた製品を開発し，以前は持つ企業で占められていた産業で，高い競争地位を確立している。

そこで本書では，以上の問題意識に基づいて，基盤技術を保有しない企業が強さを発揮する論理を構築する。その中心となるのは，薄型テレビ産業のソニーやコンパクトデジタルカメラ産業のカシオ計算機，家庭用据え置き型ゲーム機器産業の任天堂の事例分析である。これらの事例を通じて，どのように基盤技術を保有しない企業が，競争優位に立つのか，その論理を構築する。

1.2 「持たざる企業」とは：本書における基盤技術の定義

本書では，技術に焦点を当てて議論を進める。資源ではなく，技術に着目する理由として，資源では有益な議論が難しいことが挙げられる。資源とは，ヒト・モノ・カネ・情報などを含む包括的で広義な概念であり，これでは，企業が何を保有しており，何を保有していないのか，あるいは何を基盤とするのかを区分することが難しい。そこで技術に絞ることで，技術を持つ企業と持たざる企業との区分がしやすくなる。なぜなら，技術は，実験設備や生産設備などの物的資源と，技術者の持つ知識やノウハウなどの人的資源，特許やデータな

どから構成されており，企業への固有性が高いため，企業の技術保有の有無がわかりやすいからである。

本書では技術を，デバイスを設計・生産するための資源とし，以下のように定義する[1]。製品を構成する要素技術を基盤技術と周辺技術とに大別する。基盤技術とは，以下の2つの要件を満たす技術と定義する。

第1に，製品を構成する複数の構成要素の中で，機能を定義する対象から，その機能を取り去ったら，その存在価値がなくなる「基本機能」（秋山，1989, p.46）を担うと，参入企業が認識する技術とする。産業が生起する流動期では，製品がそもそもどういうものであるか固まっていない。そのため，企業は製品として重視するべき機能とはどのような機能であるのか，またそれを具現化するために最適な技術とはどのような技術であるか，試行錯誤を重ねながら製品開発を行っていく。このような製品イノベーション（Abernathy and Utterback, 1978）が多く起きるなか，参入企業間での競争（新宅・網倉，2001），協調や模倣（Cusumano, Mylonadis and Rosenbloom, 1992；Anderson, 1999）を通じ，参入企業は，製品として持つべき主たる機能と，それを実現する技術を徐々に特定していく。このプロセスの中で，参入企業の大多数によって，基本機能を担う技術として認識される技術が基盤技術の第1の要件である。

第2に，製品を評価するための複数の評価尺度の中で，顧客が強く評価する機能を実現する技術とする。企業同様，顧客にとっても製品が生まれたばかりの流動期においては，その製品はどのような便益を顧客に与えてくれるのか不明瞭である。そのため，ユーザーと企業とのコミュニケーション（von Hippel, 1988）などを通じて，当該製品は，何ができるのか，どんな使い方ができるのか，どのように役に立つのかが徐々に理解されていく。すると，顧客の製品に対する評価尺度は明確になっていき，複数の製品機能の中で，顧客が利便性を強く感じ，顧客が特に評価する機能が明らかになる。その機能を実現する技術が基盤技術の第2の要件である。

以上の2つの要件を満たす技術は，当該産業内で，大多数の企業・顧客の間で製品がもたらすべき便益を実現する技術として広く共通して認識されている技術となる。そして，産業の流動期においては，製品の性能水準は，顧客の要求水準に達していないことが多く（Christensen, 1997），顧客は相対的に高い

水準の基本機能を有する製品を評価するため，製品の市場拡大のための最も大きな開発課題は，基本機能の性能水準の向上であると企業には認識され，技術開発の焦点になる。また顧客も，基盤技術による機能が向上すれば，そのことを評価し，製品を購買する。こうして，企業と顧客の双方から，製品構成上重要で中心的な技術として産業全体で認識されることになり，基盤技術を中心に競争要因が形成される。そのため，基盤技術は，企業の意図とは関係なく，製品特性によって特定されるもので，産業全体で決まる固有の技術であると考えられる。

そして，本書では，特定の要素技術を基盤技術，その基盤技術を実装したデバイスを基盤デバイスと呼ぶこととする。一方，周辺技術とは，製品を構成する基盤デバイス以外のすべての構成要素に関する技術とする。

ここで強調しておきたいことは，本書での基盤技術と，先行研究でのコア技術とは，異なる概念だということである。Prahalad and Hamel（1990）やLeonard-Barton（1992）らによって注目されるようになったコア技術とは，企業固有の技術であり，複数の製品で多重利用することが可能な技術のことである。そのため，企業ごと，何をコア技術とするのかは異なり，よってコア技術に対する認識はそれぞれ異なる。また，このように企業の強みとなりうるようなコア技術は，技術開発や製品開発の繰り返しの中で時間をかけて構築される（斎藤，2005）ため，どの段階でコアとして企業が認識できるのかは明示的には示しにくい。

一方の本書の基盤技術は，企業の意図とは関係なく，製品特性によって決まるものであり，1つの製品に対しての特定の技術である。そのため，産業全体で決まる固有の技術である。また，産業の流動期において，基本機能の性能水準は，顧客の要求水準に達していないことが多く（Christensen, 1997），製品の市場拡大のための最も大きな開発課題は，基盤技術の機能水準向上になる。したがって，参入各社が基盤技術の技術開発を重視し，そのため産業において中心的な技術であると認識する。

以上から，コア技術とは企業にとっての中心的な技術的資源のことであり，企業固有の技術である。一方，本書での基盤技術は産業ごとで認識される中心的なデバイスに関する技術的資源のことであり，製品固有の技術・産業固有の

技術である。

　本書で基盤技術に着目する理由は，従来のコア技術の定義では，製品の基本的なコンセプトや技術的構成が決定する時点では，製品の基本的な機能を担う技術以外を自社のコア技術と設定することは困難であり，そのためコア技術の定義を用いると，参入企業すべてが何らかのコア技術を有している可能性が高くなり，持たざる企業の議論が困難となるからである。また，産業全体で決定される基盤技術を分析視角とすることによって，当該産業内での企業の資源プロフィールの違いに起因して生じる企業間の製品差別化の相違を理解しやすくなる[2]。

1.3　複数ケーススタディ：本書で使用した方法論と調査方法

　本書では，先行研究の検討と，複数ケースのケーススタディという定性的分析を行い，そこから抽出できる概念モデルを構築する。ここでは，まず本書の方法論についての基本的な考え方について述べておきたい。

　これまでのRBVを中心とした先行研究で明らかにされているように，技術的な経営資源を保有する企業が，高い競争力を発揮することが多い。これらの研究では，個別の事例分析や複数の事例分析を通じて，概念モデルを構築する定性的な分析が行われている。また先行研究や事例分析を行って構築された仮説・概念モデルの検証のために，質問票調査などを通じて大量データを入手し，統計手法を用いて実証分析を行う定量的な分析が行われてきた。

　本書では複数事例によるケーススタディという分析手法を用い，基盤技術を保有しない企業の優位性に関する論理を構築することに焦点を絞っている。本来であれば，ケーススタディを通じて，仮説・概念モデルを構築し，それを定量的な方法で検証することが必要なのかもしれない。しかし，本書で取り上げる基盤技術を保有しない企業が競争優位を構築する事例というのは，ほとんどの産業において，例外的な現象であることが多く，そのため，大量データを収集して，ケーススタディから構築された概念モデルを検証することが難しい。また，もしデータが集まったとしても，本書で明らかになるように，基盤技術を保有しない企業が強さを発揮する事例は，その企業の過去の意思決定や企業

行動からくる経路依存的な側面が強く働いているため，このことも定量的な分析の実行を困難にしている。

　本書で基盤技術を保有しない企業の優位性に関する論理を，複数ケーススタディ（Yin, 1984；Eisenhardt, 1989）の分析の手法を用いて構築する。まず，リサーチクエスチョンの設定を行う。リサーチクエスチョンを明確に定めることによって，何を明らかにしようとするのかが明確になり，多様な情報やデータの中から，リサーチクエスチョンへの解を効率的に探索することが可能になるからである。本書では，基盤技術を保有しない企業が，どのような論理のもとで競争を行うことによって，競争優位を構築しているのかを明らかにすることである。

　続いて，分析を行うケースの選択である。複数ケーススタディにおいては，複数の事例分析を行うなかで，新しい概念モデルを拡張・補強していくこととなる。ここで重要となるのは，ケースの選択基準を持つことである。本書では，3つの事例を取り上げるが，その基準となっているのは，3事例の共通項と相違項である。そもそも3つの事例分析を通じて，1つの概念モデルを構築しようとするため，その前提となるような共通項を持っていなければ，統合的な論理を構築することは難しい。その一方で，相違項も重視するのは，一見相互にかけ離れていると思われるケースをあえて選択することで，外的妥当性を少しでも高めようとすることも必要であるからだ。

　共通項として，取り上げる薄型テレビ産業とデジタルカメラ産業，家庭用据え置き型ゲーム機産業は，いずれもエレクトロニクス分野の産業であることが指摘できる。これらのエレクトロニクス産業の1つの特徴は，製品アーキテクチャのモジュラー化や産業の水平分業化が進んでいることが挙げられる。つまり，製品アーキテクチャがモジュラー化したり，水平分業化することで，基盤デバイスを外部から調達できる可能性が高まり，基盤技術を保有しない企業であっても，製品を開発できるという前提をクリアする産業であることが指摘できる。そして，そこから構築される論理は，産業横断的な性格を持つことができると考えられる。

　3事例の相違項として，消費者にとっての製品の意味合いが異なることが挙げられる。テレビという製品は，さまざまな情報を得るために不可欠なテレビ

メディアの受信装置として，人々の日常生活に深く根ざしている必需品である。一方，据え置き型ゲーム機は，教養娯楽品とも言うべき製品で，余暇に遊戯のために利用される。デジタルカメラは，必需品とまではいかないが，日常生活の記録を残すのに使われたり，教養娯楽品とまではいかないが，旅行やイベントの際の一風景を切り取るために利用される。このように，テレビのような必需品から，日常や余暇の際に活躍するデジタルカメラ，そして一家団欒やひとりで遊ぶときに利用されるゲーム機のような教養娯楽品まで幅広い用途で利用される3つの製品を取り上げる。製品は消費者のニーズをくみ取って開発されるものであるから，製品の用途が異なれば，必然的にその製品開発の姿勢も異なると考えられる。したがって，この3事例を取り上げることで，構築される概念モデルの頑強さは増すと考えられる。

　次に考慮されるべきは，分析のツールや手順である。本書では，研究対象企業や研究対象企業に基盤デバイスを外販しているデバイスメーカーへの訪問インタビュー調査や製品カタログの分析，雑誌や新聞などの二次資料，各種統計資料の分析を行い，可能な限り多様な情報源から，さまざまなエビデンスを収集することで，統合的な分析が行えるように努めた。

　続くデータ分析の段階では，まずケース内分析を行う。研究対象企業の属する産業の概要を明らかにし，その企業がどのような競争地位にあるのか，その変遷を追った。また研究対象企業のそれまでの製品開発を振り返ることにより，経路依存的に形成される思考枠組みや蓄積されてきた資源を明らかにする。そして，いくつかの製品開発を取り上げて，そのプロセスを分析するなかで，その背後に働いていると考えられる論理を探索していった。

　またケース間分析も行った。この段階では，ケース内分析を行って構築された論理と事実を照らし合わせ，ケース間に共通する論理を確認し，ケースの背後にある論理を拡張させたり，洗練させていき，論理の内的妥当性を向上させていく。これらの段階を経て，本書の基盤技術を保有しない企業の優位性に関する論理は構築していくこととする。

1.4 ソニー・カシオ計算機・任天堂の製品開発：
本書で取り上げる3つの事例

　本書で取り上げる研究対象企業は，薄型テレビ産業のソニー，デジタルカメラ産業のカシオ計算機と家庭用据え置き型ゲーム機産業の任天堂の3社である。これら3つの事例を選択した理由は，以下の2点である。

　第1に，これらの企業は開発した製品は，独自性が強く，高い競争力を有している製品であるという点である。カシオ計算機の「EX-S1」や「EX-Z1000」は，それまでのデジタルカメラが持っていないようなユニークな特徴を有し，製品は大ヒットし，カシオ計算機の市場シェアを向上させている。加えて，「EX-S1」や「EX-Z1000」が持っていた特徴が，産業でのトレンドになるほど，他社に与える影響が大きかった。ソニーも薄型テレビ産業の導入期は，低い競争地位に甘んじていたが，その後の製品開発の結果，2008年には世界シェア2位にまで躍進している。任天堂は，家庭用据え置き型ゲーム機の「Wii」で，新しいゲームのかたちを示し，産業では高い競争力を有している。

　これらの研究対象企業は，その他の基盤技術を保有しない企業の中でも，成功を収めている企業と言えるのではないか。これらの企業の強さは際だったものであるため，基盤技術を保有しない企業の優位性に関する論理を構築するための興味深い発見事項を得られるのではないかと考えた。

　第2に，これまでの先行研究との関連において，これらの企業を取り上げることの重要性である。薄型テレビ産業は，その産業が形成したのが，2000年に入ってからで，ブラウン管テレビを研究対象とした研究（例えば，平本，1994；勝見，1998；椙山，2000）はあるが，薄型テレビを取り上げた研究（例えば，長内，2006）は少ない。

　また，デジタルカメラの製品開発を取り上げた研究はいくつか存在するが，デジタルカメラ産業に大きなインパクトを与えた「EX-S1」の製品開発を取り上げた研究は，山口（2004）しかない。加えて，「EX-Z1000」を対象とした研究は行われていない。

　家庭用据え置き型ゲーム機産業に関する研究は，その製品特性からゲームソフトの面から考察する研究は多い（例えば，小橋，1998；新宅・田中・生稲，

1999；新宅・田中・生稲，2000；生稲，2000；田中・新宅，2001）が，ゲームハードそのものの製品開発を取り上げたものは少ない[3]。そのうえ，2006年発売の「Wii」の開発に関しては，アカデミックな研究成果はほとんど出ていない。

したがって，先例の少ないソニーの薄型テレビ，カシオ計算機の「EX-S1」や「EX-Z1000」，任天堂の「Wii」の製品開発の調査を行うことは，その資料的な意味でも価値があると考える。

1.5　本書の構成

　本書の各章は，以下のように構成されている（**図表1-1**）。まず，次章では，先行研究に関する文献の検討が行われる。基盤技術保有の優位性を主張する研究，基盤技術の保有がかえって競争優位獲得の妨げとなると主張する研究，基盤技術を保有しなくても製品開発の可能性を示唆する研究，基盤技術を保有しないことが優位性になる理由・メカニズムを扱った研究について文献レビューを行う。そして，基盤技術を保有しない企業が競争優位を構築する論理を追求するための理論的バックグラウンドを整理する。

　第3章から第5章では，複数のケーススタディが行われる。第3章では，薄型テレビ産業のソニーの事例を取り上げる。ソニーは，プラズマテレビや液晶テレビの基盤技術として設定するパネルに関する技術を保有しなかった。しかし，低コストなテレビを開発したり，多様なバリエーションのテレビを開発したり，プラズマと液晶という複数の技術方式のテレビを開発したり，優れたデザインのテレビを開発することができた。特に，パネルの調達に焦点を当てながら，パネルに関する技術を保有せずに，市場シェアを伸ばした論理について分析を行う。

　第4章では，デジタルカメラ産業のカシオ計算機の事例を取り上げる。カシオ計算機は，デジタルカメラの基盤技術と設定する撮像素子技術と光学系技術を保有しないなか，高い競争力を誇った「EX-S1」と「EX-Z1000」というデジタルカメラを開発することができた。そこで，「EX-S1」と「EX-Z1000」がどのようなプロセスのもとで開発されたのかを分析することで，カシオ計算機

の優位性に関する論理を構築することとする。

　第5章では，家庭用据え置き型ゲーム機産業の任天堂の事例を分析する。任天堂は，半導体に関する技術を保有しないなか，「Wii」を開発した。「Wii」は新しいユーザーインターフェイスやその小型で既存のゲーム機とは異なる外観などから，競合製品よりも高い競争力を持ち，既存のゲーム市場の殻を打ち破ってゲーム人口を拡大することに成功した。この事例では，特に，上記のような既存ゲーム機とは異なる特徴をどのように創出することができたのかに焦点を当てて，任天堂の優位性に関する論理を構築する。

　続く第6章では，先行研究の文献レビューと複数ケーススタディに基づき，

図表1-1 ◆本書の構成

第1章 「持たざる企業」の 優位性とは	◆問題意識 ◆方法論と調査方法		◆本書における基盤技術の定義 ◆取り上げる3つの事例
第2章 技術保有と競争優位	◆基盤技術の保有の有無と競争優位の関係性 ◆「持つ企業」は競争力を発揮できる ◆「持つ企業」は弊害も抱える ◆「持たざる企業」でも製品開発はできる ◆「持たざる企業」が優位になることもある ◆「持たざる企業」だからこその強みとは			
第3章　事例分析1 薄型テレビ産業のソニー	第4章　事例分析2 デジタルカメラ産業の カシオ計算機		第5章　事例分析3 家庭用据え置きゲーム機 産業の任天堂
第6章 「持たざる企業」の 優位性の論理	◆経済的優位性 　選択広範性 　切替容易性	◆組織的優位性 　思索・探索の活性化 　組織的危機感	◆3事例の相違 　基盤技術保有の意図 　戦略パターンの相違
第7章 「持たざる企業」が 優位性を確立するために	◆「持たざる企業」の優位性の源泉 ◆「持たざる企業」の強さと「持つ企業」の弱さの関連性 ◆「持たざる企業」が優位性を発揮するための条件 ◆理論的・実践的な示唆 ◆今後の課題			
参考資料 参考文献	◆参考資料1-6　ソニー関連，カシオ計算機関連，任天堂関連の参考資料			

出所：筆者作成。

本書の概念モデル—基盤技術を保有しない企業の優位性に関する論理—を提示する。この論理は，経済的優位性と組織的優位性から構成される。この章では，それらの優位性のロジックを3つの事例を用いながら詳細に検討することにする。

　最後の第7章では，本書で構築した基盤技術を保有しない企業の優位性に関する論理をまとめ，基盤技術を保有しない企業の優位性の源泉とは何であったのかを議論する。加えて，基盤技術を保有しない企業が優位性を発揮できる条件について考察する。そして，本書での理論的インプリケーションと実践的インプリケーションを示す。最後に，本書での限界を明らかにして，そこから今後の研究課題を示す。

【注】

1　この基盤技術の定義が，必ずしもすべての産業に適用できるわけではない。当てはまらない産業，例えばアパレル産業などがあるのは事実である。しかし，本書で取り上げる薄型テレビ産業，デジタルカメラ産業，家庭用据え置き型ゲーム機産業では，この定義は有効である。
2　産業の導入期とドミナントデザイン決定以降の成長期における産業での製品開発競争を考察する際には，特に有効な視角であると考えられる。
3　ゲームハードそのものの製品開発について取り上げる研究は少ない理由として，ゲーム機の競争力が，人気のあるソフトがあるかどうかによって決まる側面が強いことが挙げられる。

第 2 章

技術保有と競争優位
— これまで研究者はどう捉えてきたか

　本書の理論的位置づけを明らかにするために，本章では，基盤技術保有の優位性を主張する研究，基盤技術の保有がかえって競争優位獲得の妨げとなると主張する研究，基盤技術を保有しなくても製品開発の可能性を示唆する研究，基盤技術を保有しないことが優位性になる理由・メカニズムを扱った研究について文献レビューを行う。本章の目的は，基盤技術を保有しない企業が競争優位を構築する論理を追求するための理論的バックグラウンドを整理することである。

2.1　基盤技術の保有の有無と競争優位の関係性：
文献レビューのフレームワーク

　本節では，第2節以降で行う先行研究のレビューについてのフレームワークを示す。まず，これまでの戦略論研究を中心に明らかにされてきた基盤技術を保有する企業の競争優位の源泉について議論する。続いて，基盤技術を保有することが，必ずしも競争優位の構築にプラスであるだけではなく，マイナスの側面があることを確認する。これを取り上げるのは，基盤技術を保有することが競争優位の構築を妨げてしまうことの論理的な裏返しが，基盤技術を保有しない企業の強みのすべてではないことを確認しておくことが重要になるためである。

　もし，これまでLevitt and March（1988）やLeonard-Barton（1995）らが論じてきた持つ弱さの議論で，基盤技術を保有しないことの強さが説明できてし

図表2-1 ◆文献レビューのフレームワーク

		保有する	保有しない
競争力	強い	持つ強さ（第2節） RBV コアコンピタンス	持たざる強さ（第4・5・6節） 製品開発が行える可能性 持たないことの優位性
	弱い	持つ弱さ（第3節） コアリジディティ 持つことによるジレンマ	持たざる弱さ （RBV） （コアコンピタンス）

基盤技術

出所：筆者作成。

まうのであれば，持たざる強さを議論する意義はない。つまり，これまでの持つ弱さの議論のみでは，持たざる強さのすべてを説明することはできず，本書で，基盤技術を保有しない企業の論理を追求すること自体の意義を確認する。

加えて，基盤技術を保有しない企業が製品を開発できる可能性を探り，さらに企業として強さを発揮するメカニズムや理由を議論する必要がある。持たざる強さが，持つ弱さの裏返しのすべてではないとするならば，それ以外の部分はどのような議論の可能性があるかを，確認する必要がある。本章のレビューのフレームワークは，**図表2-1**になる。

2.2 「持つ企業」は競争力を発揮できる：
基盤技術保有の優位性を主張する研究

これまでの戦略論の研究において，個々の企業が保有する経営資源は異質であり，それが競争優位の源泉であると考えるRBV（Resource-Based View of the Firm）が，1980年代から形成されてきた（Collis and Montgomery, 1998；Saloner, Shepard and Podolny, 2001；河合, 2004）。このアプローチは，企業内部に目を向け，各企業が保有する経営資源や組織能力は異なり，その異質性が製品やサービスの差別化につながると指摘する（Lippman and Rumelt, 1982；Wernerfelt, 1984 and 1989；Wernerfelt and Montgomery, 1986；Barney, 1986, 1991 and 2002）。また1990年代の後半から，企業の持つケイパビリティの動態性に着目をし，ダイナミック・ケイパビリティ（dynamic capability）というアプローチもとられている（Teece, Pisano and Shuen,

1997；Helfat, 1997；Eisenhardt and Martin, 2000；Winter, 2003；Zott, 2003）。

特に，Prahalad and Hamel（1990）やLeonard-Barton（1995）らは，自社ならではの価値を提供するコアの経営資源に着目し，それを企業内部に蓄積することの重要性を主張する。そして，経営資源の異質性を維持し続けることで，企業が持続的に競争優位に立てると主張する。ここでは，相対的に経営資源が異質であり続けるために，どのような特徴を持つことが必要なのか考えてみたい。

技術に関する資源の異質性が，企業の間で存在するためには，その資源が他社に容易に模倣されるものであってはならない。もし企業が，容易に複製できるような資源や入手可能な資源を保有したとしても，競合企業にすぐに真似されてしまう（Barney, 1991）。そのため資源は，他社にとって，模倣困難な特徴を持つ必要がある。

これまでの研究の中で，資源が模倣困難であるためには，次のような特徴を有していなければならないことが明らかにされてきた。

第1の特徴として，因果関係のあいまいさ（causal ambiguity）が挙げられる。資源は，複雑で暗黙的なものであり（Itami, 1987；McEvily and Chakravarthy, 2002），競争優位は，少数の資源によってもたらされるのではなく，数多くの組織属性が一体となって競争優位を形成する（Dierickx and Cool, 1989）。すると，競争力の源泉となる資源が何なのか，それがどのように構成されているのか，よくわからないため，模倣しようとする競合企業が，何が価値のある資源なのかを解明することができない，あるいは模倣するための正確な方法を特定できない。つまり，模倣対象の企業が保有する経営資源とその企業の競争優位との関係がよく理解できないため，何を模倣していいのか，あいまいでわからないのである（Barney, 2002）。

第2の特徴は，経路依存性（path dependency）である（Teece, Rumelt, Dosi and Winter, 1994；Teece, Pisano and Shuen, 1997；Collis and Montgomery, 1998）[1]。資源は，時間の経過とともに形成され，それを使っているうちに蓄積され，さらに強化されていく（Nelson and Winter, 1982）。つまり，企業が獲得し，開発・活用していく資源は，その企業がいつどこにいたのかに依存するのである。そのため，時間の経過とともに形成され，形成のスピードを速め

ることが困難で，時間をかけなければ獲得できない資源（Dierickx and Cool, 1989）は，他社にとって模倣困難な資源となる。このように時間をかけなければ獲得できない資源を，競合企業が模倣しようとしても，過ぎ去った時間をもう一度再生しなければならないため，その構築には大きな労力と時間がかかる。

第3の特徴として，法的や制度的に保護される権利を有していることである。法的な保護下にある特許によって，競合企業が資源を模倣する際のコストが大きくなる（Rumelt, 1984）。また，制度的に保護される業界標準（浅羽, 1995；山田, 2004）は，一度確立してしまうと，ネットワーク外部性（Katz and Shapiro, 1985）が働くため，後から他の標準を作って対抗することが困難になる。

以上3つの特徴のうちいずれかの特徴を有する資源は，競合企業からの模倣を回避する可能性が高くなる。この模倣困難性という特徴に加えて，企業が異質な資源を保有するためには，その資源が企業の間を自由に移動できるような取引可能なものであってはならないことも主張されてきた（Dierickx and Cool, 1989）。Peteraf（1993）も指摘するように，経営資源の不完全な移動性が競争優位の土台になりうる。

この資源の市場取引は，模倣困難性の特徴として挙げた因果関係のあいまいさと経路依存性によって難しくなる。つまり，企業に特殊な知識やノウハウ，試行錯誤の学習（learning by doing）のなかで蓄積してきたような暗黙知については，市場で取引することが難しい。具体的には，時間をかけて改良されてきた実験設備や製造設備，それを使う人々のスキルや知識などである。このような属人的な資源や，関係性の中に埋め込まれたような資源は，企業間の移動は容易に行えるものではなく，企業間の資源取引の可能性は低いといえる。

一方，第3の法的に保護される特許の取引可能性は高い。資源が，他社へ移転できるようなかたち，つまり形式知化しているために，ライセンスの供与や取引を通じて，企業間で取引される可能性は高まる。ただし，実際には，特許の企業間での取引は，特許を保持している企業の戦略によって，取引の可能性は変化する。特許を保有する企業が，ライセンシングせず，その権利を専有するならば，それを他社が利用することは困難になる。

以上のように，RBVでは，各企業が保有する異質な経営資源が，競争優位

の土台になることが主張されてきた。そして，その競争優位の土台を確固たるものにするためには，資源は模倣困難な特徴を持つ必要があることが明らかにされた。また，その模倣困難性の特徴から，資源を企業間で取引することが難しいことも主張されてきた。企業の保有する技術が，模倣することや市場取引することが困難であれば，その技術を保有する企業の競争優位性は高まる。

2.3 「持つ企業」は弊害も抱える：
基盤技術保有が競争優位の妨げになりえると主張する研究

　企業が保有する経営資源が競争優位の源泉であるとの主張がある一方で，製品の基盤となる資源を保有することが競争優位の構築の妨げになることもコンピテンシートラップ（competency trap）やコアリジディティ（core rigidity）として論じられてきた（Levitt and March, 1988；Miller, 1990；Leonard-Barton, 1995）。なぜ，どのようにして基盤的な資源を保有することが，企業の競争優位を低下させることにしてしまうのだろうか。Leonard-Barton(1995)の議論に沿って，企業の強みが弱みに変貌してしまうメカニズムを明らかにしておこう。

　彼女は，企業の競争優位の源泉として，コアケイパビリティ（core capability）[2]に着目した。コアケイパビリティを形式知と暗黙知を含めた企業独自の知識体系と定義し，これは時間をかけて築き上げられてきたもので，他社にたやすく模倣できるものではないという。このコアケイパビリティは，人々の持つスキルと知識や，物理的・技術的システムに埋め込まれた知識である。さらに，ダイナミックに知識を蓄積することに加えて，蓄積される知識を制御し，方向づけるためのメカニズムも有していると指摘する。それは，組織成員を適切に教育し，報酬やインセンティブを通して知識の成長・強化をマネジメントするシステムであり，多様な種類の知識の蓄積から選別し，制御する価値観や規範である。これら4つの局面からなる知識体系をコアケイパビリティとし，各々を模倣できたとしても，4つの相互依存的な組み合わせを模倣することは難しいと主張する。こうした企業のコアケイパビリティは，4つの知識構築活動[3]―創造的な問題解決の共有，新しい技術やツールを用意して統一すること，公式・非公式の実験，企業外部から新しい専門知識の導入―を通

して，創造され，企業内で共有され，蓄積されていく。

　ただし，このコアケイパビリティは，万能なものではない。企業は，すべての領域で高度な知識やスキルを身につけることができないため，他を犠牲にして，特定知識の構築に集中する必要がある。もし現在のコアケイパビリティが，企業の競争力につながらないのであれば，それは，企業の重荷となって，企業行動を硬直化させる。つまり，コアケイパビリティは，優位性になると同時に，その逆，つまりコアリジディティにもなりうる。彼女は，コアケイパビリティとコアリジディティとは，コインの表裏の関係にあるといい，コアケイパビリティの概念モデルを裏返しにしたものが，コアリジディティの概念モデルになると主張する（**図表2-2**）。

　コアケイパビリティがコアリジディティへと変貌してしまうのは，まず外的要因が変化したときに起こるという（Cooper and Schendel, 1976）。たとえば，新しい技術やサービスが現れたとき，新しい政策や社会的出来事がパラダイムをシフトさせたときなどである。このとき，企業内部ばかりに目を向ける偏狭さがあるため，これまでの成功に安住しようとし，外部の変化にすばやく気づくことができない。加えて，的を撃ちすぎることもある。これは，良いことをたくさんすることは，よりよい結果につながるだろうという単純な考えに陥ることである。これでは，これまで利益を生み出してきた行動を強化しすぎることが，成功の妨げにつながってしまう（Zucker, 1977；Miller, 1990；Tripsas and Gavetii, 2000）。

　そして，Leonard-Bartonは，このようにコアケイパビリティが簡単にコアリジディティに変質してしまう説明として以下の3点を挙げている。

　第1に，経済学的な説明として，既存のコアケイパビリティを変えることは現行の経済基盤を壊しかねない，換言すれば，カニバリゼーションが起きる危険性があることだ。例えば，現行の製品ラインを食いつぶす，現行の知識やスキルを不要にする，あるいは現行の資源価値を減じてしまうなどである。このような懸念がコアリジディティを発現する理由になる。

　第2に，政治力学による説明である。コアケイパビリティの変更は，現行の組織体系において上位に立つ者から権限を奪うことになり，組織への忠誠心を削ぎかねない。つまり，組織上位に位置する者たちは，自分の保身のため，組

第2章 技術保有と競争優位—これまで研究者はどう捉えてきたか

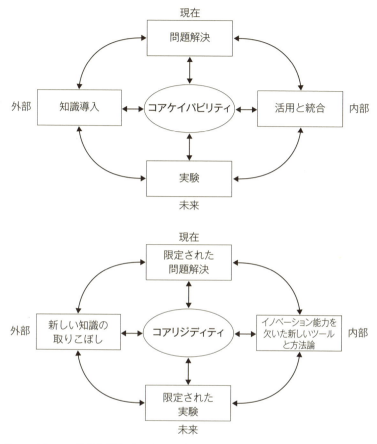

図表2-2◆コアケイパビリティとコアリジディティ

出所：Leonard-Barton（1995），訳書（2001）p.13, p.56。

織にとって良いと容易に考えられる変化ですら，受け入れることを拒む傾向にある。このため，組織の柔軟性は失われ，重い組織となってしまう。

　第3に，行動学的な説明がなされる。組織のルーティンはその内部に深く染み込み，よってさまざまな慣習によって組織は支配されている。このような状況では，現在の組織行動を永続的に継承していく力，つまり組織慣性（organizational inertia）（Hannan and Freeman, 1984 and 1989；Zyglidopoulos, 1999）が働く。この行動学的な要因は，上記2つの説明とも複合して，リジディティを肥大化

させてしまうマネジャーの逆機能的な行動として結実する。

　コアリジディティが発現する根源的な原因は，コアケイパビリティ自体が変わりにくいことにある。コアケイパビリティの4つの局面の中でも相対的な変更のしにくさには，順序がある。その中で最も変更しやすいのは，物理的・技術的なシステムである。新しい設備やソフトは手に入りやすく，目に見える部分が大きいため，企業としても変えやすい。次に変更しやすいのは，マネジメントシステムである。特定の知識以外の知識を軽視するような評価システムを廃し，今後必要となる知識を持つ成員が評価されるようなシステムに変えることになる。逆に変更しにくいのは，組織成員が保有する知識である。特に，人々が持つ暗黙知を企業から排除することは，その知識を持つ組織成員の存在そのものを脅かすため，抵抗も大きい。そして，最も変更しにくいのが，企業の持つ価値観や規範である。価値観は，一貫したパターンをとる相互に関連した考え方のセットであり，多くの組織成員に共有され，新しい組織成員に刷り込まれ，非常に強固なものとなる。

　このように，コアケイパビリティが変更しにくいのに加え，上記の4つの知識構築活動が，逆機能的に，企業を弱体化させ，硬直化してしまう。それぞれについて見ていこう。

　まず，問題解決が限定的になってしまうことである。過去の決定や行動が，現在，そして未来の企業行動に影響を及ぼすことは，経路依存性（Arthur, 1989）と呼ばれる。つまり，現在の行動は，過去にどのような経緯を経てきたかに規定される。そのため，現在行われる問題解決には，過去の影響が大きく反映されており，その範囲は限定的なものになってしまう。すると，環境変化に対して，企業がとる対応策も限られたものになってしまい，代替案を見出すことができなくなってしまう。

　第2に，新しいツールと方法論を用いたイノベーション能力が欠如してしまうことである。既存の行動で良好な成果を上げていると，企業はその技術や生産プロセスに関する経験を積み重ねていく。現在の技術によって競争力を保つことができていれば，既存の技術に固執することが合理的な判断になる。そうすると，既存よりも潜在的に優れた技術が現れたとき，その技術を企業にとって不適切なものとみなしてしまう（Levitt and March, 1988）。特に，非連続的

な技術変化に企業が直面したとき，既存企業は新しい技術に乗り移ることが難しい（Christensen, 1997）。

第3に，実験が限定的になってしまうことである。技術者の関心や能力は，彼らの持つ知識に立脚しており，慣れ親しんだ技術に集中してしまう傾向が強い（NIHシンドローム）（Katz and Allen, 1982）。そのため，実験を行う技術者は，専門領域内での実験は理解できるが，まったく異なる技術に基づいた実験は想像できず，実験から新しい企業の選択肢を生み出すことができない。

最後に，外部知識を取りこぼしてしまうことである。新製品開発にとって重要な技術は，企業外部の技術ソースや市場に由来することが多い。コアケイパビリティに結びつく外部知識の取り込みは積極的に行われる。しかし，それ以外の知識は締め出してしまうバイアスが働く可能性が高い。このバイアスは，新技術の揺籃期には，その機能水準が低く，その潜在的な優位性を見抜けないことに起因する。また，顧客ニーズに耳を傾けすぎることも，外部知識の導入を妨げる原因となる。既存の顧客は，現在の製品をそのまま良くした製品を要求する傾向が強い（Christensen, 1997）。すると，将来の顧客からのかすかなシグナルを察知できず，外部知識の取り込みに消極的になってしまうのである。以上のように，コアケイパビリティを構築する活動が限定され，新しい知識を創造できなくなることで，組織は硬直化していく。

基盤技術を保有する企業が，変化に直面する際，以上のようなメカニズムが働く傾向が強くなる。すると，競争優位の源泉である基盤技術が企業の強みにならなくなるばかりか，優位性の構築を妨げてしまう。基盤技術の保有は，必ずしも企業の競争力にプラスに働くだけではなく，マイナスにも働くのである。

2.4 「持たざる企業」でも製品開発はできる：
基盤技術がなくても製品開発の可能性を示唆する研究

これまで論じてきたように，企業の競争優位の源泉となるような技術資源は，模倣困難で市場取引することが難しい特徴を持っている。しかし，それら技術から生産されたデバイスは，模倣困難ではあるが，取引することができる可能性は高い。つまり，デバイス内部は暗黙知で構成されていても，デバイスとその他のデバイスやシステムとのつながりに関しては，形式知化していれば，取

引可能性は上がるのである。

　すると，製品に不可欠な基盤デバイスを，外部から調達することによって，基盤技術を保有していない企業であっても，製品開発を行える可能性がある。このように，デバイスを外部から調達でき，製品開発が容易になる背景には，製品アーキテクチャ[4]のモジュラー化がある。

　モジュラー化（modularity）とは，1つの複雑なシステムまたはプロセスを構成する要素の相互関係をインターフェイスを介して一定のルールに基づいて連結することである（Ulrich, 1995；Baldwin and Clark, 2000；Schilling, 2000；青島・武石，2001；青木，2002）。Simon（1996）が指摘するように，階層化が複雑なシステムの原理であるため，標準化されたインターフェイスによってシステムを階層化（青島・武石，2001；青島・宮原，2001）することで，その複雑性を低減させることができる（Morris and Ferguson, 1993；Ulrich, 1995）。すると，コーディネーションを局所化することができ，それにかかるコストを抑えられる（藤本・青島・武石，2001；青木，2002）。

　また，インターフェイスをルール化（Shilling, 2000；Baldwin and Clark, 2000；青島・武石，2001；青島・宮原，2001）することで，構成要素の変化をシステム全体の変化とは独立して行うことが可能になる（青木，2002）。そうすることで，製品の開発リードタイムを短縮することができ（Langlois and Robertson, 1992；Thomke and Reinertsen, 1998），さらにはモジュールの再利用をできること（Garud and Nayyar, 1994）が指摘されている。

　この2つの特徴から，戦略的柔軟性を持つことができるとの指摘もある（Sanchez, 1995；Sanchez and Mahoney, 1996；Worren, Moore and Cardona, 2002）。企業を超えた分業体制を構築することができることがその一因である。そもそも自社が製品にとって必要なモジュールを持っていないとしても，それを外部からの調達により，擬似的な製品統合を可能にする。加えて，製品開発の効率化が図られ，製品の性能向上のスピードはアップする（韓・近能，2001；青島・武石，2001）。さらに，モジュラー化の進展は，各モジュールが独立に動けることによって，イノベーションの促進にもつながる（Baldwin and Clark, 2000；青島・武石，2001）。加えて，モジュラー化の問題点[5]を指摘する研究も行われている。

しかし，デバイスがモジュラー化されても，基盤技術を保有しない企業が基盤デバイスを購入できなければ，製品を開発することはできない。基盤技術を保有しない企業が製品を開発するためには，基盤技術を保有する企業が，基盤デバイスの外販を行っている必要がある。だが，基盤技術を保有する企業は，競争優位の源泉となりうる基盤デバイスを，外部には販売したくないはずである。なぜなら，基盤技術を保有する企業は，デバイス生産とともに最終製品の開発・販売も行っていることが多いため，基盤デバイスの外販が自社製品にとってネガティブな影響を及ぼす。デバイス外販によって，他社製品にも基盤技術を保有する企業と同じデバイスが搭載されることになり，基盤デバイスによって享受できる競争優位がなくなってしまうためである。

にもかかわらず，技術を持つ企業は製品にとって重要なデバイスの外販を行うことがある。外販を行う最大の理由として，榊原（2005）は，デバイス生産の経済規模が社内需要の規模を上回ってしまうことを挙げている。つまり，基盤技術を保有する企業は，製品競争力の向上させるため，技術開発に注力する。そして，大量生産によるコストダウンを目指す。そのために，デバイスを標準化し，生産設備に多額の投資を行うのである。その設備の稼働率を上げ，アイドルタイムを減らすために生産しなければならないデバイスの量と自社製品への搭載との量との間にはギャップが存在する。そのギャップを埋めるために，デバイスを外部に販売しなくてはならない。特に，資本集約的な設備の場合には，規模の経済が働きやすい。また，累積生産量によって，デバイスのコスト競争力が向上するため，数量を多く生産するインセンティブが働く。そのため，基盤技術を保有する企業はデバイスを外販してまで，デバイスの大量生産にこだわるようになる。

さらに，デバイスの競争力が高い場合には，デバイス事業単体でも，外販することによって得られる収益は高いはずであり，デバイスを外販する動機は高まる。つまり，基盤デバイスが競争優位であればあるほど，中間財の市場化を誘発してしまうのである（延岡・伊藤・森田，2006）。また，業界標準に関連する基盤デバイスであれば，採用する仲間を増やすために，デバイスを使ってもらう必要がある（柴田，1992；山田，2004）。規格間競争で勝つためには，ネットワーク外部性が重要になるため，競合する規格よりも早く普及させるこ

とが必要となり，デバイスの外販に積極的にならざるをえない。

　以上のような理由のため，基盤技術を保有する企業は，デバイス外販を率先して行う。その結果，基盤技術を保有しない企業は，製品開発には欠くことのできない基盤デバイスが，基盤技術を保有する企業から外販されることで，製品開発が可能になるのである。

2.5 「持たざる企業」が優位になることもある：
基盤技術を保有しないことが優位になる理由等を扱った研究

　以上のように，基盤デバイスを外部から入手することにより，基盤技術を保有しない企業でも製品開発が可能になることを示してきたが，しかし外販された基盤デバイスを利用しただけでは，競争力の高い製品を市場化することができるわけではない。基盤技術を保有しない企業が強い製品を生み出すためには，基盤技術を保有しない企業なりの優位性を発揮するまでの論理が存在する。

　これまでのイノベーション研究において，競合企業に対して保有する資源が劣っている企業であっても，競争優位になりうることが明らかにされてきた。イノベーション研究における主要な主張の1つは，技術的変化の程度が大きい場合には，既存企業の競争地位が低下するというものである。既存企業の優位性の基盤である既存資源に固執するために，事業への新しい資源の取り入れが阻害されると指摘されてきた（Abernathy and Clark, 1985；Foster, 1986；Tushman and Anderson, 1986；Henderson and Clark, 1990；Christensen, 1997；Christensen, Anthony and Roth, 2004）。

　その理由として，これらの企業は，それまでの経験に基づいて選択肢を限定してしまうことが挙げられる（March and Simon, 1958；Daft and Weick, 1984）。多くの情報を処理する上で，やむを得ないことなのだが，既存のビジネスのやり方に合う選択肢を残す傾向にあり，新しいビジネスの方向性を示すような情報を見逃してしまうという経験の罠に陥ることがある。

　Prahalad and Bettis（1986）は，企業がどのように競争をし，利益を上げるかについての企業内での支配的な考え方，ドミナントロジック（dominant logic）が存在することを指摘した。新たな問題に企業が直面したとき，この支配的なロジックに基づいて解決しようとする。その他のロジックがあるにも

かかわらず，それらは検討されることなく，新たな情報を支配的なロジックに当てはめようとするだけとなる。多くの場合に支配的なロジックは機能するが，産業構造の変化や新しい技術の出現による競争のルールが変わるなど，大きな変化が起こる際には機能しない。また，自らが変化したいとき，新しいビジネスチャンスを創出しようとするときにも，認知的に意思決定の選択肢を限定することとなり，ビジネスのやり方の見直しは困難になる（Tripsas and Gavetti, 2000；Gavetti and Levinthal, 2000）。

このような既存企業に取り代わって，イノベーションに成功し，新たに競争優位に立つのは，産業に新しく参入する新興企業（Abernathy, Clark and Kantrow, 1983；Tushman and Anderson, 1986；Foster, 1986; Christensen, 1997；Foster and Kaplan, 2001）やそれまでは苦境に立たされてきた競争地位の低い企業（Abernathy and Clark, 1985；Henderson and Clark, 1990；新宅, 1994；齋藤, 2004）であるという。これらの企業が，新たなイノベーションの担い手となり，既存とは異なる価値を生み出すのである。

産業の発展を時系列で見ると，産業の導入期には，製品が提供する顧客価値が定まっておらず，様々な企業から多種多様な製品がコンセプトや技術システムを競い合う。市場と企業との間の相互作用の中で，徐々に製品に関する知識は蓄積されていき，大多数の市場の要求を満たすことのできる支配的なモデルが登場する。ドミナントデザインが固まると，製品技術の収斂が進み，ドミナントデザインは，顧客や企業に競争が繰り広げられる次元を示すものとして考えられる。そして，技術開発の焦点が，機能水準の向上とより効率的な製造方法の開発に代わっていき，ドミナントデザインのもとで，製品機能が顧客ニーズに到達するまで，技術競争が繰り広げられるのである。

その後，技術進歩の速度は，顧客がその技術を利用できる能力の向上スピードよりも速いのが普通である（Christensen, 1997）ため，時間の経過とともに，実現される製品性能が顧客の要求水準を超えてしまうことがある。顧客の製品に対する要求水準のほうが，製品性能の水準を上回っている段階では，顧客は製品性能の向上に対して対価を支払うが，製品性能が顧客の認知や利用能力を超えてしまうと，同一製品であれば，低価格な製品を選択するという顧客の購買原理が働くため，価格以外に差別化要因を見いだしにくいコモディティ化に

突入する。この段階では，顧客の製品に対する評価尺度は製品価格に収斂する。そのため，製品の低コスト化が行われる事例が薄型テレビやパソコン，DVDプレーヤなどデジタル家電を中心に数多く見られ（例えば，Dell, 1999，藤本・新宅，2005），そこでは機能の割り切りによるコスト低減が行われるようになる。すなわち，単一の競争次元のみで競争を展開する場合，早い段階で過当競争に陥ってしまう可能性が高くなる。

　それを避けるための方策として，他の競争次元への移行することが挙げられる。例えば，Christensen（1997）は，顧客の声を満たそうとするリーダー企業が，一元的な価値次元上での競争を行い，顧客のニーズに答えようとするからこそ，新しい変化に対応できず，他方新しい市場向けに開発され，既存の市場向けでは従来の評価基準で劣っているために当初は評価されないものの，やがて改良が進んで最終的には既存の顧客ニーズに応えられるようになるイノベーションを「破壊的イノベーション」と呼んだ。

　そして，Pine and Gilmore（1999）やSchmitt（1999），Kim and Mauborgne（2005）も新しい次元へと競争を変えていくことの重要性を指摘している。例えば，Kim and Mauborgne（2005）は，同じ競争次元で血まみれの競争を行っている「レッドオーシャン」から脱出し，他社との競合のない「ブルーオーシャン」を開拓することで既存市場での競争を無意味にできると示唆している。「ブルーオーシャン」とは，市場として未開拓であり，既存のレッドオーシャンの延長線上に拡張される既存とは異なる競争次元で，新しい需要を掘り起こすことによって企業の得られる利益を拡大できる競争環境のことである。

　また，楠木・阿久津（2006）は，製品がコモディティ化していくプロセスを，製品の価値次元の可視性という視点から捉える。産業の初期段階で，製品のコンセプトが不明確で，どのような機能が重要になるか，企業も顧客も理解していないため，競争次元は見えにくい。しかし，支配的なモデルが登場すると，特定の少数の次元で把握することが可能になるため，次元の可視性は高くなり，その結果，製品・サービスはコモディティ化してしまう。企業はこれを避けるために，製品やサービスの価値を特定しにくい可視性の低い次元での差別化の必要性を説いている。また顧客ニーズが単純な機能軸で満たされないようにするため，数字で表せるような単純な機能ではなく，定性的で多義的な価値を創

出することで，価値次元を複雑化することも主張されている（延岡，2006）。このように，顧客が一元的な尺度のもとで製品を評価するのではなく，多元的な次元を顧客が認知できるような製品展開を行うことが必要とされる。

そして，このように産業で競争優位にある中心的な既存企業ではなく，それらの企業に比べると保有する資源は豊かではない企業が新しい価値を生み出すことが多い（加護野，1988）。十分な資源を保有しない企業は，競争優位の基盤が確固たるものではない。そのため，成功している既存企業に比べると，環境変化がこれらの新興企業や競争地位の低い企業に大きな影響を及ぼす。よって，環境の変化に対して敏感にならざるを得ない。このような外部環境に対する敏感さが，新しい機会を発見する学習を促進させる。

また，このような企業が，チャンスを発見したとしても，それを実行するだけの資源が不足している。そのため，新興企業や競争地位の低い企業が新しい価値を提供するためには，資源不足を補う何かが必要となる。この必要性に駆られて生み出されるのが，コンセプトやアイディアであり，それによって，イノベーションが実現するのである（加護野，1988；Hamel and Breen, 2007）。

新しいイノベーションを起こす企業のコンセプトやアイディアを創出するために，戦略キャンバスや価値曲線といった分析ツールが開発されたり（Kim and Mauborgne, 2005），製品・サービスに対する視点を水平的に動かすこと（Kotler and de Bes, 2003）や，企業の周辺部から発せられる微弱なシグナルを察知すること（Gilad, 2004；Chesbrough, 2003；Day and Schoemaker, 2006）が必要となるといわれている。一連の研究では，微弱な周辺部からの発せられているシグナルを察知することで成功への糸口を見出す。

Day and Schoemaker（2006）によると，周辺部からのシグナルとは，まず企業内部から得られる。企業内部にある情報は統合されず，まとまりもなく分散して組織内部に存在していることが多い。特に，外部との接点がある部分では，企業にとって有益な情報が多く得られる可能性が高い。また，企業内部のシグナルに加えて，企業外部から得られるシグナルも重要な役割を果たす。製品に不満を持つ顧客や製品を消費するのをやめた人，歴然としているがまだ需要が表面化していないニーズなどは，それまでの市場調査からは得られなかった情報源になる。加えて，技術動向を見きわめることも大切である。これから

の競争のルールを変えるかもしれない新しい技術とは何であるのか，と問うことから，新しい知見を得られる。つまり，現在はまだ研究開発中の技術に目を向けたり，他産業の技術の可能性を模索することなどである。このように企業内部，そして外部環境から得られる周辺的なシグナルをすばやく察知し，それに対応する効果的な行動を起こすことが，競争優位につながると主張する。

以上のような保有資源の不十分さを克服し，周辺部に目を光らせ，新しいイノベーションを実現することは自然には起こらない。中核的な資源を保有しない企業が競争していく方法は多様にあり，新たなイノベーションを生み出すことが，唯一の方法ではないからだ。そのため，イノベーションを起こすためには，資源を十分に保有しない企業なりの動機付けが必要になる。この動機付けは，資源を保有する企業とは異なる独自なものである。

2.6 「持たざる企業」だからこその強みとは： 基盤技術を保有しない企業の優位性の論理の構築に向けて

最後に，RBVの研究を中心に，基盤技術を保有しない企業の競争優位の論理を追求する意義をまとめる。RBVで主張されるように，基盤技術を保有する企業は，その異質な技術資源によって，競争優位に立つことができ，その資源の特徴から優位性は持続する。優位性の源泉となりうる経営資源とは，企業の外から観察することが難しいような因果関係のあいまいさを持っており，時間の経過とともに形成されるため，経路依存的な性質を帯びていることが指摘されてきた。また，法的・制度的に保護されていれば，競合企業からの模倣を回避することができる。このような模倣困難な特徴を有しているため，市場取引することも困難になることも明らかにされてきた。その結果として，基盤技術を保有する企業が競争優位の源泉になる。

その一方で，基盤技術を保有することが，必ずしも企業の競争力にとって，プラスの影響を与えることだけではないことも言及されてきた。本章では特に，Leonard-Barton（1995）の議論に焦点を当て，企業の強みが弱みへと転じてしまうコアリジディティというメカニズムについて検討した。コアケイパビリティは，4つの知識構築活動を通じて，強化され，より強い競争力を生み出すようになる。しかし，外部環境が変化するとき，あるいはある特定部分だけに

集中しすぎるとき，既存の強みは，強みのままではなくなる。限定的な企業行動を引き起こし，新しい知識の獲得や能力の構築を妨げることになる。このように企業が硬直化する結果，企業の強みを構築していたケイパビリティそのものが，競争劣位の源泉となってしまうのである。基盤技術を保有する企業においても，その技術的な先進性は，いつまでも企業の優位性を担保するものではない。逆に，基盤技術の保有が企業の落とし穴になりうるのである。

以上のように，基盤技術を保有する企業の強みが弱みへと転じてしまうという議論の一方で，基盤技術を保有していない企業であっても，競争優位を構築できる可能性を示す研究がある。まず，基盤デバイスを入手して製品開発の可能性を示唆する研究であった。基盤技術は，製品には欠かすことのできない技術であり，まずそれを手に入れない限り，製品開発自体ができない。技術自体は，上記の特徴により，市場で取引することは難しいが，技術を実装したデバイスは，そのインターフェイスがルール化・標準化していれば，市場取引は可能になる。デバイス間の相互依存関係が，ルール化されたインターフェイスを介して1対1の関係，つまりモジュラー化することで，基盤技術を保有しない企業の基盤デバイスの利用可能性が高まるのである。

ただし，これだけでは十分とはいえない。基盤技術を保有する企業が，基盤デバイスを外部に販売しなければならないのである。基盤技術を外販するインセンティブは，デバイス生産の経済規模が社内需要の規模を上回ることで生み出される。また，業界標準をめぐる規格間競争が激しい場合にも，基盤デバイスの外販に積極的になるだろう。そのため，基盤技術を保有しない企業は，外部から基盤デバイスを調達することができ，製品開発の可能性は上がる。

加えて，基盤的な技術資源を保有しないことが，新しい競争要因の創出を促進することも明らかにされてきた。大きな変化が起きる場合には，既存企業の競争力が低下することがある。既存の競争要因に固執してしまい，新たな試みができなくなってしまうためである。その代わりに，十分な資源を保有していない企業が，新たなイノベーションを生み出す。これらの企業は，基盤技術を持たない弱さがゆえに，環境変化への敏感さは高まり，周辺シグナルを感知できる。そこから得られるチャンスを，新しいアイディアやコンセプトによって，資源の不足を補い，イノベーションを起こすことができるのである。

以上のような先行研究のレビューを踏まえて，基盤技術を保有しない企業の優位性に関する論理の構築に向けての方針を述べる。

　基盤技術を保有する企業は競争力を構築することができるが，それだけではなく，基盤技術を保有することが，強さにつながらない，そればかりではなく，競争劣位の源泉となってしまうことも明らかにされてきた。しかし，ここで注意しなければならないのは，上記の先行文献のレビューで明らかにされたように，基盤技術を保有しない企業の強みが，基盤技術を保有することが企業の弱みの単純な裏返しではないということである。確かに，基盤技術を保有する企業の弱みを攻めて，競争優位を築くことは重要である。これまでにも，競合企業の弱みを攻撃することは議論されてきた（Porter, 1985；青井・和田・矢作・嶋口，1989；Kotler, 2000；織畑，1990；Christensen, 1997；Christensen and Raynor, 2003；山田，2007）。これらは，基本的には，資源を持つ企業，産業でのリーダー企業の競争論理を弱みへと転換させることで，資源の不足している企業が優位に立とうというものであった。

　しかし，本書では，基盤技術を保有しないからこそ発生する強みを追求したいと考える。基盤技術を保有しないことで，企業にしがらみがないからといって，それが直接的に優位性につながるわけではない。理論的には，技術を持つ企業の強さと，持つことが弱さに転じてしまうことに関しては，これまで見てきたように研究蓄積がなされてきた。だが，技術を持たない企業が競争優位を構築するメカニズムは，明示的に示されてきてはいない。

　したがって，本書では，いまだに明らかにされていない基盤技術を保有しない企業の強さの論理を複数のケーススタディを行うことを通じて，基盤技術を保有しない企業が，どのようなロジックのもとで競争し，そして優位性を構築していくのか，その論理を明らかにしていく。

【注】

1　経路依存性の著名な事例として，パソコンのキーボード配列が挙げられる。David（1985）は，歴史を遡って，多くのキーボードに「QWERTY型」配列が採用されている理由を以下のように説明している。タイプライターはアメリカで1870年代に発明された当初，タイプしにくくすることで文字の打つスピードを遅くするため現在のような「QWERTY」型を採用していた。なぜなら，初期の機械式のタイプライターではタイピングするスピードが増すとタイプ用のバーが絡み合ってしまう。これを防ぐために頻繁に連続して打たれる文字が離れた位置に配列したのである。つまり，使い手の利便性ではなく，作り手の都合に合わせた文字配列になっている。その後の技術革新により，先ほどのようなタイプ用のバーが絡み合うという問題は解消された。しかし，タイプライターを使用する多くの人々が「QWERTY」型の文字配列に慣れてしまったため，他の文字配列への変更を好まなかったことだという。事実，1936年にはより早く，容易にタイピングできる「DVORAK」型の文字配列が提唱されたけれども，新たな配列へ転換するためのスイッチング・コストは莫大で，成果を上げることはできなかったという。
2　技術に立脚する企業の場合は，コア技術ケイパビリティであるという。本書では，コアケイパビリティとコア技術ケイパビリティは同義として考察する。
3　問題解決の共有と新しい技術とツールの導入と活用，継続的な実験は，企業内部に焦点を当てたものであり，外部からの知識導入は，企業外部に目を向けたものである。
4　アーキテクチャには，代表的な分類として，モジュラー型とインテグラル型の区別，オープン型とクローズド型の区別がある（Ulrich, 1995；Fine, 1998；Baldwin and Clark, 2000；藤本，2001，2003，2004；青島・武石，2001；延岡，2002）。
5　問題点として，Baldwin and Clark（2000）は，"検証コストがモジュラー型設計のアキレス腱である"（訳書，2004, p.319）と指摘し，上野（2006）はモジュラー化の持つ二面性を明らかにしている点である。

第3章

薄型テレビ産業における
ソニーの事例分析

　本章では，薄型テレビ産業におけるソニーの事例に準拠して，基盤技術を保有しない企業の論理を構築する。まずは，ソニーのプラズマテレビと液晶テレビの両薄型テレビ開発の事例分析を行い，続いてそこから主張できるソニーの優位性に関する論理を構築する。

　なお，本事例分析を行うに当たっての調査は，ソニーへ対するインタビュー[1]や薄型テレビ産業参入企業のホームページやパネルデバイスメーカーのホームページ，関連する出版物や広報発表，統計資料を参照して行った。

3.1　薄型テレビ産業の概要と基盤技術の設定

　まず，これまで激しい技術開発競争が行われてきた液晶テレビとプラズマテレビという薄型テレビについて，その開発の歴史を簡単に振り返っておこう。液晶テレビとプラズマテレビは，ともにアメリカで基本的な技術が開発され，日本で製品化されたものである[2]。

　液晶の発見は古く，1854年に石けん水や神経細胞が適度な水を含むと光学的な異方性を持つ有機分子集合体（濃度転移型液晶）であることを見つけたのが始まりと言われている。1888年に，異方性の結晶や圧力が加わった等方向の物体に光が入射すると屈折光の方向が2つに分かれて進むという複屈折性が発見され，1890年代に入ると，各種液晶の分類がされるなどしている。このように，液晶という物質や性質については，19世紀に発見されていたが，エレクトロニ

クスへの応用は，1968年に米RCA社がネマティック液晶に直流や，低周波の電圧を印加すると電子シャッターになる現象「動的散乱効果」を発見したことに端を発する。そして1973年に，日本のエレクトロニクスメーカーが電卓の表示体として動的散乱型液晶を実用化した。液晶ディスプレイは，その特徴から大型化することが技術的な障壁となっており，大型画面製品が量産に入ったのは，1991年からであった。

　一方のプラズマディスプレイは，1964年に米イリノイ大学のビッツァー教授とスロットウ教授，ウィルソン氏によって発明された。1967年に同じイリノイ大学から，プラズマディスプレイのカラー化の基本概念が発表され，それ以降，カラープラズマディスプレイの開発は，交流（AC）型と直流（DC）型の2方式が実用化に向けて競い合っていた。開発競争の中で，AC型は，面放電セルから3電極面放電セルへ，そして反射型3電極面放電セルへと発展していった。これらがフラットパネルディスプレイの先駆けとなり，基礎技術と実用化開発を行っていた富士通から，1993年に21インチVGAフルカラープラズマテレビが実用化された[3]。その3年後の1996年には，同じ富士通から42インチWVGAプラズマテレビが製品化されている。

　薄型テレビ開発の歴史はパネル開発の歴史ともいえるほど，パネルデバイスに関する技術は重要であり，テレビの基本的な機能である映像の表示を担っている。製品の原初的な段階から，さまざまな企業や研究機関は，パネルデバイスに関する技術を中心的な開発課題として取り組んでいる。薄型テレビ産業成立以降も，製品の差別化のために，パネルの薄型化や高性能化が，中心的な技術開発課題として認識されている[4]。したがって，本論文ではパネルデバイスに関する技術を薄型テレビの基盤技術として設定することとする。

　薄型テレビ産業のおける主要企業の多くは，ブラウン管テレビを開発や生産を行っており，1990年代から，ブラウン管テレビに代わる次世代のテレビとして，液晶テレビとプラズマテレビの技術開発を行ってきた企業である。プラズマテレビを製品化していたのは，富士通や日立，パイオニアやNEC，パナソニックなどである。海外メーカーでは，韓国のLGやサムスンもプラズマテレビを市場化していた。これらの企業は，自社でプラズマパネル工場を持っている企業であった。また，液晶テレビを開発し，工場を保有する企業は，1970年

代から液晶に注力していたシャープをはじめ，日立製作所やパナソニックである。また，サムスンやLG，フィリップスも液晶テレビを作っており，液晶パネルメーカーとして台湾のAUOやCMOなどが台頭してきた。

　一方，パネルデバイスに関する技術を保有しない企業として，ソニーや東芝[5]，三菱電機やパイオニア[6]などがある。ただし，東芝やパイオニアは，パネル事業をパナソニックへ売却するまで，自社でパネル生産を行っていた。したがって本章では，液晶パネル・プラズマパネルに関する技術を保有しない企業としてソニーを取り上げることとし，その製品開発を考察することとする。なお，図表3-1は，薄型テレビ産業参入各社のパネルデバイスに関する技術の保有状況と薄型テレビの開発状況の一覧である。

3.2　ソニーの薄型テレビ産業参入以前の製品開発

　まずは，薄型テレビ産業参入以前のソニーについて整理しておきたい[7]。なぜなら，過去の製品開発に関する意思決定や行動が，製品の差別化に関する思考枠組みを作り上げ，いかなる資源を蓄積するかに大きな影響を与えること考

図表3-1◆薄型テレビ産業への参入各社のパネルデバイスに関する技術の保有状況と薄型テレビの開発（2008年上半期時点）

	LCDパネルデバイス	LCDTVセット	プラズマパネルデバイス	PDPTVセット
ソニー	×→△（サムスン）	○	×	○→×
東芝	○（+松下・日立）→×	○	×	×
松下電器産業	○（+東芝・日立）	○	○	○
日立製作所	○（+東芝・松下）	○	○（+富士通）→○	○
三菱電機	×	○	×	×
シャープ	○	○	×	○→×
パイオニア	×	×	○→×（松下電器産業へ売却）	○
サムスン	○→○，△（ソニー）	○	○	○
LG	○（+フィリップス）	○	○	○
フィリップス	○（+LG）	○	×	×
AUO	○	×	×	×
CMO	○	×	×	×

パネルデバイスに関して　○：保有する（+他社名：他社と提携）　△：合弁工場設立　×：保有しない
TVセットに関して　○：開発する　×：開発しない
出所：インタビューや二次資料をもとに筆者作成。

えるからである。また，これが薄型テレビの開発にも影響を及ぼしていると考えるためである。

3.2.1 ソニーの薄型テレビ産業参入以前の製品開発（1）
―企業設立とオーディオ製品の開発―

　ソニーは，1946年5月に東京通信工業株式会社として井深大氏と盛田昭夫氏らを中心に二十数人によって設立された。その設立趣意書に「真面目ナル技術ノ技能ヲ，最高度ニ発揮セシムベキ自由闊達ニシテ愉快ナル理想工場ノ建設」とあるように，技術力で道を切り開いていくベンチャー精神に溢れていた。現在ある製品の模倣品を作るのではなく，独自性の高い技術で新しい製品を開発し，製品分野自体を創造していくことが目指されていたのである。

　1950年8月に日本初のテープレコーダである「G型テープレコーダ」を発売する。この製品は，60分間の録音が可能であったが，重量は45kgと重く，価格も16万円と当時としては高額であったため，業務用として用いられ，裁判所の速記の確認用機器として主に利用された。もともと，1947年NHKに進駐軍が持ち込んだウィルコック・ゲイ社製のテープレコーダを井深大氏が見たことに端を発し，テープそのものの開発や録音方式や開発，特許に関連する問題の解決をし，3年の年月をかけて開発した製品であった。

　1955年には，国産初のトランジスタラジオ「TR-55」を発売する。それまでのラジオ放送の受信機は，真空管などを利用しているため外形が大型で，電源電圧が高く消費電力が大きい製品であった。それに代わり開発されたのが，半導体素子であるトランジスタを利用したトランジスタラジオである。トランジスタの特性から，小型で軽量，低消費電力で動作するラジオとなった。トランジスタラジオは，米テキサス・インスツルメンツが試作機を開発していたが，トランジスタ自体がまだ技術的に問題を抱えていたため，製品化され販売されるまでには至っていなかった。ソニーは，これを知りながらもトランジスタの技術開発を行うようになっていった。1954年に米リージェンシー社が世界初のトランジスタラジオを発売し，遅れること1年，ソニーも日本国産初の携帯用トランジスタラジオを発売した。このトランジスタラジオには，自社開発したトランジスタ5石を使用し，その小ささや軽さのため，後継機種とともに，一

気に市場で普及していった。

　後継機種では，1958年に発売された「TR-610」では，斬新なデザインを採用し，欧米を中心に大ヒットした。1965年発売の「TFM-110」は，黒と銀を基調とした「ブラックアンドシルバーデザイン」で，シックなデザインであった。また1976年発売の「ICF-7500」は，チューナーとスピーカーが分離するという巧みな設計とデザインとなっていた。1984年発売の「ICR-101」は，クレジットカードサイズで薄さ3mmのAMラジオで，洗練されたデザインであった。このように，ソニーは，技術力もさることながら，その技術をデザインによってうまく表現することで，デザインの優れたラジオを次々と開発していった（図表3-2）。

　トランジスタラジオ「TR-55」の発売された1955年には，社号を東京通信工業株式会社から，現在のソニーへと変更している。社名は，世界に通用する社名で，世界中で発音しやすい社名にしようという理由で変更された。ソニーの意味は，音の「SOUND」「SONIC」の語源になった「SONUS（ソヌス）」と，小さい坊やという意味の「SONNY」を合体させた言葉で，「自分たちの会社は小さいが，それにも増してハツラツとした集団である」という思いが込められている。

　しかし，ジャーナリストである大宅壮一氏が，『週刊朝日』の「日本の企業」という連載において，ソニーと東芝を比較し，「ソニーは東芝のためのモルモット的役割を果たしたことになる」[8]と指摘した。これに対し，井深大氏は，「モルモットで結構ではないか」と語り，「小社は，業界のモルモットたらんとしております。すなわち，先駆者，開拓者をもって任じております」とソニー

図表3-2◆ソニーのラジオ製品

1955年	TR-55	日本初のトランジスタラジオ
1957年	TR-63	当時世界最小のトランジスタラジオ
1958年	TR-610	斬新なデザインで評判を呼んだ大ヒットラジオ
1965年	TFM-110	ブラックアンドシルバーデザインのラジオ
1967年	ICR-100	軽量90gで長寿命のラジオ
1976年	ICF-7500	チューナーとスピーカーが分離可能なラジオ
1984年	ICR-101	クレジットカードサイズのAMラジオ

の先進性をアピールしたのであった。

　ホームオーディオの分野においては，1961年に，日本初のオールトランジスタアンプ搭載テープレコーダ「TC-777」を発売している。1965年には，世界初のオールシリコントランジスタステレオプリメインアンプ「TA-1120」[9]を開発する。この製品では，真空管では不可能であった大出力と低歪率を同時に実現し，技術的に優れた製品であった。1977年発売の「PCM-1」は，家庭用VTRと接続してデジタルレコーディングができるオーディオユニットであった。この製品は，それまではプロフェッショナルの技術と考えられていたPCM（pulse code modulation：パルス符号変調）をアマチュアでも容易に取り扱うことができるようにした。

　その後，蘭フィリップス社とコンパクトディスク（CD）を共同開発し，1982年に世界初のコンパクトディスクプレーヤ「CDP-101」を開発・発売した。これによって，従来までのアナログオーディオの時代からデジタルオーディオの時代へと転換した（図表3-3）。

　1979年にステレオカセットプレーヤ「TPS-L2」を発売し，新たにパーソナルオーディオという製品分野を切り開いた（図表3-4）。ウォークマンという名称が与えられ，携帯用のカセットプレーヤは，他社製品であってもウォークマンと呼ばれるほどの市場へのインパクトを与えた製品であった。

　1981年に発売された「WM-2（ウォークマンⅡ）」では，これまでの製品開

図表3-3◆ソニーのホームオーディオ製品

1950年	G型テープレコーダ	日本初のテープレコーダ
1951年	H-1	コンシューマ用テープレコーダ
1961年	TC-777	日本初のオールトランジスタアンプ搭載テープレコーダ
1965年	TA-1120	世界初のオールシリコントランジスタステレオプリメインアンプ
1977年	PCM-1	家庭用VTRと接続して，デジタルレコーディングを可能にするオーディオユニット
1982年	CDP-101	世界初のコンパクトディスクプレーヤ
1999年	SCD-1	スーパーオーディオCDプレーヤ
2004年	NAS-A1	ネットワークオーディオシステム

図表3-4 ◆ソニーのパーソナルオーディオ製品

1979年	TPS-L2	初めてのステレオカセットプレーヤ"ウォークマン"
1981年	WM-2	ウォークマンⅡ
1984年	D-50	世界初のポータブルCDプレーヤ
1985年	WM-101	初めてガム型充電池を搭載し，200gを切ったウォークマン
1990年	TCD-D3	DATウォークマン
1992年	NT-1	世界初小型テープ使用デジタルマイクロレコーダ"スクープマン"
1992年	MZ-1	世界初のミニディスクレコーダ"MDウォークマン"
2003年	NW-MS70D	ネットワークウォークマン
2004年	MZ-NH1	Hi-MDウォークマン
2005年	NW-A3000	ハードディスク内蔵ウォークマン

発とは異なるやり方が採られた。通常の製品開発では，製品仕様やその設計が決まってから，デザインが考えられるが，「WM-2」では，まずデザインが決まり，それに合わせて技術者が設計を行うという方法が採られた。そのため，ポップな外観となっており，メタルテープ対応やアンチローイングメカが搭載されたこともあり，大ヒットとなった。

1984年には，世界初のポータブルCDプレーヤ「D-50」を発売した。これは，CDジャケット4枚分の大きさで重量が590g，50,000円を切る価格であり，一気にCDの普及を加速させた。翌1985年には，初めてガム型充電池を採用した「WM-101」を発売した。電池形態が薄く小さいため，本体も薄型軽量にすることができ，重量は200gを切った。また，薄く小型であるため，スタイリッシュな外見と複数カラーを用意して，デザインにも注力した製品であった。

3.2.2 ソニーの薄型テレビ産業参入以前の製品開発（2） ―トランジスタテレビ・ブラウン管テレビの開発とテレビ周辺機器の開発―

テレビ分野においても，独創性の高い製品を開発する。1960年には，世界初のトランジスタテレビを発売する。23石のトランジスタと19石のダイオードを搭載する「TV8-301」は，従来のテレビに比べ，トランジスタを利用しているため，非常に小さく軽いテレビとなった。そのため，これまでのテレビは，リビングに置いて家族で楽しむものであったが，「TV8-301」は，パーソナルユー

スを打ち出した先進的な製品であった。

1968年には、ソニー独自のトリニトロン方式によるカラーテレビ「KV-1310」が開発された。当時一般的であったシャドーマスク方式テレビは表示部が球面状であるのに対し、トリニトロン方式は、「シリンドリカル・フェイス」を採用したため、表示の歪みも少なく、デザイン性に優れていた。

1977年には、"サイテーション"の愛称を持ったパーソナルテレビ「KV-1375」が発売された。ソフトタッチ選局のジェットセンサを搭載したこれまでにない斬新なデザインであった。1991年には、スーパートリニトロンブラウン管を搭載した"キララ・バッソ"シリーズの「KV-29ST1」を発売し、1997年からはFDトリニトロン管を搭載する"WEGA"シリーズと進化していった。

2000年には、ベースステーションで受信したテレビ番組を無線で転送するワイヤレステレビ"エアボード"「IDT-LF1」という斬新なデザインと設計思想のテレビを開発している。このようにソニーは、テレビ開発においてトリニトロンという独自性の高い技術と、また他社とは異なるデザインを採用することによって、テレビ産業でのシェアと収益を上げていった（**図表3-5**）。

テレビだけではなく、のちにテレビの周辺機器となる映像記録再生機器も開発された（**図表3-6**）。1961年には、世界初のトランジスタを利用したビデオテープレコーダ「SV-201」を開発する。静止画やスロー再生も可能であった。しかし、重量は約200kgと非常に重い製品であった。1963年には、重量が約60kgと小型化を実現した業務用ビデオテープレコーダ「PV-100」を開発する。そして、1965年に世界初のオールトランジスタ式家庭用ビデオテープレコーダ

図表3-5◆ソニーのテレビ製品

1960年	TV8-301	世界初の直視型ポータブルトランジスタテレビ
1968年	KV-1310	トリニトロンカラーモニタ
1977年	KV-1375	パーソナルテレビ"サイテーション"
1991年	KV-29ST1	スーパートロニトロンブラウン管テレビ
1997年	KW-32HDF9	FDトリニトロン管テレビ
2000年	IDT-LF1	ワイヤレステレビ
2002年	KLV-17HR1	液晶WEGA
2005年	KDL-46X1000	BRAVIA

図表3-6 ◆ ソニーのビデオレコーダ製品

1958年	試作機	国産初のビデオテープレコーダ
1961年	SV-201	世界初のトランジスタを使用したビデオテープレコーダ
1963年	PV-100	小型の業務用ビデオテープレコーダ
1965年	CV-2000	世界初のオールトランジスタ式家庭用VTRビデオレコーダ
1971年	VP-1100	Uマチック方式カラービデオカセットプレーヤ
1972年	VO-1700	Uマチック方式カラービデオカセットレコーダ
1975年	SL-6300	ベータ方式VTR "ベータマックス"
1975年	SL-7300	初めての裏番組が録れるテレビチューナー内蔵機
1985年	EV-S700	据え置き型8mm方式VTR
2000年	SVR-715	ハードディスクビデオレコーダ
2001年	RDR-A1	DVDレコーダ
2003年	BDX-S77	世界初のBSデジタルチューナ内蔵ブルーレイレコーダ

「CV-2000」を開発する。テープ幅は2分の1インチで，連続1時間以上の録画と再生ができる製品であった。

続く1971年には，Uマチック方式カラービデオカセットプレーヤ「VP-1100」を発売する。これ以降，VTRはカセット方式が採用されるようになる。1975年には，独自方式であるベータ方式ビデオテープレコーダ「SL-6300」（通称ベータマックス）を発売する。テープ幅は2分の1インチで，カセットは文庫本サイズと小型であった[10]。同年には，テレビを見ながら裏番組が録画できるテレビチューナー内蔵のベータ方式ビデオテープレコーダ「SL-7300」も発売している。

その後も，1985年に据え置き型8mm方式ビデオテープレコーダ「EV-S700」を発売し，2000年には，ハードディスクビデオレコーダ「SVR-715」，2001年には，DVDレコーダ「RDR-A1」を発売している。2003年には，世界初のBSデジタルチューナー内蔵のブルーレイディスクレコーダ「BDX-S77」を発売した。

3.2.3 ソニーの薄型テレビ産業参入以前の製品開発（3）
―パソコンの開発―

パソコン分野にも1967年に発売した電子卓上計算機「ICC-500」から参入し

図表3-7◆ソニーのパソコン製品

1967年	ICC-500	電子卓上計算機
1982年	SMC-70	8ビットパソコン
1983年	SMC-777	キーボード一体型パソコン
1983年	HB-55	MSX規格パソコン
1996年	PCV-90	"VAIO"
1997年	PCG-707	ノートブック型"VAIO"
2000年	PCV-MX1V7	ステレオ一体型"VAIO"
2003年	PCG-X505	薄型軽量化を追求した"VAIO"
2006年	VGC-LA70B	ボードパソコン
2006年	VGN-AR70B	世界初のブルーレイドライブを搭載したノートパソコン
2006年	VGN-UX90PS	フラッシュメモリを搭載した軽量小型パソコン

ている(**図表3-7**)。1982年の8ビットパソコン「SMC-70」や翌1983年のキーボード一体型パソコン「SMC-777」を開発している。そして,1996年に"VAIO"「PCV-90」を発売している。翌1997年には,ノートブック型"VAIO"「PCG-505」を発売した。

この"VAIO"シリーズは,スペックは凡庸でこの点において他社製品と差別化することは難しかったが,筐体を銀色と薄紫色に塗り分けられ,本体にマグネシウム合金を採用し,近未来をイメージさせるものであった。また,"VAIO"の後継機種では,電源端子やUSB端子,モニター端子などにカバーが付き,それらを使用しないときは,端子を隠すことができるなど,それまでのパソコンよりも外観に注力して開発されていた。

3.2.4 ソニーの薄型テレビ産業参入以前の製品開発(4)
―エンターテイメントロボットの開発―

また,1999年に四足歩行の自律型エンターテイメントロボット"AIBO"「ERS-110」を発売し,ロボット分野にも参入した(**図表3-8**)。まだ民生用のロボットは,ほとんど存在せず,あるとしてもおもちゃの域を出ないものであった。一方,"AIBO"は,ユーザーとのコミュニケーションが可能で,新たにエンターテイメントロボット市場を創造する非常に独創的な製品であった。

図表3-8◆ソニーのロボット製品

1999年	ERS-110	四足歩行の自律型エンターテインメントロボット"AIBO"
2000年	SDR-3X（試作機）	二足歩行の小型ロボット
2000年	ERS-210	二台目"AIBO"
2001年	ERS-311，ERS-312	
2001年	ERS-220	
2002年	SDR-4X（試作機）	二足歩行の小型ロボット
2002年	ERS-31L	

　その後も，多様なデザインの"AIBO"が発売された（「ERS-210」「ERS-311/ERS-312」「ERS-220」など）。

3.2.5　ソニーの薄型テレビ産業参入以前の製品開発（5）　—まとめ—

　以上のように，ソニーは，テレビやホームオーディオ，パーソナルオーディオやラジオ，ビデオレコーダなどの分野で，世界初あるいは日本初の製品を数多く開発してきた。例えば，日本初のトランジスタラジオ「TR-55」や日本初のテープレコーダ「G型テープレコーダ」，世界初のコンパクトディスクプレーヤ「CDP-101」や世界初のカセットプレーヤ"ウォークマン"「TPS-L2」，世界初のポータブルCDプレーヤ「D-50」や世界初のミニディスクプレーヤ「MZ-1」，世界初のトランジスタテレビ「TV8-301」や世界初のトランジスタビデオテープレコーダ「SV-201」，世界初のBSデジタルチューナー内蔵ブルーレイレコーダや世界初のブルーレイドライブ搭載ノートパソコンなどである。

　ソニーはさまざまな技術開発や製品開発を通じて，高い技術力を獲得していった。例えば，トランジスタに関する技術をラジオからテレビやビデオレコーダに利用することで，これまでとは異なる技術方式の製品を開発している。またソニーは，パーソナルオーディオ分野やエンターテイメントロボット分野など新しい製品分野を創り出してもいる。以上のように，先駆者・開拓者として産業で先進的な製品は積極的に開発してきた。

　加えて，技術的に優れた製品を開発するだけではなく，それを消費者にうまく伝えることにも力を入れていた。それは，テレビコマーシャルや新聞広告な

どのメディア媒体によって伝えるだけではなく,デザインによって先進性を体現するという手段もとられていた。例えば,ラジオでは,「TR-610」のように斬新なデザインにしたり,「TFM-110」のように製品の色遣いをブラックとシルバーにしたり,「ICF-7500」のようにチューナーとスピーカーが分離できるといった巧みなギミックにしたりしていた。またパソコン「PCG-505」のように,シルバーとバイオレットという配色と,マグネシウム合金を筐体に多用することで,近未来なイメージを想起させたりした。これらの製品を通じても,消費者は,ソニーを先進的な企業として見なすようになったのである。

このような製品開発を通じて,ソニーは,高い技術力を利用して先進的な製品を開発し,新たな製品分野を開拓するだけではなく,消費者が持っている「ソニーは先進的な企業である」というイメージを利用することで,圧倒的に技術的に優れている製品ではなくても,デザインによって先進的な製品であるように消費者に見せるということを行ってきた。つまり,デザインによって先進性を体現することで,消費者が製品に先進性を見いだせるようにしてきたのである。言い換えれば,デザインによって差別化しようという製品差別化に関する思考枠組みが形成してきたと考えられる。そして,デザインに注力した製品を開発するなかで,優れたデザインを生み出すデザイナーやデザイン部門の能力を向上させてきたのである。

3.3 2004年以前のソニーの薄型テレビ開発

3.3.1 ソニーの薄型テレビへの取り組み

もともとソニーでは,1964年にプラズマディスプレイの基本的な概念が提唱されてからまもなく,プラズマパネルの開発に着手していた。しかし,1970年代には,プラズマパネルの開発から手を引いてしまう。このとき,プラズマパネルの開発を行っていた技術者は,ソニー外部に出てしまい,同時にプラズマの技術を他社に譲り渡したため,ソニーからはプラズマパネルの技術が消失してしまう。また,1980年代には,液晶ディスプレイの用途先を小型のものだけに限定するという決断を下す[11]。液晶は,その特性のため,大型化が難しいと

図表3-9 ◆2000年代前半の技術方式の比較

	ブラウン管	PDP	LCD
大型化	△	◎	×
薄型軽量	×	◎	◎
高画質映像	◎	○	△
広視野角	○	○	△
低消費電力	△	×	△

◎＝最適，○＝適，△＝可，×＝不適
出所：インタビューや二次資料をもとに筆者作成。

考えられていたためである（**図表3-9**）。

こうしてソニーは，プラズマパネルも液晶パネルも開発を行っていないという状況になった。こうしたなか，プラズマディスプレイは，本章第2節で指摘したように，富士通が積極的に商品化を推し進めており，1993年に初めてのプラズマテレビを発売，1996年には42インチのプラズマテレビを商品化している。

また，液晶テレビをブラウン管テレビの代替製品としての地位を確立させたのが，シャープであった。シャープは，液晶を1973年に電卓に搭載したことを皮切りに，1975年には，カード型電卓や腕時計を，1986年には，ワープロ・パソコンへ搭載した。1990年には，他社にはない大型の液晶を搭載したビデオカメラ，液晶ビューカムを開発し，同年には，液晶テレビも商品化している。このようにシャープは様々な製品に液晶を搭載しながら，その技術力を向上させていった[12]。そして，2001年には，大型の液晶テレビを市場に出し，2005年までに，シャープの出荷するテレビのすべてを液晶テレビとすることを宣言した。これらのことによって，ブラウン管テレビから薄型テレビの代替の流れが加速した。

このように，薄型テレビが普及していく市場の潮流ができていたにもかかわらず，ソニーは，その流れに乗ることができず，薄型テレビを開発できずにいた。その原因として以下の2点が考えられる。

まず，ブラウン管テレビで成功していたことである。ソニーのブラウン管の歴史は古く，1960年に世界初のトランジスタテレビ「TV8-301」を開発したことに始まる。1968年には「トリニトロン」を開発した。通常のブラウン管テレビが，上下方向と左右方向の両方にカーブがついているのに対して，この「ト

リニトロン」は，左右のカーブだけで，上下方向は曲面になっていない独特の形となっているものだった。また1996年には，表示面が完全に平らの平面ブラウン管テレビ「平面ベガ」を発売する。このように進化を遂げてきたソニーのトリニトロンテレビは，世界中で販売され，高い世界シェアを誇っていた。そして，2001年度には，テレビ事業部だけで，9,842億円の売上高を上げ，翌年には，ソニーのテレビ事業が始まって以来最大の700億円近い利益を得た[13]。

　しかし，この成功が，ブラウン管テレビから脱し，薄型テレビへと転換することを妨げていた。ソニー内部では，事業の大きな柱となり，利益を上げているブラウン管テレビから撤退し，薄型テレビの開発に向かうことに対して，大きな不安と不満があった。事実，ブラウン管テレビから撤退する際には，その事業部の技術者などが，ソニーを去っている。さらに，「トリニトロン」という特殊な技術を用いたブラウン管テレビであったために，他社への事業の譲渡にも窮する。もともと，ソニーはトリニトロンを外部に販売をしておらず，事業を分離・売却したくても，その受け入れ先がなかった[14]。そのようななか，2004年7月にブラウン管テレビの生産から撤退し，それを行っていた稲沢工場は，流通拠点へと転換した。つまり，「トリニトロン」が大きな成功を収めていたがゆえに，薄型テレビへと舵を切るのが遅れたのである。

　ソニーが薄型テレビへのシフトに遅れたもう1つの理由として，次世代の薄型テレビの技術方式として，プラズマアドレス液晶（PALC）に賭けていたことが挙げられる。ソニーは，薄型テレビの開発をまったく行っていないわけではなかった。1990年代前半からプラズマアドレス液晶の開発に着手し，1990年代半ばには，試作品の公開までに漕ぎ着けていた。そして，1996年9月には，TFT液晶で先行していたシャープと提携し，翌年7月にはオランダのフィリップスも加えて，プラズマアドレス液晶の技術開発を行い，プラズマ陣営と対峙した[15]。

　プラズマアドレス液晶は，ソニーが基礎技術を開発したものである。液晶が，色を出す画素を専用の駆動用ICを使って制御するのに対し，プラズマアドレス液晶は，画素の駆動にプラズマディスプレイの原理を一部応用している。つまり，プラズマ放電が起こる位置で液晶を動かす仕組みとなっているのである。開発当初，ソニーは，プラズマアドレス液晶を製造しやすく，低コスト化が図

れると考え，この技術方式を選択した。

　しかし，課題が存在した。まず大型の液晶の製造に時間がかかることである。液晶は，ガラスの間に大量の液晶を流し込まなくてはならないため，この液晶注入時間が生産性の向上を妨げる。また，プラズマ放電技術を利用して液晶を駆動させるため，プラズマ電極にある面と液晶が接する面をとても薄いガラスで整形する必要がある。プラズマテレビで利用されるガラス板が厚さ3mmなのに対して，プラズマアドレス液晶では，50μm（マイクロメートル）の薄さが必要となり，文字通り桁違いの薄さが要求される。この薄さのため，製造時にガラスが破砕して生産性が高められないだけでなく，それを防ぐためのコストもかかってしまう。以上のような課題が存在したため，プラズマディスプレイと液晶ディスプレイの悪いところを合わせ持った技術と呼ばれることになる。

　結局，これらの課題を克服することはできず，1999年12月にはフィリップスがプラズマアドレス液晶陣営から去り，シャープも共同開発の契約期限が切れた2001年3月末をもって，プラズマアドレス液晶の開発をやめ，液晶一本に絞る決断をする[16]。そして，プラズマテレビと液晶テレビの性能向上とコストダウンが予想以上に進んだため，2002年初頭にはソニーもプラズマアドレス液晶の開発をやめてしまう。

3.3.2　ソニーのパネル調達

　以上のような理由から，ソニーは，薄型テレビへのシフトに遅れを喫してしまう。そして，ただ遅れただけではなく，ソニーは，プラズマディスプレイと液晶ディスプレイというブラウン管テレビの次の世代を担う技術のパネルに関する知識・ノウハウ・スキルを持たない存在となってしまった。パネルは，製品原価の多く占め，製品価格を左右する部材である。また，製品の生産性にも大きな影響を与える。大きなパネルをたくさん作れれば，それがそのままテレビの生産性向上につながるためである。

　実際，薄型テレビ産業に参入していた企業の多くが，パネル技術を保有している企業であった（図表3-1）。プラズマテレビを製品化していたのは，いち早くプラズマテレビの開発に着手していた富士通や日立，パイオニアやNEC，松下電器産業などである。海外メーカーでは，韓国のLGやサムスンもプラズ

マテレビを市場化していた。これらの企業は，自社でプラズマパネル工場を持っている企業であった。

また，液晶テレビを開発していた企業は，1970年代から液晶に注力していたシャープをはじめ，日立製作所や松下電器産業，東芝や三洋電機である。また，サムスンやLG，フィリップスも液晶テレビを作っていた。これらの企業もまた，液晶パネル工場を有する企業であった。

一方のソニーは，プラズマアドレス液晶の技術開発に集中していたため，プラズマテレビと液晶テレビの両技術方式に関する技術開発を行っておらず，そのため，プラズマパネルも液晶パネルも保有していなかった。しかし，だからといって，テレビ事業から撤退することはなかった。1960年にトランジスタテレビを発売して以来，テレビ事業は，ソニーの核となる事業であり，音響機器やVTRレコーダ，DVDレコーダやプレイステーションなどの製品の中心にあるのがテレビであり，映画会社まで持つソニーとしては，テレビ事業をやめるわけにはいかなかった。

そこで，遅まきながら，プラズマテレビと液晶テレビの開発に乗り出すのであるが，そのとき一番の問題は，それぞれプラズマパネルと液晶パネルをどのように調達してくるのかということだった。そして，自社でパネル技術を開発するためには，コストと時間が非常にかかるという理由から，プラズマパネル・液晶パネルとも内製せず，外部から調達してくるという道を選ぶ。

3.3.3 プラズマテレビの製造工程

ここでプラズマテレビを例に，薄型テレビの製造プロセスを見てみよう。製造プロセスは大きく3つに分けることができる（図表3-10）。

第1の製造プロセスは，パネル製造工程である。クリーンルームの中で，スクリーン印刷技術や写真食刻技術，サンドブラスト技術などを利用して，2枚のガラス基板の表面に規則正しく放電セルを作る。これら2枚の基板を貼り合わせ，その間にネオンとキセノンを混合した放電ガスを入れることで，プラズマパネルができあがる。そして，一定期間放電を行うエージング工程を経て，放電が安定化すると，第2のモジュール組み立て工程に入る。

第2工程では，プラズマパネルに金属製のシャーシが取り付けられる。また，

第3章　薄型テレビ産業におけるソニーの事例分析　49

図表3-10◆プラズマテレビの製造工程

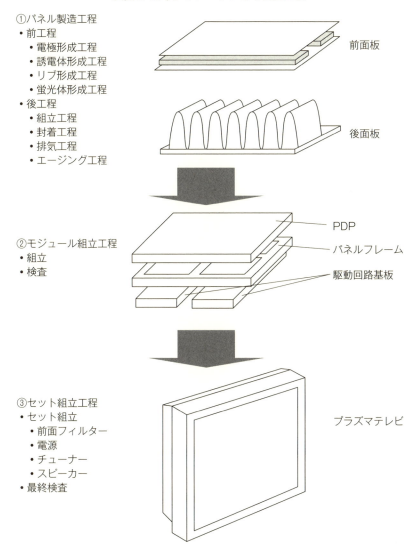

出所：次世代PDP開発センター編（2006）をもとに筆者修正。

データドライバやDC-DCコンバータなどの駆動回路基板も取り付けられる。そして，点灯試験や明るさのムラ，駆動回路の不具合などの検査が行われる。

この検査に合格したモジュールは,第3のセット組み立て工程に送られる。セット組み立て工程では,電源やチューナー,スピーカーなどが取り付けられ,最終試験が行われて,製品として出荷される。

以上のような工程を経て開発されるプラズマテレビを,ソニーはプラズマモジュールを外部から調達し,セット組み立て工程を自社内で行う方法で製品開発を行った。同様に,液晶テレビも外部から液晶パネルをモジュールとして購買してきて,セットとしての組み立てをソニー内部で行った。

3.3.4 外部からのパネルの調達

以上のように,プラズマパネルと液晶パネルともにモジュールとして,パネルメーカーから購買してくる方法を選んだソニーは,複数のデバイスメーカーからパネルを調達した。プラズマパネルは,富士通日立プラズマディスプレイとNEC,パイオニアの3社から調達していた。また,液晶パネルは,パソコンの「VAIO」用に日立ディスプレイズから,「液晶WEGA」向けには,LGフィリップスLCDから調達してきた。加えて,台湾メーカーのAUOやCMOからも調達を受けていた。のちにサムスン電子からも調達を受けることとなる。この調達状況を示したのが,**図表3-11**である。

これらのパネルの調達を行っていたのが,パネル企画室である[17]。後述するS-LCDが設立されるまでの間,このパネル企画室が,プラズマパネルと液晶パネルの外部からの調達を一手に担っていた。当時のパネル企画室でのパネルの調達姿勢とは,作りたい仕様に合わせて,どこからでも買うという姿勢であり,そのときには,もちろんパネルメーカーの生産能力やコストも勘案された[18]。

3.4 2005年以降のソニーの薄型テレビ開発

3.4.1 パネル技術を保有しないことのデメリットと合弁企業の設立の動き

一時,シェアを上げたソニーであったが,薄型テレビ市場の急速な拡大とともに,パネルの需要が供給を大きく上回るようになり,2004年から2005年前半にかけて,液晶パネルを安定的に調達できる相手先に窮してしまった[19]。2004

図表3-11◆ソニーのパネル調達（～2004年）

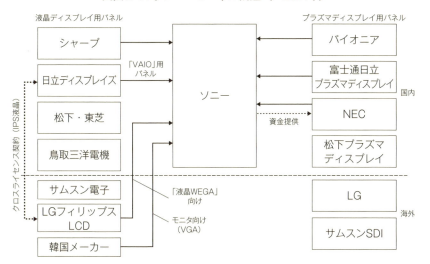

出所：インタビューや二次資料をもとに筆者作成。

年のクリスマス商戦では，ソニーは液晶テレビの在庫を切らし，販売店からの信用を大きく失ってしまった。このような結果を生んだ原因は，自社でパネル生産を行わず，外部からの調達に頼っていたために，テレビの需要の変化に応じてパネル調達量をコントロールできなかったためである。このときには，パネル技術を保有しないことがマイナスに働いた。

しかし，急激な市場拡大によって，パネルの需給バランスに大きな変化が起きることは，数年前から予想されていたことで，それに対し，ソニーは対策をとっていた[20]。2003年度の経営方針説明会で，テレビ用液晶パネルについて，他社からの調達を基本とする従来方針を捨て，自社生産を視野に入れた積極的な投資を検討していくと宣言した[21]。2003年以前には，ブラウン管テレビの次のテレビの主流になる技術方式は，有機ELやFEDになるとソニーは考えていた。そのため，これらの技術を確立し，量産体制が整うまでのつなぎの技術として液晶を考え，またその技術開発に乗り遅れたこともあり，液晶パネルの自社生産は行ってこなかった。ただ，液晶パネルの課題であった大型化が解消されつつあり，また今後の市場拡大が予想され，加えて次世代技術である有機

ELの開発がいまだ不十分なことを踏まえて、液晶のパネル生産の段階から本腰を入れて取り組むという方針に転換した。

　だが、自前の液晶生産ラインをゼロから立ち上げるのは、製造に関する知識やノウハウ、スキルの蓄積がソニー社内にないこと、また設備投資の負担が重いことなどから難しかった。そのため、現実的な選択肢としては、既存の液晶パネルメーカーとの提携や出資、あるいは買収といった手段であった。

　液晶テレビ向けのパネルメーカーとしては、シャープ、日立ディスプレイズ、鳥取三洋電機、LGフィリップスなどがあった。そのうち、日立製作所の100%子会社であった日立ディスプレイズ[22]にとって、ソニーは大口顧客の1つであった。両社の関係性は深く、日立ディスプレイズは、ソニーのパソコン「VAIO」向けなどに液晶パネルを供給していた（**図表3-11**）。また、日立ディスプレイズは、液晶パネルに関して、IPS技術という独自の製造技術を持っていた。IPS技術とは、液晶パネルの視野角を広く取ることができるものである。この技術は、LGフィリップスLCDにクロスライセンスというかたちでライセンス供与が行われていた。そして、このLGフィリップスLCDから、ソニーは「液晶WEGA」向けの液晶パネルを調達しており、技術的にも整合性がとりやすい状況であった。

　さらに、日立ディスプレイズが苦しい立場にあったことも挙げられる。2001年に32インチ級の液晶テレビ用パネルの生産体制を構築していたが、ガラス基板のサイズで言えば、第4世代に当たるものであった。しかし、2004年にはシャープが、亀山工場で第6世代の工場を稼働させたため、2世代も遅れており、コスト競争力は高くなかった。日立ディスプレイズの業績は悪化しており、ため、設備投資に回せる資金が乏しく、新規に大規模な投資ができる状況ではなかったため、資金を調達してくる必要性に迫られていた。以上のような理由から、日立ディスプレイズが、提携先の本命と見られていた。しかし、ソニーは、日立ディスプレイズと接触をしながらも、日立ディスプレイズに決めることはなく、複数のパネルメーカーと並行して交渉を行っていた。

3.4.2　提携先の決定とS-LCDの設立

　複数のパネルメーカーと交渉を行った結果、ソニーはサムスンと提携するこ

とを決定した。サムスンとは，2003年度の経営方針説明会の前に接触するなどしていた[23]。サムスンと提携した理由として，液晶パネルメーカーの中で一番強い企業と組むことにしたからだという[24]。サムスンは，世界最大の液晶メーカーであり，世界でも最も技術力を持っていた。日本国内で勝負していくためには，シャープという強力なメーカーと競っていかなければならない。そのためには，世界一のサムスンと提携することが不可欠であるとソニーは考えたのだった[25]。

　液晶パネル生産の基本的な技術はすべてサムスンの技術であり，ソニーは，約2,000億円をサムスンと折半出資をした。そして，提携することで，ソニーは，少ない投資でパネル供給の安定性・品質・低コストを確保することができたのである。サムスンとの液晶パネル生産の合弁企業は，S-LCDと名付けられ，韓国のタンジョンに工場が建てられた。そして，2005年4月からS-LCDは稼働し，液晶パネルの出荷が始まった。

3.4.3　S-LCDでのパネルの開発と生産

　S-LCDにおいて液晶パネルの生産を行うに当たって，ソニーは技術者を派遣している。ソニーは，これまでにもサムスンから液晶パネルを調達してきていたが，莫大な資金を投じてS-LCDを設立したので，従来の品質のままで液晶テレビを開発したくなかった。そこには，品質レベルを「ソニーパネル」と呼べるまでに一気に高めたいという思惑があった[26]。「ソニーパネル」の開発には，サムスンの技術をベースに，ソニーの技術者が加わって，画質が「ソニーの画」になるように作り込んでいくかたちで行われた。サムスンの技術者とともに，パネルに画を出して，色合いなどの調節を繰り返しながら，理想の液晶パネルに近づけていった。また，品質を維持するために，ソニーの技術者をS-LCDに常駐させ，出荷前の品質をチェックできる体制を整えた。また，S-LCDの技術者を日本のソニーのセット工場に常駐させ，欠陥などの情報をすぐにS-LCDにフィードバックできる体制とした[27]。

　ソニーオリジナルの液晶パネルは，上述のように前工程をサムスンと共同して品質を上げるなどの開発を行うだけではなく，これまでソニーが，テレビ事業やその他の事業で蓄積してきた技術を，後工程で活かすための開発も行われ

た。その1つが，色域を広げるための独自技術を採用したバックライトである。このバックライトは，2004年に発売された最高級ブランド「クオリア005」に搭載されていた，民生用としては世界で初めてのLED（発光ダイオード）バックライトである。これは，ソニーの部品事業の開発部隊を，テレビ事業に貸し出して製品化に漕ぎ着けた技術である。このLEDバックライトを「トリルミナス」と呼び，以降のソニー液晶テレビの訴求ポイントとなっていく。

もう1つが，画像処理エンジンである。画像処理エンジンは，ある水準以上の液晶パネルであれば，画像処理エンジンによって同程度の画が作り出せるほど，画作りを行うなかで重要な部品である。ソニーは，ブラウン管テレビ時代から，画作りの技術として，画像処理エンジンに関する知識を蓄積しており，液晶テレビを開発する際にも，「ベガエンジン」として差別化のポイントにしていた。これは，のちに「ブラビアエンジン」「ブラビアエンジンプロ」などへと高性能化されていった。

このようにS-LCDで生産されたパネルとソニー独自のLEDバックライトと画像処理エンジンを搭載した液晶パネルを「ソニーパネル」とした。そして，この「ソニーパネル」を搭載する液晶テレビに冠するブランドを，2005年9月に従来までの「液晶WEGA」から「BRAVIA（ブラビア）」へと変更した。「BRAVIA」以降のソニーのテレビは，＜参考資料1　BRAVIA以降の液晶テレビの仕様一覧＞のとおりである。

3.4.4　S-LCDからのパネル調達とそれ以外のパネルメーカーからのパネル調達

S-LCDが稼働し，液晶パネルの調達が行われるようになって以降も，ソニーは，他のパネルメーカーからの調達を継続して行った[28]。なぜなら，S-LCDから調達できる液晶パネルだけでは，ソニーの必要としているパネル量に達しないからである。ソニーが必要とする絶対量を確保し，安定的にパネル調達するためには，最低でも2社の液晶パネルメーカーとの継続的な取引が必要になる。そのため，台湾パネルメーカーであるAUOやCMOなどと良好な取引関係を維持しようとした[29]。そうすることで，ソニー社内での液晶パネルの需給のバランスがとれたのである。S-LCD設立以降のソニーのパネル調達状況については，

第3章　薄型テレビ産業におけるソニーの事例分析　55

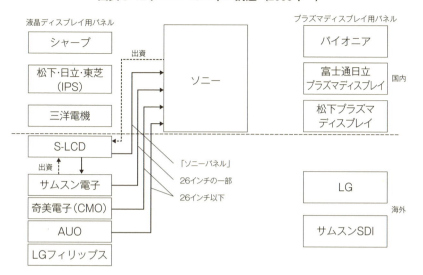

図表3-12◆ソニーのパネル調達（2005年～）

出所：インタビューや二次資料をもとに筆者作成。

図表3-12のとおりである。

　このS-LCD以外からのパネル調達では，ソニーがS-LCDから液晶パネルを調達してくる以前に，パネルの外部調達してきたときの経験が生きたという[30]。液晶テレビ産業の拡大のスピードは速く，変化も激しいなか，安定した品質で，適切なボリュームを市場に提供できることが，売り損じや大量の在庫を抱えないことにとって大切となる。

　また，パソコン用ディスプレイや情報表示体として，需要が旺盛な液晶パネルは，テレビだけに利用されるのではない。特に，パソコン用ディスプレイにはプラズマディスプレイが使われないし，液晶テレビとパソコン用ディスプレイは，同じ液晶パネルを用いて製品として構成される。そのため，価格低下を嫌うパネルメーカーが，しばしば，液晶テレビ向けには液晶パネルを出荷せず，パソコン用ディスプレイ向けに液晶パネルを供給することもある[31]。

　したがって，液晶パネルの調達の読みひとつで，液晶テレビの生産が変わるため，パネルメーカーと長年にわたり取引を行い，彼らに関する情報が豊富なソニーは，柔軟にパネル調達を行うことができる。パネルメーカーの生産能力

に関する情報や，設備投資に関わる情報が，随時ソニーに入ってきている。そのため，液晶パネルの需給状態の全世界的な動向を読むことができるのである[32]。

図表3-12に示したように，ソニーは，S-LCDとその他の液晶パネルメーカーからのパネルの調達を区分していた。S-LCDに出資している以上，S-LCDで生産された液晶パネルについては，完全に消費しなければならない。そのため，まずはS-LCDで開発された液晶パネルを用いた製品開発が行われる。これらの製品は，「ソニーパネル」搭載の液晶テレビとして，日本をはじめ，アメリカやヨーロッパなどで販売される。40インチ以上の大型の液晶テレビはすべて，S-LCDから調達してきた液晶パネルが使われている。

S-LCDにおいて，サムスンと共同で液晶パネルを開発することによる，最も大きなメリットは，量産効果が得られることである。サムスン用とソニー用を合わせれば，そこで生産される液晶パネルの世界シェアは3割から4割程度となり，量産効果がかなり強く働くという[33]。また，部材の調達からバックライトの調達を含めて，数量が大きくなればなるほど，まとめて購入することができるため，売り手に対しての交渉力は強くなり，安く手に入れることができる[34]。

また，確実に液晶パネルの供給が受けられるということもある。2004年から2005年にかけて，液晶パネルを確保できないことにより，多額の売り損じが発生したが，S-LCDが稼働した2005年から2006年までのクリスマス商戦においては，液晶パネルの供給量は十分なものであった[35]。

一方で，26インチ以下の小型液晶テレビは，台湾のパネルメーカーをはじめとした企業から調達し，セットを開発していた。そして，外部から調達してきた液晶パネルを用いたテレビは，ヨーロッパとアジアの一部の下位モデルとして販売されていた。このように，一部のパネルを外部から調達してくることにより，一層フレキシブルな製品開発が行うことができる。どうしても，市場が拡大するなかにおいて，S-LCDからだけの調達では，液晶パネルが不足することは避けられず，その分を補うことができる。また，小型液晶パネルを外部から調達することで，製品ラインナップの充実が図ることができる。さらに，世界的な規模で見ると，まだ安価で小さなサイズの液晶テレビを求めている地域

が存在し，そのような地域に対しては，高機能で高価な「ソニーパネル」を使わず，液晶テレビを提供することができるのである。

以上のように，ソニーの技術を活かしながらS-LCDから生産された「ソニーパネル」を用いた中型・大型液晶テレビと，S-LCD以外から調達した小型で安価な液晶パネルを用いて開発した小型液晶テレビによって，2005年10月-12月において，薄型テレビの出荷台数ベースの世界シェアで14.7%を取り，首位に踊り出ることができた。また，2007年前半でも，サムスンに次ぐ12.2%のシェアを取り，第2位に位置していた[36]。

その後は，サムスンやLGが高性能で安価な製品で市場シェアを伸ばし，中国のハイセンスといった企業が参入をし，ソニーのテレビ産業での競争地位は低下し，苦しい状況に陥っている。また，収益面では，赤字が続いている。

その1つの要因として，S-LCDにおけるサムスン側への技術流出が挙げられる。パネル生産の後工程はサムスンとは別々に行っていたが，クオリティの高いパネル開発のためには，前工程での改善が不可欠であり，液晶パネルの仕様に関する情報がサムスンに流れ，サムスンの技術力を向上させる一助となってしまった。このように，合弁工場を作ることには，情報管理が難しいというマイナスの面が存在する。その後，資金調達をし，生産工場の運営負担をなくすために，S-LCDのソニーの持ち株をサムスンに全株譲渡したことを見ると，合弁工場の設立にはかなりの危険をはらんでいると言える。

3.4.5　プラズマテレビからの撤退

2005年から「ブラビア」という新しいブランドを冠した液晶テレビによってテレビ事業が軌道に乗るなか，ソニーは，プラズマテレビを日本国内から撤退することを決断する。その理由として考えられるのは，以下の5点である。

第1に，上述のように，2004年から2005年にかけて，テレビ事業は苦境に陥っており，大きなリストラが必要であったことである。第2に，液晶パネルの大型化に目処がつき，サムスンと共同で立ち上げたS-LCDが2005年から稼働し始め，液晶テレビ「ブラビア」シリーズを発売できたからである。そのため，ソニーの経営陣は，液晶テレビをテレビ事業の柱と位置づけることができた。第3に，プラズマパネルの供給元であったNECがパイオニアにプラズマ事業

を譲渡したため，パネルの供給環境に変化が生じたことである．第4に，大型テレビを担っていたプラズマテレビであったが，同じ大型テレビに分類されるリアプロテレビがアメリカで好調であったことも挙げられる．そして，最後に，液晶テレビとプラズマテレビの次のテレビを担うであろう有機ELテレビに対して，資源を集中したいという思惑があったと考えられる．以上の理由から，ソニーは，プラズマテレビからの撤退を決める．

3.5 ソニーの薄型テレビ開発の特徴

前節までに見てきたように，ソニーは，パネルデバイスに関する技術を保有しないなか，薄型テレビの開発を行ってきたのだが，そのなかでも，特徴ある製品を開発していた．ソニーの薄型テレビの特徴として，4点が挙げられる．

第1に，低コストの製品である．低コストのパネルを調達することで，同じ性能の製品でもより安いテレビの開発を実現していた．第2に，多様なバリエーションの製品である．多様なパネルを調達することで，さまざまな画面サイズや特徴を持つテレビを開発している．第3に，複数技術方式の製品である．ソニーは，液晶テレビとプラズマテレビなどといった複数の技術方式で製品開発を行った．第4に，ディスプレイパネル以外の要因で差別化を行ったことである．具体的には，意匠や外装などに力を入れて，優れたデザインの製品を開発している．

次に，以上の4つの製品特徴をソニーはどのように実現したのか，その開発プロセスについて，パネルデバイスに関する技術を保有しないという観点から分析する．

3.5.1 柔軟なパネル調達と製品開発

ソニーは，パネルデバイスに関する技術を保有しないため，テレビに不可欠なパネルを外部のデバイスメーカーから調達していた（図表3-11）．2005年まで，パネル調達を行う窓口は，パネル企画室[37]と呼ばれる組織であり，そこが調達するパネルの選定を行っていた[38]．そして，実際の購買業務は事業部に引き継ぐという形で行われていた．

第3章　薄型テレビ産業におけるソニーの事例分析　59

　液晶テレビにとってもプラズマテレビにとっても，そのパネルは製品原価の約6～7割を占めると言われ，そのため，パネルコストが製品価格に与える影響は非常に大きかった。いかにコストパフォーマンスに優れたパネルをテレビに搭載するかが，コスト競争力を左右するのである。

　ソニーは，プラズマパネルをパイオニア，富士通日立プラズマディスプレイ，NEC，サムスンSDIから調達していた。その際の調達先の選定の基準の1つはコストであった。プラズマパネルは，パネル世代の変化が激しく，世代ごとに効率よく切り出せるパネルサイズが異なっていた（図表3-13）。パネル企画室は，作りたい仕様に合わせてどこからでもパネルを購買するという方針をとっており[39]，パネルサイズごと，コストパフォーマンスに優れるパネルを選んでいた。また，液晶パネルも，シャープ，LGフィリップスLCD，AUO，CMO，サムスンなどのパネルをソニー内部で調達する前に比較して，その中からコストパフォーマンスの高いパネルを調達していた。

　もう1つの選定基準は，パネル特性であった。パネルメーカーごと保有する技術は異なるため，パネル特性もメーカーごと異なっていた。プラズマパネルでは，パイオニアのパネルは，大型サイズで輝度が高かった。一方，富士通日立ディスプレイのパネルは，省電力性に優れていた。このように各メーカーごと技術的に得意不得意があるため，ターゲットをパネルメーカーに示し，それに近いほうから調達を行うことで，開発したい製品仕様を実現しやすくなった[40]。複数のパネルメーカーから多様なサイズ・多様な特性のパネルを選ぶことができることで，多様なバリエーションの製品が開発可能になるのである。

　さらに，ただあるものを買うだけではなく，モディファイさせて，ソニー独自のパネルにすることも行った[41]。例えば，プラズマパネルのドライバを改良して，パネルからの鳴き（音）を生じないようにしたり，あるいは階調表現を変更したりするのである。このように，ソニー専用パネルを開発することで，製品のバリエーションを豊富にすることができた。

　ただし，外部からのパネル調達のみに頼っていることは，必ずしもプラスの面だけではない。薄型テレビ市場の急速な拡大とともに，パネルの需要が供給を大きく上回るようになり，2004年から2005年前半にかけて，ソニーは，液晶パネルを安定的に調達できる相手先に窮してしまう[42]。自社でパネル生産を行

図表3-13◆ガラス基板サイズとパネル取り数の関係

世代	ガラスサイズ (mm*mm)	画面サイズ（インチ）																
		10.4	12.1	14.1	15.0	17.0	18.1	20.1	22w	30w	37w	40w	42w	46w	52w	57w	60w	65w	70w
第1世代	320*400	2																	
第2世代	370*470	4	2	2	1	1	1	1	1										
第2.5世代	400*500	4	2	2	2	1	1	1	1										
第3世代	550*650	9	6	4	4	2	2	2											
第3.5世代	620*750	9	6	6	4	4	4	2	2	1									
第4世代	730*920		9	9	6	6	6	4	3	2	1	1							
第5世代	1100*1250			20	16	15	12	9	6	8	3	2	2						
第6世代	1500*1800				30	25	24	16	15	8	6	3	3	3	2				
第7世代	1870*2200						42	36	30	25	24	12	8						
第8世代	2160*2460										8	8	8	8	6	3	3	2	
第10世代	2850*3050										15	15	15	8	8	8	6	6	

注：網掛け部分は切り出し効率が良いことを示す。
出所：倉元製作所ホームページ（http://www.kuramoto.co.jp/）、テクノアソシエーツホームページ（http://www.technoassociates.com/）を参考に筆者作成。

わず，外部からの調達に頼っていたために，テレビの需要の変化に応じてパネル調達量をコントロールできなかったためである。

そこでソニーは，液晶のパネル生産の段階から自社で取り組むことにした。その際には，重い設備投資が必要となり，パネル生産の技術力を不十分であったことから，既存の液晶パネルメーカーとの提携や出資という方法をとった。そのなかでソニーは，複数の液晶パネルメーカーとの交渉を並行して行い[43]，結果サムスンとの合弁工場の設立という道を選ぶ。サムスンとの液晶パネル生産の合弁工場S-LCDが建てられた。

その一方で，S-LCDが立ち上がった2005年に，ソニーはプラズマテレビからの撤退を決断した。それまでは，パネルサイズ37インチを境に液晶テレビとプラズマテレビは棲み分けられていた。そのため，複数の技術方式のテレビを開発すれば，大画面テレビから小型テレビまで揃えることができ，幅広い消費者を対象とすることができた。プラズマパネルと液晶パネルを調達し，それぞれのテレビを開発することに大きなメリットがあった[44]。

ソニーは外部から複数の技術方式のパネルを調達することで，技術方式に関する技術の変化や市場の変化に対応することができていた。技術の変化とは，

プラズマパネルでいえばより高輝度になることや画面の小型化，さらなる大型化が進むこと，液晶パネルでは省電力化や大型化が可能になるといった特性やパネルサイズの変化のことである。他方の市場の変化とは，消費者が同サイズのテレビがあったときに，どちらの技術方式を選好するのかということである。これらの変化に対して，両技術方式でテレビ開発を行うことで，変化の行方を見極めることができ，特定の技術方式に集中することで発生するリスクを低減することができる。そして，液晶パネルの大型化のメドが立ち，生産性が向上し始め，同サイズであれば消費者の多くが液晶テレビを選好することが明らかになり始めると，プラズマパネルの調達をやめて[45]，液晶テレビの開発に集中するようになる。

　世界最大の液晶パネルメーカーであるサムスンと提携したことで，パネル生産には，強力な量産効果を働かせることができた。S-LCDでは，パネル生産の前工程はサムスンと共通化していた[46]。パネル生産は資本集約的であるため，数を多く作れば作るほど，1パネル当たりのコストは低くなる。S-LCDは世界シェアの約3割から4割を占めているため，その効果は大きかった。これは製品の低コスト化に大いに寄与した。

　その一方で，S-LCDでの後工程は別々であり，ソニーとしての独自性を出せる部分として，意識的に異なることを行う[47]。画質が「ソニーの画」になるように作り込んでいき，「ソニーパネル」を開発した[48]。大型・中型パネル[49]を多く生産し，また倍速対応パネルや薄型パネルなど，特徴あるパネルの開発も行われた。ただし，合弁工場内での情報管理は難しく，テレビセット開発のためにパネルの要求仕様に関する情報が，提携相手側に渡ってしまい，技術流出の危険性もある。

　加えて，ソニーはS-LCDからだけではなく，並行してその他のパネルメーカー—台湾のAUOやCMO，CPT—からもパネル調達を行っている。その際には，パネルメーカーごとの特徴に合わせて，2社以上から調達している[50]。これは，S-LCDからの供給量だけでは少なく，不足分を補い，テレビ需要の変動に対応するためのバッファとしての役割があり，これによって，低コストで変動に対応することができる[51]ため，また小型パネルであれば，S-LCDのパネルよりも台湾メーカーのパネルのほうが安価なためである[52]。そのため，小型パ

ネルはコスト競争力の高い台湾企業から，中型・大型パネルはS-LCDから調達を行っている。そして，画面サイズが大型化するにつれて，S-LCDからはより大型のパネルを調達し，台湾企業からは段々と中型・大型のパネルも調達していくように変更している。

また，倍速対応パネルが開発され，製品への搭載比率が上がっていくと，S-LCD生産分だけでは足りなくなり，その際には，台湾企業から倍速対応パネルの調達量を増やし，必要分を確保している[53]。さらに，台湾メーカーと共同でソニー専用パネルを作った。パネルメーカーからセルに関する情報を提供してもらい，セルの特性に合わせて，ソニーがT-Controller（**図表3-14**）を開発するのである。これによって，ソニー独自のパネルが開発できるのである。

以上のように，S-LCDでパネル生産の前工程をサムスンと共通化し，2社分のパネルを生産することで，量産効果を働かせて低コストのパネルを調達している。それだけではなく，台湾メーカーのパネルも調達することで，競争圧力をかけ，低コストのパネルを調達した。また，後工程は別々にすることで，S-LCDパネルでもサムスンとは異なるパネルを開発し，S-LCDからは大型と中型の最新パネルを調達し，台湾メーカーからも小型パネルを調達することで，

図表3-14◆液晶パネルの構成

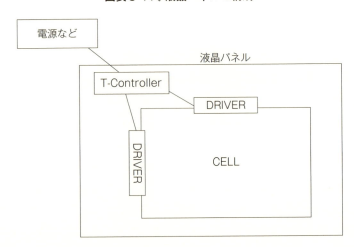

出所：ソニーへのインタビューを参考に筆者作成。

多様なバリエーションのテレビを開発することができた。

3.5.2 異なる競争要因への着目と製品開発

またソニーは，パネルの大きさや性能だけで競争するのではなく，パネル以外の要因でも差別化する製品を開発する。優れたデザインの薄型テレビを開発してきた。例えば，画面周りのベゼルを取り囲むように透明のアクリルパーツを配し，映像が浮かんでいるように見えるフローティングデザインや，額縁をイメージして同じ幅のフレームを四隅で組み合わせたアートフレームデザインなど，意匠に凝っている。また，金属の光沢を醸し出すヘアライン仕上げにしたり，塗装にガラスフレークを混ぜ，光の当て方で色が微妙に変化する外装にしている。

ソニーはかなり前からデザインを重視したテレビ開発を行っている。現在では，多くの参入企業がデザインに注力した薄型テレビを開発しているが，ソニーは他社に先駆けてデザインには力を入れており，製品開発時における優先順位としては，デザインはかなり上位に位置していた[54]。

このように，ソニーがデザインに注力した理由は，第1に，パネルデバイスに関する技術を保有しないために，薄型テレビ市場が形成される時期において，競合企業以上に画像を良くすることが難しかったことが挙げられる。産業初期には，ブラウン管テレビの画質と比較してプラズマテレビや液晶テレビの画質は劣っており，テレビとしての基本的な性能が必ずしも十分とは言うことができなかった（図表3-9）。そのため，開発努力はパネルの性能向上に向けられ，パネルデバイスに関する技術を保有する企業は，その技術開発を積極的に行っていた。シャープは，最新の工場を建設してパネル性能を向上させていき，東芝・パナソニックのIPS液晶も技術的に優れたものであった。パイオニアのプラズマパネルも，黒色をより黒く表現できるという高い技術力に支えられたものであった。そして，参入各社のパネル性能の違いが画質の違いとなった。

しかし，自社でパネルを開発・生産しないソニーは，パネルそのものでは，他社製品と差別化することが難しかった。そのため，パネル以外の要因，デザインで製品の特徴を出そうとしていたのである。

第2に，消費者の評価基準の変化に合わせようとしたことである。時間の経

過とともに，映像画質が良くなれば，消費者が十分満足する性能水準にまで薄型テレビの画質は高まり，画質が消費者のテレビ購入の意思決定の評価基準の最上位にくる要因ではなくなったためである。すると，画質が購買の意思決定に与える影響は相対的に低くなり，それ以外の要因の重要性が増すのである。その1つがデザインであった。消費者の購入に際しての判断基準の中でデザインが重視されるようになっていき，消費者の声を反映させ，ソニーはますますデザインに着目するようになる。

その他の企業もソニーに続いてデザインに力を入れた製品を開発するようになる。パイオニアは，高級感を出すために，ピアノブラックと呼ばれる光沢感のある黒色のアクリルパーツを外装として利用した。また，シャープは有名デザイナーのデザインを取り入れたり，サムスンも欧州高級メーカーのデザインを模したデザインのテレビを開発した。そのなかで，ソニーは，消費者が自社に何を求めているのか，期待しているのかを理解するように努めた。そして，それを反映したデザインのテレビを開発したのである。

3.6　ソニーの優位性に関する論理

前節で見てきたように，ソニーは，4つの特徴ある製品—低コストの製品，多様なバリエーションの製品，複数技術方式の製品，他の競争要因を訴求する製品—を開発することができた。そこで本節では，ソニーがどのように製品開発を行うのか，ソニーが発揮できる2つの優位性に着目をして，ソニーがどのようにして製品開発を行っていたのかというメカニズムを解明したい。

本章では，基盤技術を保有しない企業の優位性に関する論理を考えるための分析視角として，経済的優位性と組織的優位性に着目をする。これらの優位性に着目し，その内容を明らかにすることで，基盤技術を保有しない企業の優位性のメカニズムを解明したい。

経済的優位性とは，企業のコスト的な要因に着目し，企業外部との関係性を築くなかでの優位性のことである。これは，基盤技術を保有しない企業のコスト的な面での優位性である。しかし，基盤技術を保有しない企業の優位性は，コスト的な部分だけではない。コストとは別に，組織的にも優位性を発揮でき

る。組織的優位性とは，企業の組織行動上の要因や心理的要因に着目し，企業内部の意思決定・行動やモチベーションによる優位性のことである。

3.6.1　ソニーの経済的優位性

　ソニーは，薄型テレビに不可欠なプラズマパネルや液晶パネルといったパネルデバイスに関する技術を保有しなかったため，パネルデバイスを外部から調達してくる必要がある。パネルを調達する際，その調達元は特定のパネルメーカーに限られたものではなく，開発したい製品仕様に合わせて，適宜複数のパネルメーカーの中から調達するパネルを選択することができた。

　プラズマパネルは，パネルサイズごと各メーカーのパネル価格は異なっていた（図表3-13）。そのなかでソニーは，低コストなテレビを開発するために，パイオニアや富士通日立ディスプレイ，NECやサムスンSDIのパネルのパネルコストを比較して安価なパネルの調達を行っていた。また，液晶パネルの調達においても，シャープやLGフィリップス，AUOやCMO，サムスンなどを比較して，コストパフォーマンスの高いパネルを調達していた。このように，複数メーカーを比較することで，競争原理を働かせることができ，低コストなパネルを調達できるのである。

　このようにコストの面で，調達パネルを選ぶ一方で，多様なバリエーションの製品を開発するために，パネルメーカーごと異なるパネルのサイズや特徴を活かせるような調達を行った。プラズマパネルでは，パイオニアは輝度が高いパネルを開発し，富士通日立ディスプレイのパネルは，省電力性に優れていた。これらの特徴を活かせるように，それぞれのパネルを搭載するテレビをバリエーションの中に位置づけたのである。また，32インチから42インチは富士通日立ディスプレイから，42インチから50インチはNECから調達して，幅広い画面サイズのテレビを展開できた。液晶パネルもLGフィリップスやAUO，CMOやサムスンなどの複数のメーカーから調達していた。そして，画面サイズごと異なるメーカーのパネルを調達することで，液晶テレビの製品ラインナップの拡充を図った[55]。

　しかも，このように外部調達を行うだけではない。合弁工場に出資をして，そこからパネル調達をするという調達方法を選択できる。ソニーはサムスンと

の合弁工場S-LCDに出資をし，2005年からはそこからも液晶パネルを調達するようになった。世界最大の液晶パネルであったサムスンと提携し，工場内ではパネル生産の前工程を共通化することで，量産効果が働き，パネルの低コスト化に大きく寄与した。また後工程では，各社が独自に設計・製造できるため，サムスンとも異なるパネル特性を持つ液晶パネルを製造することができた。

　技術方式に関しても，複数のパネルメーカーからプラズマパネルと液晶パネルの両方を調達することで，複数の技術方式のテレビを開発していた。画面サイズによって棲み分けがなされている際には，両技術方式を調達してきてテレビを開発することで，幅広い顧客を対象とすることができ，技術方式に関する技術や市場の不確実性を回避することができるためメリットとなる。

　以上のように，ソニーは複数のパネルメーカーから調達していた。それだけではなく，合弁工場に出資をして，そこからもパネル調達を行うという調達方法もとれた。また，調達するパネルの技術方式も選択できた。つまり，最適なデバイスや調達方法，技術方式において，複数の選択肢の中から選択することができるという選択広範性がある。

　またソニーは，一度調達するパネルを選択すると，それのみを調達し続けるのではなく，新たに現在のパネルよりも優れたパネルが調達されれば，そちらへ切り替えることも行っている。プラズマパネルのコストの変化に合わせて，調達メーカーを変更していくことで，より安価なパネルを調達した。また，パネル特性の面でも，パネルメーカーを変更することで，パネルに新たな機能が付け加わった際には，いち早くそれを調達し，製品に搭載することができた。液晶パネルでは，従来よりも薄いパネルが開発されると，その企業からのパネル調達に切り替えた。

　加えて，ソニーは調達方法も変更した。当初，プラズマパネルも液晶パネルも，パネルメーカーから調達していた。しかし，サムスンとの合弁工場S-LCDに出資をし，そこで製造されたパネルを調達するようになる。つまり，パネルを外部調達するだけでなく，合弁工場からも調達するようになったのである。外部調達と合弁工場からの調達を並行して行い，適宜，パネル調達元を切り替えることで，より低コストのパネル，さまざまな画面サイズや最新の特性を有するパネルを調達することができるのである。この調達方法の切り替えも，

S-LCDを最大限活用した上で，外部調達を利用するのであれば，サンクコストは低く，パネル調達方法を変更することができる。

さらに，技術方式でも切り替えを行っている。ソニーはプラズマパネルと液晶パネルともに調達を行っていたが，液晶パネルの弱点であった画面サイズの大型化が克服されていき，また消費者が同じサイズであればプラズマテレビよりも液晶テレビを選ぶ傾向が強くなることを考慮して，プラズマパネルの調達をやめ，液晶テレビの開発に集中するようになった。自社でプラズマパネル生産のための人員も設備も保有せず，サンクコストが低いため，プラズマテレビからの撤退を決断できたと考えられる。

以上のように，調達デバイスや調達方法，技術方式を切り替えることができた。つまり，現在の選択肢よりも，より良いコストが現れた際には，それへ低いサンクコストで切り替えることができる切替容易性があるといえる。

3.6.2　ソニーの組織的優位性

ソニーは，パネルデバイスに関する技術を保有しないため，パネルそのものの性能では差別化することが難しい。そのため，パネルで差別化できない不足を何かで補う必要がある。この必要性がトリガーとなって，代替の差別化要因を探す活動が活発に行われるようになる。この探索活動（March and Simon, 1958）の増加が，新たなチャンスやその企業だからこそ提供できる価値を見つけられる可能性を高める。

ソニーは，プラズマパネルや液晶パネルを外部から調達してくるため，そのパネルは調達元と基本的に同じものである。また，その調達元が，ソニー以外のセットメーカーにパネル外販を行えば，そのセットメーカーはソニーと同じパネルを用いてテレビ開発を行うようになる。これを回避し，製品を差別化するために，ソニーは，パネルメーカーと共同でパネル開発を行いパネルのカスタマイズを行ったり，合弁工場に出資をして「ソニーパネル」を開発したりした。しかし，ソニーはそれだけではなく，パネル以外の部分でも差別化を行おうとした[56]。

液晶テレビ市場では，シャープが先頭に立って市場を拡大してきた。そのため，シャープ「アクオス」の顧客認知度は非常に高い。またシャープは自社で

規模の大きい液晶パネル工場を保有しており，バリエーションに富んだ製品を開発し，その製品戦略は全方位戦略と呼べるものであった。そのため，ソニーは，ある特定の顧客セグメントに絞って，独自の地位を築こうとしていた。

その際の指針となったのは，消費者がソニーに何を期待しているのかという顧客の声であった。顧客がソニーに何を求めているのか，製品の対象となる消費者を特定しようと顧客の声に耳を傾けた。そのなかで，消費者はソニーに先進的な製品を期待していることがわかった[57]。これは，ソニーが薄型テレビ産業参入以前から消費者との間に形成してきたソニーのイメージである。つまり，市場でソニーが活かせるチャンスを探索し，顧客側に蓄積されてきたソニーの市場資産ともいうべき消費者がソニーに抱く正のイメージに気づくことができたのである。

加えて，ソニーが提供できる価値による差別化要因が探された。要因が探索される際には，企業が製品を差別化する際に，企業のとりうる差別化を方向づけるもの，つまり過去のさまざまな製品開発を通じて形成された製品差別化に関する思考枠組みに基づいて行われる。ソニーの差別化でのクセの1つが，デザインによる差別化であった。

そして，ソニーはこれまでさまざまな製品を開発するなかでデザインに関する知識が蓄積されてきた。薄型テレビ開発においては，デザインセンターという独立した部門に在籍するデザイナーが，デザインを行っている。デザイナーは，テレビのデザインを行うだけではなく，海外赴任やマーケット調査などをし，市場トレンド把握などを行い，それをデザインに反映する。また，マーケット部門とは別に，デザインという観点から独自に，調査会社を利用して，ライフスタイルをリサーチする。

これらによって，デザイナーを象牙の塔の住人とすることなく，消費者の選好動向を把握してデザインが行えるようになっている。また，商品企画の統轄は，事業部門長とデザインセンターのトップとのジョイントで行われるため，デザイナーが強い権限を有し，商品企画の際には，デザイナーの提案が聞き入れられやすくなっているのである[58]。

以上のように，パネルデバイスに関する技術を保有しないソニーは，パネルそのものでは差別化することが難しいため，自社ならではの特徴を際だたせる

必要性に後押しされ，その他の要因で他社製品との違いを出すためのチャンスを探したり，ソニーだからこそ提供できる価値を探索した。その探索の結果，テレビ開発で優先される製品特性の順位が変化した。ソニーのテレビ開発で最も優先されるのは，画質ではあるが，製品価格やさまざまな機能の付加とともに，デザインが重視されている[59]。市場でソニーに期待されている先進性をデザインで体現することで，パネル以外での競争要因を見つけることができるのである。

しかし，このような思索・探索の活性化は自然に起こるものではない。なぜなら，基盤技術を保有しない企業の産業での生存の方法は多様にあり，他の競争要因を創出することが，すべてではないからである。これまでの競争のやり方，製品開発のやり方をより効率的にしていくことでも，競争していくことはできるであろう。従来の競争のやり方を変えることは難しい（Prahalad and Bettis, 1986）。

だが，基盤技術を保有しないという厳しい状況のなかでも，高い開発目標を持つことができれば，なんとかしてこの状況を打ち破ろうという強いモチベーションが生まれる。このなんとかしよう，このままではいけないという組織的危機感が，これまでとは異なる競争要因を持つ製品の実現を後押しするのである。

ソニーは，ブラウン管テレビでの成功があるため，それを継ぐ薄型テレビ事業には大きな期待がかけられていた。また，テレビという製品は，デジタルAV機器の中心に置かれ，リビングの顔と呼ばれるほど，デジタル家電企業にとっては，製品群の基幹をなす製品として重要である。このように，薄型テレビには強い競争力が必要とされており，したがって，高い開発目標のもとで製品開発が行われた。

このような高い目標を置いたが，実際には，パネルデバイスに関する技術を持たず，自社でパネル開発を行わないため，パネルによって差別化した競争優位に立てるような製品が開発できずにいた。この基盤技術の欠乏という不利な状況と高い開発目標とのあいだの大きなギャップが組織に心理的エネルギーを生み出していった。商品企画担当者は，どこかで違いを作らないといけないと考えており，このままではいけないという危機感を持っており，その危機感を

メンバーでできる限り共有するように努め，製品開発を行ったという[60]。これによって，ソニーは，デザインを重視するという既存とは異なる優先順位の変化を推し進める心理的なエネルギーを発生させることができ，これまで重視されてこなかったデザインに注力したテレビ開発を行うことができたのである。

3.7　第3章のまとめ

　本章では，薄型テレビ産業のソニーの事例分析に準拠し，経済的優位性と組織的優位性という2つの優位性に着目して，基盤技術を保有しない企業が競争力を構築する論理を探索した。

　まず，ソニーの経済的優位性である。ソニーは，パネルデバイスに関する技術を保有しないため，外部からパネルデバイスを調達してくる。そのパネルの調達に関して，調達方法，調達デバイス，調達メーカー，技術方式の4つの面において，複数の中から選択肢を選ぶことができていた。

　第1に，パネルの調達方法に関して，パネルメーカーから調達を行う外部調達だけではなく，サムスンとS-LCDという合弁工場を設立するという共同開発も行っている。パネルメーカーからは低コストのパネルを調達し，S-LCDからは，サムスンの高い技術力を基礎としながらも，ソニーの独自のパネル仕様とし，パネルでの差別化を図ろうとしていた。

　第2に，同一企業内からの調達デバイスの選択である。1つのパネルメーカーから異なる画面サイズのパネルや異なる特性のパネルを調達することで，製品バリエーションを豊富にしていた。パネルメーカーごと，パネルのインターフェイス[61]は異なる[62]が，例えば，32インチ，40インチ，46インチのパネルを同一のパネルメーカーから調達することで，それぞれのパネルのインターフェイスに合った筐体の金型を作成する数が少なくなり，開発コストを低く抑えることができる。

　第3に，14インチの小型テレビ用のパネルから，70インチという大型テレビ用のパネルまで，数多くの画面サイズのテレビを開発するために，複数のパネルメーカーから調達するパネルを選択できたことである[63]。図表3-13に示したように，パネル生産設備ごと効率的に切り出せるパネルサイズは異なるため，

パネルメーカーの生産設備を考慮し，複数のパネルメーカーから調達を行うことで，多様なパネルを低コストで調達することができるのである。

　第4に，技術方式に関する選択である。薄型テレビ産業の導入期では，図表3-9に示したとおり，技術方式ごとに得意不得意があり，37インチという画面サイズでプラズマと液晶が棲み分けていた。その際，ソニーは，プラズマパネルと液晶パネルを調達することで，プラズマテレビと液晶テレビの両方を開発することができ，多くの消費者を対象とした製品展開を行うことができた。

　以上のように，ソニーはパネルに関する技術を保有しないため，4つの面において，複数の選択肢の中から，低コストな選択肢を選ぶことができる選択広範性を享受することができた。

　また，ソニーには，同様の4つの面において，現在の選択よりも良い選択肢が現れた際には，それへ低いサンクコストで切り替えることができるという切替容易性というメリットがあった。

　第1に，調達方法に関しては，ソニーは当初パネルをデバイスメーカーからの外部調達を行っていたのみであったが，2005年以降は，サムスンとの合弁工場を設立し，そこでの共同開発という調達方法を加えている。

　第2に，同一企業内からの調達してくるパネルの画面サイズやパネル特性も，随時切り替えていく。例えば，より大型のパネルが外販されるようになったり，倍速対応のパネルが生産されるようになれば，それを調達し始める。

　第3に，調達メーカーの切り替えを行っていた。例えば，ソニーは2005年以降，小型中型液晶パネルをAUOとCMOから主に調達しているのだが，パネルコストやパネル特性，パネル生産数などを勘案して，適宜切り替えていた[64]。

　第4に，技術方式の切り替えである。ソニーは，2005年まではプラズマパネルと液晶パネルを調達して両技術方式のテレビを開発していた。しかし，消費者が同一サイズであれば液晶テレビを選ぶ傾向が強いことや，液晶パネルの大型化が進んだことがあり，プラズマパネルの調達をやめて，テレビ事業部の全資源を液晶テレビに振り向けている。

　以上のように，ソニーは，優れた選択肢へ低コストで切り替えるという切替容易性がある。ソニーは，パネルに関するデバイスを保有しないことで，選択広範性と切替容易性という経済的優位性を発揮でき，市場環境や技術環境の変

化に，低コストで迅速に対応することができたのである。

　経済的優位性だけではなく，ソニーには，組織的優位性も働いていた。パネルデバイスに関する技術を保有しないために，パネルそのものでは差別化することが難しい。そのため，その他の競争要因を思索・探索することが活性化される。消費者は，ソニーに対して何を期待しているのかを考え，それをどのように製品に反映させるのかを考える。その際，ソニーには，薄型テレビ産業参入以前の製品開発を行う際，ソニーならではの思考枠組みや消費者が持つソニーのイメージ，製品開発を通じて蓄積してきた資源があり，それを参照したり，活用することで，既存とは異なる競争要因を有する製品を構想していった。優れたデザイン性を追求するという製品差別化に関するクセが形成されており，高い能力を有したデザイナーが力を発揮できるような開発体制があった。また，市場調査を通じて消費者が先進性を期待されていることを認識し，それをデザインによって具現化しようとした。こうして，ソニーは，先進性を体現するデザインという競争要因を構想することができた。

　加えて，ソニーには，パネルデバイスに関する技術を保有しなくてもあきらめず，競争力のある製品を開発したいという高い開発目標を持つことができた。ソニーは，ブラウン管テレビで成功しており，それに続く薄型テレビでも高い競争地位に立ちたいと考えていた。また薄型テレビがリビングの顔であり，DVDレコーダやその他の周辺機器の中心に据わるため，重要な製品として社内で位置づけられていた。そのため，パネルデバイスに関する技術を保有しないという不利な状況のなかでも，高い開発目標を持つことができ，そのため組織的危機感が発生して，既存の競争要因だけではなく，デザインに注力した製品であっても，それの開発を実現することができたのである。

【注】

1　ソニーへ対するインタビューは，2007年11月から2008年3月にかけて計5回行った。2007年11月1日10時から11時にソニーテレビ事業本部商品企画部FTV商品企画課の2名に行ったインタビュー（インタビュー1とする），同日11時半から12時半にソニー品質プロジェクト室の2名に行ったインタビュー（インタビュー2とする），同日14時から15時にソニーテレビ事業本部FTV第1事業部門の1名に行ったインタビュー（インタビュー3と

第3章 薄型テレビ産業におけるソニーの事例分析

する），2008年2月25日21時から23時にソニーテレビ事業本部FTV第1事業部門の1名に行ったインタビュー（インタビュー4とする），2008年3月4日9時半から11時にソニーテレビ事業本部FTV第1事業部門の1名に行ったインタビュー（インタビュー5とする）である。

2　これ以降の液晶とプラズマディスプレイの歴史に関しては，鈴木編（2002）と次世代PDP開発センター編（2006）を参考にしている。また，液晶の歴史については，沼上（1999）が詳しい。
3　野中・勝見（2004）に詳しい。
4　インタビュー3。
5　東芝は，以前は液晶パネル生産を行っていたが，パナソニックにパネル事業を売却した。
6　パイオニアは，プラズマパネルを生産していたが，パナソニックへパネル事業を売却した。
7　本節での記述は，ソニーのホームページ，ハスラー（2000），小島（2000），ソニー広報部（2001），加藤（2003），日本経済新聞社（2005）を参考にしている。
8　『週刊朝日』1958年8月17日号。
9　この機種は，その後続く「ESシリーズ」の第1号機であった。
10　ベータ方式は競合するVHS方式よりも，記録時間が1時間と短いが，高画質でカセットサイズも小型であった。しかし，規格のファミリー作りがうまくいかず，松下電器産業がVHS方式側につくことになったため，ベータ方式は，VTRの主流規格となることができず，その後，撤退してしまう。
11　液晶の用途を小型に限ったソニーと同じような判断を下した企業に，カシオ計算機がある。カシオ計算機は，シャープとの激しい電卓戦争のなかで，液晶技術の技術開発を行っていたが，小型・中型の液晶のみに限定した。その後，カシオ計算機は，ポータブルテレビやデジタルスチルカメラ，携帯電話などに液晶技術を応用していったが，テレビを開発することはなかった。一方，シャープは，液晶の大型化に積極的に取り組み，その後薄型テレビ産業を牽引していくこととなる。
12　シャープのように，1つの技術をさまざまな製品に搭載していくなかで，技術を鍛えていく戦略は，コア技術戦略と呼ばれる。詳しくは，延岡（2006）を参照のこと。
13　『日経ビジネス』2004年10月4日号。
14　『日経ビジネス』2005年8月8日・25日号。
15　『日経ビジネス』1999年10月4日号。
16　『日経ビジネス』2005年9月12日号。
17　インタビュー2。
18　インタビュー3。
19　『日経ビジネス』2005年9月26日号。
20　2003年度の経営方針説明会で，テレビ用液晶パネルについて，他社からの調達を基本とする従来方針を捨て，自社生産を視野に入れた積極的な投資を検討していくと宣言した（『日経ビジネス』2005年9月26日号）。
21　『日経ビジネス』2003年6月9日号。
22　日立ディスプレイズは，もともと1943年に発足した日立製作所茂原工場がその源流である。1954年からブラウン管テレビを生産し，1975年からは，液晶表示素子の生産を開始す

るなどしていた。日立の画像表示装置の生産の基盤拠点として発展してきた。
23　『日経ビジネス』2003年6月9日号。
24　インタビュー5。
25　『日経ビジネス』2005年9月26日号。
26　『日経ビジネス』2006年4月3日号。
27　インタビュー3。
28　『日経ビジネス』2004年5月10日号。
29　インタビュー4, 5。
30　インタビュー2。
31　インタビュー4。
32　インタビュー4, 5。
33　インタビュー3, 4, 5。
34　インタビュー5。
35　インタビュー5。
36　『週刊ダイヤモンド』2008年1月26日号。
37　パネル企画室では,薄型テレビ開発以前の1998年頃から業務用モニタ向けパネルの調達を行っていた。
38　インタビュー2。
39　インタビュー2。
40　インタビュー2, 5。
41　インタビュー2, 3。
42　『日経ビジネス』2005年9月26日号。
43　特に,日立ディスプレイズとはこれまでに取引関係があり,日立ディスプレイズ側の希望もあり,最も有力な提携先として考えられていた(『日経ビジネス』2003年6月9日号)。
44　しかし,プラズマテレビと液晶テレビの両方を開発した企業は多くない。パネル技術を保有する企業は,まずは自社で生産したパネルをすべて使い切らなくてはならないため,自社パネルを用いてテレビを開発する。その売り上げの中から,要素技術開発や製造プロセス開発のための投資がなされるため,投資を回収しようとし,パネル生産設備の稼働率を引き上げようとする。その結果,自らが開発している技術方式のみに投資がなされ,そのパネルを使ったテレビしか作れなくなる傾向が強い。また,販売戦略にも問題が生じる。消費者に向けて発信する自社パネルを搭載したテレビは優れているというメッセージと,外部から他技術方式のパネルを購買してきてテレビを開発することとの間には齟齬が生じてしまう。そのため,自社開発のパネルを用いたテレビと外部調達してきたパネルを搭載したテレビを同等に消費者に訴求できない。したがって,プラズマテレビと液晶テレビの両方を開発できていたのは,プラズマパネルと液晶パネルの両方を生産していた日立製作所とパナソニックなどと,プラズマ技術と液晶技術を保有せず,自社ではパネルを製造していないソニーであった。
45　当時の状況として,以下のような要因も考えられる。第1に,上述のように,2004年から2005年にかけて,テレビ事業は苦境に陥っており,大きなリストラが必要であったことである。第2に,液晶パネルの大型化に目処がつき,サムスンと共同で立ち上げたS-LCD

が2005年から稼働し始め，液晶テレビ「ブラビア」シリーズを発売できたからである。そのため，ソニーの経営陣は，液晶テレビをテレビ事業の柱と位置づけることができた。第3に，プラズマパネルの供給元であったNECがパイオニアにプラズマ事業を譲渡したため，パネルの供給環境に変化が生じたことである。第4に，大型テレビを担っていたプラズマテレビであったが，同じ大型テレビに分類されるリアプロテレビがアメリカで好調であったことも挙げられる。そして，最後に，液晶テレビとプラズマテレビの次のテレビを担うであろう有機ELテレビに対して，資源を集中したいという思惑があった。

46　インタビュー1，2，3。
47　インタビュー1，3。
48　ソニーの意向を強くパネルに反映させるため，ソニーの技術者をS-LCDに常駐させ，出荷前の品質をチェックできる体制を整えた。また，S-LCDの技術者を日本のソニーのセット工場に常駐させ，欠陥などの情報をすぐにS-LCDにフィードバックできる体制とした（インタビュー3）。
49　現在，日本で発売される液晶テレビの32インチ以上と，その他の地域の40インチ以上はS-LCD製パネルを利用している。
50　インタビュー4。
51　インタビュー1。
52　インタビュー4。
53　インタビュー1，5。
54　インタビュー5。
55　インタビュー1，『日経ビジネス』2003年8月25日号。
56　『日経ビジネス』2005年4月11日号。
57　インタビュー5。
58　インタビュー2，5。
59　インタビュー5。
60　インタビュー5。
61　例えば，筐体に取り付けるためのネジの穴の位置が異なる。
62　インタビュー5。
63　第2に挙げた同一企業内からの調達デバイスの選択と，一見すると相異なるように見えるが，同一企業内からの調達デバイスの選択では，32インチから46インチなどといったように狭い範囲のパネル調達であり，ここで挙げる複数のパネルメーカーからの調達では，テレビ事業全体でのパネル調達に関してである。
64　インタビュー5。

第│4│章

デジタルカメラ産業における
カシオ計算機の事例分析

　本章では,コンパクトデジタルカメラ産業におけるカシオ計算機の事例に準拠して,基盤技術を保有しない企業の論理を構築する。まずは,本章で取り上げるエクシリム開発以前のカシオ計算機の製品開発について振り返り,続いて「EX-S1」と「EX-Z1000」の事例分析を行う。そして,そこから主張できる基盤技術を保有しない企業の優位性に関する論理を構築する。

　なお,本事例分析を行うに当たっての調査は,カシオ計算機や他のセットメーカー,デバイスメーカーへのインタビュー[1],デジタルカメラメーカー各社のホームページや関連する雑誌や新聞,製品カタログなどの二次資料と広報発表や各種統計資料を参照して行った。

4.1　デジタルカメラ産業の概要と基盤技術の設定

　デジタルカメラの開発は,1970年にベル研究所のウィラード・S・ボイルとジョージ・E・スミスが発明した撮像素子に端を発している。撮像素子は「電子の目」と呼ばれ,その当時から,デジタルカメラのコンセプト(電子式静止画撮影記録装置)が考えられてきた。その後,日本企業をはじめ複数社が撮像素子の可能性に賭け,研究開発を行っていた。実際にデジタルカメラが開発され,発売されたのは1980年代であった。当初は業務用の製品であり,非常に高価で,市場規模は非常に小さく,一般消費者向けのデジタルカメラは存在しなかった。

しかし，1995年にカシオ計算機が発売した「QV-10」により，状況は一変する。デジタルカメラの金字塔「QV-10」は，その特徴（後述）により，多くの消費者に受け入れられ，大ヒットとなった。その翌年からは他の多くの企業も「QV-10」と同様の製品特性を持つ一般消費者向けデジタルカメラを発売し，カシオ計算機に追従した。これ以降，一気にデジタルカメラ市場は拡大していく。

「QV-10」が開発されるまでにも，さまざまな企業から多様なデジタルカメラが発売されたが，それらは，撮像素子と光学レンズで構成されていた。デジタルカメラとは，撮影した静止画をデジタル情報として記録する装置であり，それは光を電気信号に変換する撮像素子と，それへ被写体を光学的に結像させる光学レンズから構成される。したがって，撮像素子と光学レンズがデジタルカメラの基本的な機能を担うといえる[2]。また，「QV-10」発売以降の市場形成期から，撮像素子の多画素化や光学ズームの高倍率化といった高画質競争が繰り広げられてきた事実から，セットメーカーは，撮像素子と光学レンズの性能向上を中心的な技術開発課題として認識している[3]。また，消費者も撮影素子が多画素化し，光学ズームが高倍率化して，撮影画像の高画質化していることを評価していた。以上から本章では，デジタルカメラの基盤デバイスをCCDやCMOSといった撮像素子と光学レンズとし，それに関する技術，つまり撮像素子技術と光学系技術を基盤技術として設定する。

デジタルカメラ産業における主要な企業の多くは，高度な光学系技術が必要とされる銀塩カメラや撮像素子を搭載するビデオカメラを生産してきた企業である。なぜなら，"デジタルカメラは，銀塩カメラとビデオカメラの間に生まれた製品と見ることができる"（伊丹・一橋MBA戦略ワークショップ，2003）と言えるほど，デジタルカメラにとって撮像素子技術と光学系技術は重要だったのである。具体的には，キヤノン，ニコン，オリンパス，富士フイルム，リコー，ペンタックスは，銀塩カメラを開発・販売してきた企業である。また，ソニー，松下電器産業（現パナソニック），三洋電機は，ビデオカメラを開発・販売してきた企業である。銀塩カメラでは光学系技術が，ビデオカメラでは撮像素子技術が主に，利用されており，これらの企業は，デジタルカメラ産業参入以前から，撮像素子技術や光学系技術の蓄積を行ってきた[4]。

第4章 デジタルカメラ産業におけるカシオ計算機の事例分析

図表4-1 ◆デジタルカメラ産業の参入各社の基盤技術保有一覧

	撮像素子技術	光学系技術
カシオ計算機	×	×（単焦点レンズの設計技術はある）
キヤノン	○（CMOS）	○
オリンパス	×	○
ニコン	○（CMOS）	○
ソニー	○（CCD）	○
松下電器産業	○（CCD）	○
富士フイルム	○（CCD）	○
三洋電機	○（CCD）	○

出所：インタビューや二次資料をもとに筆者作成。

一方，カシオ計算機は，電卓や時計，電子楽器等のエレクトロニクス製品を開発してきた企業である。そのため，デジタルカメラに関連する技術開発は行ってこなかった。したがって，基盤技術を保有しない（**図表4-1**）[5,6]。本事例では，撮像素子技術や光学系技術を保有しないカシオ計算機の製品開発について考察していく。

4.2 カシオ計算機の「EX-S1」以前の製品開発

これまでカシオ計算機がどのような製品を開発してきたのか，カシオ計算機創業時から「EX-S1」以前の製品開発までを振り返っておきたい。その歴史を紐解くことにより，カシオ計算機がどのような製品分野において，どのような製品の開発を経てデジタルカメラ産業へ参入したのか，そして，それらの製品開発を通じて，「EX-S1」と「EX-Z1000」を開発する以前にどのような製品差別化に関する思考枠組みを持っていたのか，どのような資源を蓄積してきたのかが明らかになると考えるからである。

4.2.1 カシオ計算機の「EX-S1」以前の製品開発（1）
—デジタルカメラ産業参入以前—

カシオ計算機は，戦後間もない1946年に樫尾忠雄氏が東京都三鷹市に設立し

た樫尾製作所に端を発する。1957年に，樫尾4兄弟により，カシオ計算機株式会社が設立された。同年，電気式計算機「14-A」を開発される。この計算機は，それまでの計算機とは異なり，歯車などの機械的な機構を持たないもので，電気式では世界初の計算機であった。歯車式計算機は，1642年にブレーズ・パスカルによって発明されたもので，1820年頃から量産が行われてきた歴史の長い製品である。カシオ計算機は，それを電気式に置き換えたのである。

　1972年には，世界で初めてパーソナル卓上電卓「カシオミニ」を開発した。この機種は，定価12,800円と，これまでの電卓が30,000円台から50,000円台であったのに比べ，非常に安価であり，また大きさは，それまでの電卓の4分の1程度のポケットサイズであった。低価格化のために，電卓の心臓部であったLSIを安く生産できるように設計し直し，またその他のあらゆる部品の設計・仕様・材料のすべてを根本から見直された。そして，月産10万台という台数を生産することで，量産効果が働くようにした。ただし，それまでの電卓が，8桁表示が主流であるのに対し，「カシオミニ」は6桁までしか表示することができず，また小数点も表示できなかった[7]。しかし，「カシオミニ」は大ヒットし，月産で20万台を生産されるまでになった。

　続く1974年には，腕時計「カシオトロン」の発売によって，時計事業への進出を果たす。この腕時計は，世界で初めて大の月，小の月を判別し，月替わりの日付を自動処理することのできるフルオートのカレンダーを搭載したデジタル腕時計であった。デジタル腕時計は，「1秒1秒の足し算を行っている簡単な加速器」であり，電卓で培ったLSI技術を最大限に生かせる製品であったという[8]。

　1978年には，名刺サイズ電卓「カシオミニカード」が発売された。この当時カシオ計算機は，シャープと激しい電卓戦争を繰り広げており，そのなかで，この電卓は超薄型のカード型電卓という新機軸を目指され，開発された。その厚さは，3.9mmという非常に薄型であった。これらの製品開発を通して，カシオ計算機は，LSIの設計技術や高密度実装技術を蓄積していった。また，その情報表示には液晶が利用されており，「カシオミニ」から始まる一連のカシオ計算機製品には，積極的に液晶が搭載されていくこととなる。

　1980年には，電子楽器「カシオトーン」を発売する。「カシオトーン」は，

それまでピアノやオルガンなどといった鍵盤楽器をデジタル化したものであった。また1981年には，電子辞書「TR-2000」を開発した。これは，手帳サイズで厚さは8mm，重量53gという小型軽量のボディとし，それに2,020語の英単語・英熟語を収録している。そのために，大容量の記憶装置を開発し，小型化技術を用いている。以降，半導体技術の技術開発とともに，記憶容量は増大し，国語辞典や漢和辞典など，さまざまな辞典が収録されていくこととなり，電子辞書という製品分野を確立していった。また，1982年には，8ビットCPUを搭載するパソコン「FP-1000」と「FP-1100」を開発する。また，翌1983年には，電子手帳1号機「PF-3000」が発売される。これらの開発にもLSI設計技術が利用されていた。

同じく1983年には，デジタル腕時計G-SHOCK「DW-5000C」を発売する。G-SHOCKは，堅牢性や耐久性に特化した腕時計であり，外殻から独立した内部機構やポリウレタン製の衝撃吸収材を採用している。このデジタル腕時計も，LSI設計技術や高密度実装技術が活かされ，その表示には，液晶が利用されている。

液晶技術が前面に出た製品として，1983年にポケット型液晶テレビ「TV-10」が発売された。この液晶テレビは，2.7インチのモノクロ液晶ディスプレイを搭載していた。この製品はカシオ計算機にとって，その当時の液晶技術の結晶として開発されたものであり，以下のようにカシオ計算機は指摘している。

「1974年以来研究開発を続け，時計・電卓に採用してきた液晶技術が，画像を表示するまでに進歩した」[9]

また1985年には，カラーパネルを開発して，液晶カラーテレビ「TV-1000」を開発している。同年には，超薄型のデジタルウォッチ「ペラ（FS-10）」が発売されている。「ペラ」は，樹脂製時計バンドのなかに，時計そのものを一体化してしまうという形状を持つ腕時計であり，その厚さは3.9mm，重量は12gという薄型・軽量を実現している。この腕時計開発にも，電子装置の微小化技術や液晶技術が利用されている。そして，時計産業で初めてミリオンセラーとなった。

そして，1987年にデジタルカメラ「VS-101」を発売し，1995年3月に世界で初めて液晶ディスプレイを搭載したデジタルカメラ「QV-10」が発売される。この機種については，のちほど詳述する。1997年には，ハンドヘルドコンピュータ「カシオペア」[10]が発売された。「カシオペア」は，カシオ計算機とマイクロソフト社が共同開発した携帯情報端末で，Windows CEを搭載し，Windowsパソコンと互換性を持っていた。これには，モノクロFSTN液晶ディスプレイが搭載され，サイズは185mm＊95mm＊24.5mm（縦＊横＊奥行き），重量は380gとなり，携帯性に富んでいる。

その後，携帯電話事業にも参入し，1999年には「C303CA」，2000年には「G'z One」などの耐水性や耐衝撃性能が優れた機種を発売している。これら一連の携帯電話においても，高密度実装技術，LSI設計技術，液晶技術が利用されている。

以上のように，デジタルカメラ事業産業参入までのカシオ計算機の製品開発の歴史を振り返ってきた（**図表4-2**）。そのなかでカシオ計算機には，さまざまな技術や能力などが形成・蓄積されてきた。まず，製品の差別化に関して，「製品において，いくつかの機能を減じても，ある特定の特徴を際だたせる」ことを志向すること，また「製品を軽薄短小にする」ことである。例えば，電卓「カシオミニ」では，当時の主流が8桁表示であったなか，あえて6桁表示に減らすことで，小型化し低価格化している。また，電卓「カシオミニカード」や腕時計「ペラ」のように，既存の製品を小型化・軽量化した製品を開発することも積極的に行い，それによって，競争力を高めている。このことは，樫尾和雄社長も「軽薄短小であれば，カシオ計算機は必ず勝てる」と言明するほど，製品差別化に関しての思考枠組みとして，カシオ計算機にとって強固なものとなっている。

またカシオ計算機は，その技術開発において，高密度実装技術やLSI設計技術，液晶技術を製品をまたいで，共有して利用してきた。このように重複して製品に活用することで，その技術力は高められた。そして，その技術を製品に利用することで，製品を差別化している。つまり，カシオ計算機は，高密度実装技術やLSI設計技術，液晶技術を利用することで，カシオ計算機だからこそ提供できる価値を創出してきたのである。

第4章　デジタルカメラ産業におけるカシオ計算機の事例分析　83

図表4-2◆カシオ計算機の「EX-S1」と「EX-Z1000」以前の製品開発

1957年	計算機「カシオ14-A」
1972年	電卓「カシオミニ」
1974年	時計「カシオトロン」
1980年	電子楽器「カシオトーン」
1981年	電子辞書「TR-2000」
1983年	時計「G-SHOCK（DW-5000C）」
1983年	ポケット液晶テレビ「TV-10」
1985年	時計「ペラ」
1986年	電子楽器「サンプルトーン（SK-1）」
1987年	デジタルカメラ「VS-101」
1987年	電子手帳「DK-1000」
1995年	デジタルカメラ「QV-10」
1996年	ハンドヘルドPC「カシオペア」

4.2.2　カシオ計算機の「EX-S1」以前の製品開発（2）
　　　　―「QV-10」の開発―

　カシオ計算機[11]は，1995年3月に「QV-10」を発売し，その後デジタルカメラ産業の市場規模は爆発的に拡大した。「QV-10」が大ヒットした理由は，それまでに発売されたデジタルカメラとは異なる以下の3つの特徴を持っていたからと言われる（青島・福島，1998）。
　第1に，パソコン入力装置という製品コンセプトがパソコンやインターネットの人気に合ったことである。「QV-10」により，パソコンユーザーは煩雑な処理をしなくとも，画像を簡単にパソコンに取り込めるようになった。
　第2に，液晶モニタを搭載したことである。これによって，撮った画像をその場で確認できるようになった。「QV-10」以前のデジタルカメラには液晶モニタが搭載されておらず，その搭載が顧客ニーズを引き出したと言える。
　第3に，画質の面では割り切りがあるけれども低価格であったことだ。「QV-10」は，当時の競合製品よりも低画素の25万画素のCCDを搭載し，その定価は65,000円，実売価格は50,000円を切っていた。それ以前のデジタルカメラが100,000円を超えるなか，「QV-10」の低価格設定は，顧客の裾野を広げる

ことに成功した。

　このような特徴を持つ「QV-10」の開発からも，カシオ計算機が，「製品において，いくつかの機能を減じても，ある特定の特徴を際だたせる」という思考枠組みに基づいて開発されていることが理解できる。

　当時の主流の撮像素子の画素数は，30万画素から50万画素であり，「QV-10」の25万画素というのは，明らかに劣った低スペックであった。このように，画質の面では，思い切った割り切りの見られる「QV-10」であるが，デジタルカメラで初めて背面に液晶ディスプレイを搭載しており，画像を撮影してすぐにその場で確認するという使い方や，パソコンとの親和性を高めることによって，新たなニーズを掴もうとした製品であった。つまり，画質は割り切ってしまって，その以外の部分，つまり撮影直後に画像の確認ができることやパソコンへの入力装置というコンセプトを打ち出すといった特徴を際だたせている。

　また，これまでの製品開発を通じて蓄積されてきた技術が利用されてきている。「QV-10」は，デジタルカメラで初めて背面に液晶ディスプレイを搭載した製品である。もともと「QV-10」は，ポータブルテレビという名目で製品開発が進められていた製品であった（青島・福島，1998）。つまり液晶技術を活かそうという製品であったのである。結局，「QV-10」の開発マネジャーの意図があり，デジタルカメラとして発売されたのだが，液晶ディスプレイが搭載され，液晶技術が活用されたのである。

4.3　「QV-10」以降のデジタルカメラ産業の拡大

　1995年に発売された「QV-10」によって，民生用のデジタルカメラ産業は急速に立ち上がった。1999年，生産台数が約506万台，生産額が約2,100億円であったデジタルカメラは，その5年後の2004年には，生産台数が約5,940万台，生産額が約1兆3,800億円と大きな伸びを記録した。これは，生産台数で約10.7倍，生産額で約5.5倍という急激な伸びであった。また，参入企業も増加し，30社以上の企業が日本のデジタルカメラ産業に参入した。このように参入企業数が増えるのに加えて，1社が発売するデジタルカメラの製品モデル数も増加していった。1995年には，7社が各1機種しか投入しなかったのに比べ，翌

1996年には，14社から28機種が発売された。その後も，製品モデル数は増えていき，2003年には，発売製品モデル数が100を超えるまでに市場は拡大していった。

続いて，デジタルカメラ産業の規模について，その先行産業との比較をすることでより詳細に見ていくことにしたい。なお，デジタルカメラ産業に対する先行産業とは，銀塩カメラ（フィルムカメラ）産業とビデオカメラ産業である。

まず，デジタルカメラ産業と銀塩カメラ産業との比較を行う。銀塩カメラ産業は，1980年代，1990年代にその絶頂期を迎えていた。1991年の国内出荷金額は，4,000億円に迫ろうとしていたし，その6年後の1997年には，国内出荷台数が2,500万台を超えていた。しかし，1995年に発売されたカシオ計算機「QV-10」以降，着実にそして急速に市場を拡大してきたデジタルカメラにその地位を脅かされることになる。最近6年間のデジタルカメラと銀塩カメラの国内出荷金額と国内出荷台数の比較を行ってみよう。

まず，国内出荷金額についてである。銀塩カメラの国内出荷金額は，1999年

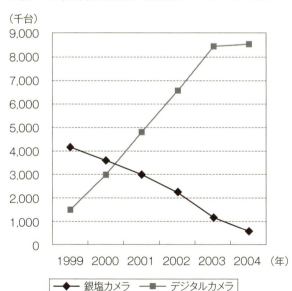

図表4-3◆国内出荷台数　銀塩カメラ・デジタルカメラ

出所：CIPA（カメラ映像機器工業会）『カメラ映像機器工業会統計』（各年度版）を参考に筆者作成。

には約730億円であり,その6年後の2004年には,約81億円と89%も減少している。一方,デジタルカメラの国内出荷金額は1999年に約693億円,2004年には約2,432億円とほぼ3.5倍の伸びを示している。その結果,2000年に,銀塩カメラの国内出荷金額は,デジタルカメラのそれに抜かされた。

さらに,銀塩カメラの国内出荷台数は,1999年には約420万台あったのが,2004年には,約60万台とこちらも約86%も減少している。デジタルカメラの国内出荷台数は,1999年に約150万台,2004年には約850万台と5.6倍に増加した。そのため,**図表4-3**のように2001年に,国内出荷台数においても銀塩カメラは,デジタルカメラの国内出荷台数に抜かされる結果となった。

次に,もう1つの先行産業であるビデオカメラ産業とデジタルカメラ産業を比較してみたい。**図表4-4**は,ビデオカメラが1980年代前半から製品の市場化が進み,1990年代から現在まで大きな市場を形成してきたことを示している。だが,その国内出荷金額は,2000年に約6,000億円であったのが,2004年には,約4,500億円と23%ほど減らしている。そして,2002年にデジタルカメラに追

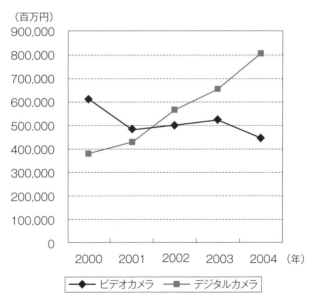

図表4-4◆国内出荷金額　ビデオカメラ・デジタルカメラ

出所:経済産業省経済産業政策局調査統計部編『機械統計年報』(各年度版)を参考に筆者作成。

第4章 デジタルカメラ産業におけるカシオ計算機の事例分析　87

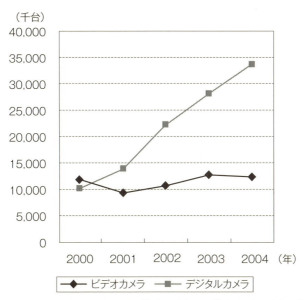

図表4-5◆国内出荷台数　ビデオカメラ・デジタルカメラ

出所：経済産業省経済産業政策局調査統計部編『機械統計年報』(各年度版) を参考に筆者作成。

い越されている。一方，ビデオカメラの国内出荷台数は，**図表4-5**のように，1990年代に少しずつではあるが着実にその数を増やしてきた。2000年からは，年間約1,200万台の生産と状況がほぼ横ばいで2004年まで続いている。しかし，出荷台数においても，2001年には，デジタルカメラのそれに抜かされている。

　ここで，より長期的に視点に立って，デジタルカメラ産業，銀塩カメラ産業，ビデオカメラ産業の概要について把握したい。**図表4-6**や**図表4-7**から，銀塩カメラ産業の急激な落ち込みぶりがよく理解できる。1980年代・1990年代には大きな市場規模を誇っていたのだが，1990年代後半にピークを迎えてからは急速に出荷金額・出荷台数ともに落としている。この時期の登場したのがデジタルカメラである。すなわち，銀塩カメラの市場縮小の引き金になったのがデジタルカメラ産業と考えられる。そして，これらのグラフから，デジタルカメラ産業の急速な市場拡大の様子がより鮮明になるだろう。なお，ビデオカメラ産業は，それほどデジタルカメラの影響を受けていないことがわかる。以上から，デジタルカメラは銀塩カメラの代替製品としてその市場を形成・拡大して

図表4-6◆出荷金額比較　銀塩カメラ・ビデオカメラ・デジタルカメラ

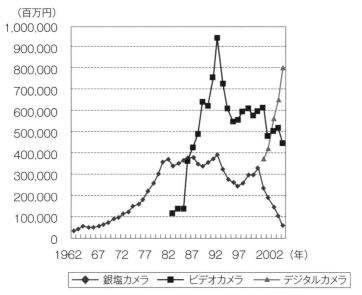

出所：経済産業省経済産業政策局調査統計部編『機械統計年報』（各年度版）を参考に筆者作成。

図表4-7◆出荷台数比較　銀塩カメラ・ビデオカメラ・デジタルカメラ

出所：経済産業省経済産業政策局調査統計部編『機械統計年報』（各年度版）を参考に筆者作成。

いったことが理解できる。

4.4 「EX-S1」の開発プロセス

1995年に「QV-10」が発売されて以降，さまざまな企業がデジカメ産業に参入し，多様な機種を発売し，競争を繰り広げてきた。その過程で，デジカメ産業の参入企業の市場占有率は大きく変化してきた（**図表4-8**）。

カシオ計算機は「QV-10」の発売によって，1996年に市場占有率46.7％を記録した。だが，すぐに富士フイルムやオリンパス，キヤノンといった銀塩カメラを開発してきた企業やソニーといったビデオカメラを開発してきた企業が次々と製品を発売し，市場を奪っていった。そのため，カシオ計算機の市場占有率は，年を追うごとに減少していった。

カシオ計算機の市場占有率が低下した原因として，撮像素子の多画素化競争

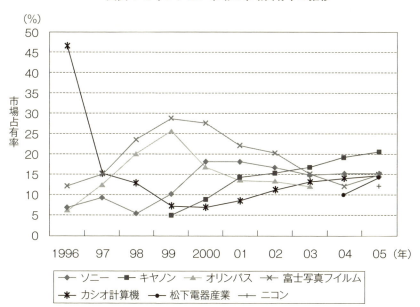

図表4-8◆デジカメ市場の市場占有率の推移

出所：『日経市場占有率』各年度版。

と光学ズームの高倍率化があると考えられる。「QV-10」の成功によって、多くのメーカーがデジカメ市場の将来性を認め、銀塩カメラメーカーやビデオカメラメーカーを中心にデジカメ市場に参入してきた。それらの企業が「QV-10」との差別化を図るために着手したのが、撮像素子の多画素化と光学ズームの高倍率化である。撮像素子に関しては、すでに業務用とはいえ、100万画素CCDが開発されており、また銀塩カメラを開発してきた企業は、光学系技術の豊富な蓄積があった。そして、それを活かすかたちで、製品開発を行った。1997年には初のメガピクセル機「DS-300」が富士フイルムから発売され、2002年には松下電器工業から光学12倍ズームを搭載する「DMC-FZ1」が発売されている。

このようにカシオ計算機が苦境に立つなかで発売されたのが、エクシリム[12]「EX-S1」と「EX-M1」[13]である。2002年6月に発売されたエクシリムは、発売翌月に販売台数で首位に立ち、また同年8月までに「EX-S1」の生産台数を月産5万台から10万台にするという増産体制がとられる[14]など、販売台数を伸ばした。それに伴い、「QV-10」以降ヒット作に恵まれず、5％程度に低迷していたカシオ計算機の市場シェアは、エクシリムの発売によって、10％を超えるまでに上昇している[15]。また2002年度のカシオ計算機のデジタルカメラ関連の売り上げが対前年比50％増の300億円規模が予想される[16]など、業績にも好影響を与えた。

2002年当時、デジカメ産業での競争の焦点は、撮像素子の多画素化とズームレンズの高倍率化、オートフォーカス（AF）などの機能の付加であった。1997年に各社がメガピクセル機を発売したこと[17]などが契機となり、撮像素子の多画素競争が本格化する。さらに2000年には、各社から一斉に300万画素CCDと光学3倍ズームを搭載する製品が発売されるなど、多画素の撮像素子や光学レンズ、AFという機能の搭載が重要視されていった。**図表4-9**は、撮像素子の多画素化の様子を示している。これからわかるように、急速に多画素化が進んでいる。

撮像素子の多画素化や光学ズームの高倍率化が盛んに行われた背景には、デジタルカメラの製品コンセプトが、銀塩カメラの代替製品として参入各社に認識されていたことがあったと考えられる。写真プリントと同じ大きさであるL

版サイズでは，200万画素から300万画素が必要とされており，銀塩カメラでは光学ズームの搭載は標準的であった。したがって，参入各社は，銀塩カメラの撮影機能水準に追いつくために，撮像素子の多画素化と光学ズームの搭載・高倍率化を行い，高画質な写真の撮影を可能にしようとした。このように，撮像素子の多画素化と光学ズームの搭載・高倍率化は，撮影画像の高画質を実現するためであり，銀塩カメラを代替する製品としてのデジタルカメラという図式が作り出されていった[18]。

しかしカシオ計算機は，高画質な画像の撮影ができる銀塩カメラの置き換え製品という製品コンセプトではなく，いつでもどこでも撮りたいときに撮れるようなウェアラブルなカメラという製品コンセプトのもとで「EX-S1」を開発する。このコンセプトのもとで開発された「EX-S1」は，300～400万画素CCDや光学3～5倍ズームが産業の主流であったなか，あえて134万画素CCDを搭

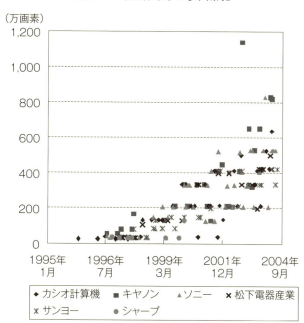

図表4-9◆撮像素子の多画素化

出所：各社ホームページや製品カタログをもとに筆者作成。

載し，光学ズームやAFは省くなど，思い切った割り切りがなされている。しかし，ポケットに入れて気軽に持ち運べるような薄さ（11.3mm）と軽さ（85g）[19]で，ポケットから取り出してすぐに撮影できるような俊敏性[20]を備え，撮影したものを即座にプレビューできるように，当時としては大きい1.6型液晶ディスプレイを搭載していた。すなわち，既存のデジカメと同様の価格帯で，携帯性と俊敏性を向上させる一方，134万画素CCDと単焦点レンズというように撮影機能は思い切って割り切られたデジカメであった。

　この「EX-S1」の開発には，撮像素子技術と光学系技術を保有しないカシオ計算機ならではの製品開発プロセスがあった。1995年に「QV-10」が発売されて以降，スチルカメラ産業では銀塩カメラを代替するために，富士フイルムやオリンパスが先導して，撮像素子の多画素化競争・光学ズームの高倍率化競争へと進んでいく。そこで，カシオ計算機も，この潮流に追従し，1998年にカシオ計算機初のメガピクセル機「QV-5000SX」と初の光学ズーム搭載機「QV-7000SX」を発売，2001年には400万画素CCDと光学3倍ズームを搭載した「QV-4000」を発売している。しかし，カシオ計算機はシェアを伸ばした競合他社の開発機種数に比べ，その半分程度と少なく[21]，市場シェアを落としていった。その結果，カシオ計算機のデジカメ市場での市場占有率は，2000年には6.9％にまで落ち込んだ。

　カシオ計算機は，撮像素子技術や光学系技術を保有せず，このままCCD画素数や光学ズームで競っていても，自社の特色は打ち出せないと考えるようになっていた[22]。それまでカシオ計算機のデジカメ開発を担っていたQV部は人員削減が行われており，このままでは事業が存続していかないのではないかというところまで危機感が高まっていく[23]。

　そのようななか，2000年4月にインターネット開発センターが設立される。センター長に就任したのが，デジカメ事業の責任者を長年務めてきた高須正氏であり，QV部から約30人が異動してきた[24]。インターネット開発センターはインターネット関連で新しい事業を興すことを目的としていたが，これまでカシオ計算機のデジカメ開発の中核を担っていた中山仁氏がネットワーク開発部部長に，高島進氏が開発部部長に就いたため，再びデジカメ開発を目指すようになる。高須氏は「このままデジカメから引き下がってしまうのはもったいな

い」[25]と考え,「(インターネット開発センターは)デジカメの闇研」[26]となっていった。インターネット開発センターには,「QV-10」以来デジカメ開発に携わっているメンバーが多くいたため,カシオ計算機のデジカメの原点である「QV-10」に立ち返ることとなる(山口,2004)。「QV-10」は,撮りたいときにいつでもどこでも撮れ,その場で画像を確認できるカメラを目指しており,銀塩カメラとは異なるカメラを作ろうとしていた。そして,「EX-S1」でもデジカメならではの使い方を志向することとなった。

2000年末,CCD供給メーカーとの忘年会の席で,相手側の開発陣から,名刺ケースに入るくらいのカードを開発してみてはどうかという提案があった。カシオ計算機側は,これを受け,カードサイズのデジカメを開発することを約束する[27]。これをきっかけとして,薄型化という方向性が明確になった。

2001年4月のカシオ計算機の商品審議会[28]において,樫尾和雄社長の判断[29]で,薄型デジカメの開発の許可が下り,本格的に開発プロジェクトが稼働し,試作機の作成や量産機の設計が行われるようになった。薄型小型化するために,多様な構成要素の開発が行われた。その際には,電卓やデジタル腕時計,電子辞書や電子楽器などの過去の製品開発を通じて蓄積されてきた高密度実装技術やLSI設計技術,液晶技術が活用された。

そして,この「EX-S1」の携帯性に優れ,写真を撮りたいときにいつでもどこでも撮れるというウェアラブルなカメラというコンセプトは市場で高く評価され,市場シェアの向上につながった。また,薄型カードサイズが産業でのトレンドとなり[30],追随する競合企業が現れる[31]など,「EX-S1」のコンセプトが産業に与えたインパクトは大きかった。

そのコンセプトでは,銀塩カメラとは異なるデジタルカメラの使い方を追求し,銀塩カメラには決して真似できないような使い勝手を打ち出すことで,消費者へ新しい面白さを提供できると考えた[32]。「EX-S1」の開発では,撮影素子の多画素化や光学ズームの高倍率化による高画質競争で勝負するのではなく,高画質化以外の部分で差別化しようとしたため,高画質化よりも,薄型軽量化が優先されたと考えられる[33]。換言すれば,製品を具体化する上での 製品開発の優先順位が,高画素化を追求する既存のカシオ計算機や競合企業の開発プロセスと,ウェアラブルなカメラを目指す「EX-S1」の開発プロセスとは異

なっていたのである。

　薄型軽量化するために，CCDと光学レンズを新たにデバイスメーカーと共同で開発した。CCDを小型化・多画素化すると，受光部の面積が小さくなり，感度やダイナミックレンジの劣化をもたらす（米本，2003）。そこで，この問題を解決するために，カシオ計算機はCCD画素数を減らすことで１画素当たりの面積を小さくしすぎないことと，光を効率よくフォトダイオードに導くためにCCDにマイクロレンズ[34]を備えることとする（図表4-10）。

　「EX-S1」に搭載できるCCDサイズであれば，300万画素CCDでは，高ノイズ・低ダイナミックレンジという弊害が大きくなってしまう。そのため，当時は300～400万画素が主流であり，L版プリントで十分な画質には300万画素程度が必要とされていたにもかかわらず，大きく画素数を落として，134万画素とする決断を下す。撮像素子技術を保有しておらず，内製しない撮像素子の多画素化では差別化することは困難であるため，このような決断ができたのだと考えられる。また，マイクロレンズに関しては，その技術を持つCCDメーカーと協業した。もともとマイクロレンズ技術は，ビデオカメラの小型化のために開発された技術であり，この技術を保有している企業は限られていたが，カシオ計算機は，どのデバイスメーカーからもデバイス調達することができるために，マイクロレンズ技術を保有するデバイスメーカーと取引を行うことで，その技術を利用でき，マイクロレンズを備えた134万画素CCDを開発したのであ

図表4-10◆マイクロレンズの構造

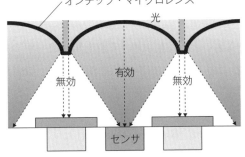

出所：http://www.sony-semicon.co.jp/products_ja/IS/ccd_tech/index.htmlをもとに筆者加工。

る。

　一方，時間のかかる光学レンズの開発は，2000年後半から行われていた。「EX-S1」では，高画質な画像の撮影に関する性能よりも，薄く軽くすることが優先されたため，光学ズームとAF，マクロ撮影機能が省略された。特に，薄型軽量化のネックになるのが，モーターやギア，大容量電池を必要とするAFであるという[35]。そこで，「EX-S1」では，AFを搭載せず，パンフォーカス（単焦点）を採用している。カシオ計算機は，簡単なレンズ設計技術は有している[36]ために，単焦点レンズを設計し，製造はペンタックスが行うという形をとり，インバートテッサー方式[37]のレンズを開発している[38]。この方式では，先頭に凸レンズを持ってくることで，光の入射角が大きくなるため，レンズユニットを薄型化できる[39]。

　しかし，CCDへの入射角が垂直に近くないと，マイクロレンズは十分な集光ができないために，先頭に凸レンズを配置し，光入射角が大きくなるインバートテッサー方式と組み合わせる際には，マイクロレンズに垂直に光を入射させることが難しくなるという問題が生じた。そこで「EX-S1」開発では，CCDメーカーと緊密なやりとりを行うことで，光の入射角が大きくなっても対応可能なマイクロレンズの改良が行われた（山口，2004）。その結果，従来では近すぎて光が入りきらなかった距離でも，十分な集光が可能になり，

図表4-11◆HCLiの構造

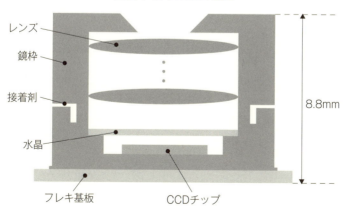

出所：カシオ計算機「EX-S1」製品発表会の資料をもとに筆者作成。

CCDとレンズの距離を短くすることができたのである。

　さらなる薄型化を行うために，CCDメーカーの協業によって開発された技術がHCLi[40]（図表4-11）である。以前は，CCDチップとレンズを別々に納入し，それをセットメーカー側で組み合わせるのが一般的で，CCDチップに塵が入るのを防ぐガラスなどのパーツによって厚みが増し，その厚さは17mmから18mm程度であった。しかし，デバイスメーカーの協力が得られ，CCDとレンズを一体化したモジュールとして納入することで，余計なパーツが最初から必要なくなるため，8.8mmにまで薄く[41]できたという[42]。

　また，撮像素子や光学レンズ以外での差別化のため，筐体を小型化する。そのために，CPU，ASIC，SDRAM，フラッシュメモリの4チップを1つの基盤にまとめるMCM[43]というLSI技術を用いている。これは技術的にも難しく，コストが高くなってしまうというデメリットがある。しかしカシオ計算機は，コストよりも省スペース化を優先し，「EX-S1」にカシオ計算機の他製品で利用されていたMCM技術を利用し，これにより，基板面積を約70％削減できた[44]。図表4-12は，「EX-S1」のハード構成である。このようにシンプルにし，小型化に寄与している。

　また，俊敏性を実現するため，起動時間，レリーズタイムラグ，連続撮影の

図表4-12◆「EX-S1」のハード構成

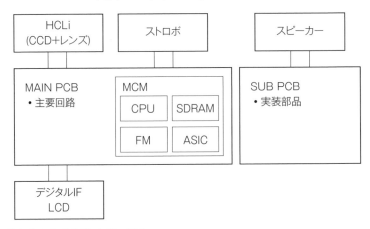

出所：湯山（2002）を参考に加筆・修正。

高速化が目標とされていた[45]。電源を入れてからの起動時間は1秒となっており，またAFを搭載しないことで，原理的にレリーズタイムラグは短くなる。ハード的には，2000年4月に発売された「XV-3」において，画像処理回路とDRAMをワンチップ化したLSIを搭載し，撮影間隔を1秒以下にし，連続撮影を可能にしていた。それに加えて，「EX-S1」ではソフトも改良することで，レリーズタイムラグを短くする工夫をしたという[46]。その結果，レリーズタイムラグは0.01秒[47]，0.6秒間隔の連続撮影が可能になった。

さらに，デジタルインターフェイスTFT液晶をデジカメで初めて搭載した。カシオ計算機は，1973年から腕時計や電卓，電子手帳向けに小型液晶を内製しており，技術蓄積があった[48]。デジタル画像をNTSC信号に変換して入力していた従来の液晶モニターとは異なり，LSIからデジタル信号をそのまま入力できるので，アナログ周辺回路が不要となる[49]。湯山（2002）によれば，水晶振動子などの外付け部品を削除できるため，従来の液晶周辺の基盤と比較して表面積が13％減少する。そして，「EX-S1」には本体を小型化しながらも，当時としては大型の1.6型液晶を搭載した。これは，同時期の他社製品に比較して，約1.5倍の大きさの液晶ディスプレイを搭載していることになる[50]。また，デジタルカメラ産業全体を見ても，カシオ計算機は他社に先駆けて液晶ディスプレイの大型化を図ってきた（**図表4-13**）。これが行えた背景には，カシオ計算機が1973年から液晶を内製しており，その搭載製品が腕時計や電卓，電子手帳などだったため，小型液晶に関する技術蓄積があったからだという[51]。

新しいデジカメの形を提示したいとして始まった製品開発は，デジカメ開発に携わってきた人々が多数を占める組織で開発が始められたため，「QV-10」への原点回帰を志向し，薄型化するための要素技術開発が始まり，カードサイズデジカメというアイディアを外部から得た。そしてHCLiやMCM，デジタルインターフェイス液晶といった要素技術を開発して薄型小型化を追求した。また機械的な時間の短縮やソフトウェアの改良などを通じて俊敏性を向上させた。その一方で，撮影機能を思い切って割り切り，徐々に「撮りたいときに撮れるウェアラブルなカメラ」というコンセプトを形成していった。こうして開発された「EX-S1」は，130万画素CCDと単焦点レンズを搭載し，厚さ11.3mm，重量85gというポータビリティに優れ，素早い操作性を有したデジカメとなった。

図表 4-13◆液晶の大型化の推移

企業名＼液晶ディスプレイサイズ（インチ）	1.8	2.0	2.5	2.7/2.8	3.0
カシオ計算機	95/4	99/9	96/3	05/8 (2.7) 06/5 (2.8)	08/8
キヤノン	97/3	98/10	05/9		06/4
オリンパス	96/10	98/10	05/9		05/11
ニコン	99/4	98/3	97/6	07/10 (2.7/2.8)	06/3
ソニー	96/10	99/3	97/8		05/11
松下電器産業	97/3	97/12	00/2	06/8 (2.8)	06/8
富士フイルム	96/7	97/11	02/11		06/3
三洋電機	99/8	97/3	05/2		05/10

注：網掛けは産業で初めて搭載したことを示す。
出所：各社ホームページなどを参考に筆者作成。

4.5 「EX-Z1000」の開発プロセス

　2006年5月に発売された「EX-Z1000」は，コンパクトデジタルカメラとして産業で初めて1,000万画素CCDを搭載した機種であり，市場に大きなインパクトを与えた。発売翌月に機種別市場シェアで7.2％を占め[52]，コンパクトデジタルカメラの中では格段の売れ行きであったという[53]。また，2006年度上半期のカシオ計算機の市場シェア向上に貢献するなど，収益性にも好影響を与えた[54]。加えて，その後他のセットメーカーが1,000万画素CCD搭載機を次々と追随して発売するなど，競合企業に与えたインパクトの大きかった。

　2006年度上半期では，撮像素子の多画素競争は落ち着いており，600〜800万画素CCDが主流となっていた[55]。そして，競争の焦点は，高画質な画像が撮影できることに加えて，広角撮影や高感度撮影，手ブレ補正や顔認識機能などの多機能化であった。しかし，カシオ計算機はこの産業の動向についていくことができなかった[56]。そのようななか，「EX-Z1000」はこれらの機能を搭載しな

い代わりに，思い切って1,000万画素CCDを採用し，1,000万画素という数字によって製品の魅力を高めたと考えられる。そして，いつでもどこでも気軽に撮影できるように，オート撮影を前提としたコンパクトなボディ[57]にし，それに当時最大の2.8型液晶を搭載した（図表4-13）。

「EX-Z1000」の開発にも，撮像素子技術や光学系技術を保有しないことで可能になった製品開発プロセスがあった。撮像素子が高画素になればなるほど，撮像素子の受光部の面積が小さくなってしまうため，画質は悪化してしまう。また，ファイルサイズが大きくなり，PCでのハンドリングや，HDDやメモリーカードの容量圧迫という問題も生じる。そのため，600～800万画素もあれば十分で，1,000万画素CCDに大きなメリットがあるとは考えられていなかった。

にもかかわらずカシオ計算機は，1,000万画素CCDを搭載することを決断する。このような決断ができたのは，CCDや光学レンズを製造せず，高画質化やCCDシフト式・レンズシフト式の手ブレ補正機能では差別化は困難であるため，画質にこだわらずそれを許容し，その他の要因で競争力を高めようとしたことが挙げられる。1,000万画素にすることによって，画像にノイズがのり，画質が劣化してしまったとしても，画質よりも1,000万画素という数字の魅力で顧客に訴求することを優先したのである[58]。

カシオ計算機は2006年当時，600画素，700万画素，800万画素CCDを外部調達して，それらを搭載するデジタルカメラを開発していた。それに加えて，1,000万画素CCDも調達し，「EX-Z1000」を開発している。この1,000万画素CCDは，カシオ計算機が600万画素～800万画素CCDを調達しているCCDメーカーとは異なるCCDメーカーが開発したものであった。そのため，カシオ計算機は調達元を変更して1,000万画素CCDを調達している。

加えて，カシオ計算機は，「EX-Z1000」の対象顧客をある程度の画質の写真が撮れればよいと考えている顧客であり，多様な機能を搭載するデジタルカメラのようにマニュアル設定できることを必要としない顧客と設定した。そこで，上級者をターゲットとせず[59]，幅広い年代層に向けて，オートで簡単に撮れるカメラとした。

また，撮像素子と光学レンズ以外での差別化のために，コンパクトさも追求する。2005年11月には1,000万画素を超えるデジタルカメラ[60]は発売されてい

図表4-14◆本体の軽量化

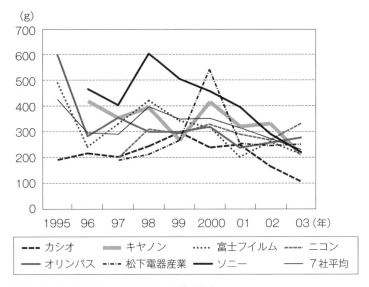

出所:各社ホームページや製品カタログをもとに筆者作成。

図表4-15◆筐体の薄型化

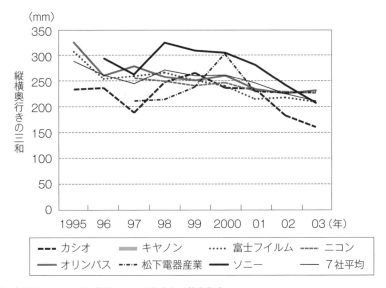

出所:各社ホームページや製品カタログをもとに筆者作成。

た[61]が，それは一眼レフカメラと同等の大きさ[62]であった。そこで，コンパクトデジタルカメラで初めて1,000万画素CCDを搭載することで，パイオニアになろうとした。そのために，光学ファインダーやモードダイヤルなどを省いた。また，解像力が落ちてしまうにもかかわらず，小径のレンズを搭載し，沈胴式[63]とすることで，フラットなデザインとしている。この筐体のコンパクトさ，つまりデジタルカメラを薄く軽くすることは，「EX-S1」以降，製品開発においては一貫している。このカシオ計算機の姿勢は，**図表4-14**と**図表4-15**に見てとれ，本体の軽量化と筐体の薄型化を推し進めている。

そして，コンパクトなボディにしながらも，2.8型高輝度ワイド液晶を搭載している[64]。輝度は1,200cd/㎡と晴天の屋外でも視認性に優れ，縦横比が14：9という特殊なサイズで，4：3でも16：9でも効率よく表示でき，また従来の15万画素前後から23万画素へと高精細になっている。そして，画素の配列が，デジタルカメラでは一般的なデルタ配列[65]ではなく，デジタルカメラで初めてストライプ配列液晶[66]を搭載する。この配列の液晶は，文字などのエッジ部分に色ニジミが出にくいといった特徴を有しており，メニューの文字がクリアに見えやすくなった。

4.6　カシオ計算機の優位性に関する論理

　前節までに見てきたように，カシオ計算機は「EX-S1」と「EX-Z1000」の開発プロセスにおいて，撮像素子や光学レンズを柔軟に調達し，また既存製品とは異なる特性を持つデジタルカメラを開発していた。カシオ計算機は，「EX-S1」の開発において相対的に低い画素数の撮像素子とパンフォーカスレンズを搭載するという撮影機能を割り切ったデジカメを開発していたし，「EX-Z1000」は，撮影画像の画質が悪くなるにもかかわらず，1,000万画素という数字のインパクトを全面に出した製品開発を行っていた。そこで本節では，カシオ計算機はどのようなプロセスのもとで製品開発を行ったのかを，経済的優位性と組織的優位性の2つの優位性に着目をして考察していく。

4.6.1 カシオ計算機の経済的優位性

　カシオ計算機は，デジタルカメラに不可欠な撮像素子と光学レンズを内製していないため，それを外部から調達してくる必要がある。「EX-S1」と「EX-Z1000」の開発では，開発したい製品特性に合わせて，最適な選択を行えていた。

　「EX-Z1000」開発前後では，600万画素，700万画素，800万画素CCDを調達していた。例えば600万画素であれば，1/2.5型有効画素数618万画素CCD[67]と1/1.8型有効画素数637万画素CCD[68]，1/2.5型637万画素CCD[69]を採用するなど，同じ600万画素CCDでも，サイズと有効画素数が異なる複数のCCDを外部調達していた。また，700万画素，800万画素でもそれぞれ，サイズの異なる2種類のCCDを調達した。そして「EX-Z1000」では，それまで調達していたCCDメーカーではなく，1,000万画素CCDを開発した他のCCDメーカーから供給を受けている。このように複数のCCDの中から，開発したい製品に最適なCCDを調達していたと考えられる。

　また，「EX-S1」前後のデジカメの開発では，キヤノンやペンタックスから，光学レンズを調達していた。例えば，2000年2月発売の「QV-3000EX」には光学3倍ズームのキヤノン製レンズを搭載し，2001年3月発売の「QV-3500EX」や2001年8月発売の「QV-4000」でも光学3倍ズームのキヤノン製レンズと搭載していた。

　2002年7月に発売した「QV-R4」ではペンタックス製の光学3倍レンズを搭載し，2003年3月発売の「EX-Z3」では，「スライディング・レンズ・システム」と呼ばれる沈胴式の光学3倍ズームレンズをペンタックスから調達している。この沈胴式レンズは，ペンタックスが2003年3月に発売した「OptioS」に搭載されたレンズと同じものである。このレンズは，レンズ沈胴時に，5群6枚のズームレンズの中群を上方にスライドさせ，本体内に2段重ねに格納することで，鏡筒厚を15.6mmと薄くすること[70]ができ，「OptioS」の本体自体も20mmと薄型化することに成功している。これをカシオ計算機は調達し，22.9mmという薄型でありながら，光学3倍ズームレンズを持つ「EX-Z3」を開発している。そして，2004年3月発売の「EX-Z40」でもペンタックス製光

学3倍ズームレンズを調達している。

　なお，カシオ計算機がペンタックスから「スライディング・レンズ・システム」を調達し，ペンタックスにはカシオ計算機のMCMが提供されている。ペンタックスは「QV-10」以来，カシオ計算機にレンズを調達しており，「EX-S1」でのCCDレンズモジュールの開発や「EX-Z3」での最新レンズの調達という協業につながっていったという[71]。

　このようにデバイスを外部調達してくるだけではない。「EX-S1」の開発では，CCDと光学レンズをそれぞれ調達してきて組み合わせるという従来のやり方では薄型軽量化が不可能であった。そのため，CCDメーカーとレンズメーカーとの共同開発を行うことを選択する。そして，感度やダイナミックレンジの劣化を防ぐために低画素CCDを搭載するこを決断した。またマイクロレンズ技術を持つデバイスメーカーは限られていたが，撮像素子技術を持たず，利用するすべてのCCDを外部調達してくるカシオ計算機は，複数の調達元と関係があり，その取引のなかで，デバイスメーカーの持つ技術に関する情報を得られていたと考えられる。そして，デバイスメーカーの技術を利用してマイクロレンズを備えるCCDを開発する。さらに，CCDとレンズを一体化したモジュールとすることでより薄くすることができた。

　このように，CCDメーカーがマイクロレンズの改良やHCLiの開発に積極的に協力してくれた背景には，カシオ計算機が撮像素子技術を保有しないために，CCDメーカーから得た知識が流出しにくく，それがデバイス市場に悪影響を及ぼすことが小さいと予想されたことがあると考えられる。技術を持たないことが，デバイスメーカーの警戒心を弱め，相手の懐に飛び込むことを容易にしたのである。

　以上のように，カシオ計算機はデバイスの外部調達を行うだけではなく，必要に応じて，デバイスメーカーとの共同開発という調達方法も採れたのである。つまり，最適なデバイスや調達方法を複数の選択肢の中から選択することができるという選択広範性があると言える。

　また，現在調達しているデバイスから他のデバイスへと自由に，そして迅速に切り替えることも可能であった。「EX-S1」の開発では，比較的簡単な単焦点レンズの設計は社内で行っていたが，それ以外のカシオ計算機製品に搭載し

た光学ズームレンズは，高度なレンズ設計のノウハウが必要で難しいため，レンズモジュールとして外部から調達していた。2002年5月に発売された「EX-S1」前後の開発機種を見てみると，2001年8月に発売された「QV-4000」はキヤノン製レンズ[72]を，2002年7月に発売された「QV-R4」ではペンタックス製レンズ[73]を搭載している。1年の間に，光学ズームレンズをキヤノンとペンタックスから調達し，それと並行して，「EX-S1」のためにレンズ設計を行い，ペンタックスに製造を委託して単焦点レンズを開発しているのである。

「EX-Z1000」前後の機種でも，CCDの調達に関して，自由で迅速な切り替えが行われている。600万画素では，まず2004年5月発売の「EX-P600」で1/1.8型637万画素CCDを採用し，翌年9月発売の「EX-Z110」では1/2.5型637万画素CCDへ変更している。さらに，同年11月発売の「EX-S600」では，1/2.5型618万画素CCDを追加採用している。700万画素，800万画素CCDでも，サイズの異なるCCDへの変更が行われている。さらに，「EX-Z1200」[74]に搭載した1,200万画素CCDは，CCD調達企業を切り替え，「EX-Z1000」とは異なるCCDメーカーから調達している。その結果，調達元を切り替えることによって，1,000万画素CCDの調達元企業よりも早く，カシオ計算機は1,200万画素CCDを搭載したデジタルカメラを発売できた。

以上のように，現在の選択肢よりも，より良い選択肢が現れた際には，それに低コストで変更できる切替容易性があると言える。カシオ計算機は，外部調達と共同開発という調達方法での切り替え，キヤノンとペンタックスなどの調達メーカーの切り替え，画素数やサイズの異なるCCDという調達デバイスの切り替えを行っていた。

4.6.2 カシオ計算機の組織的優位性

カシオ計算機は，撮像素子技術も光学系技術も保有しない企業である。そのため，撮像素子も光学レンズもデバイスメーカーから外部調達をしてこなくてはならない。デジカメ産業の場合，CCDや光学レンズのデバイスメーカーは，自社で製品を作るセットメーカーでもあり，また複数社にデバイス販売をすることがあるため，自社製品に他社からデバイスを調達する限り，その点では差別化することは困難である。

したがって，差別化要因の不足を何かで補う必要性がある。それがアイディアである。基盤技術を保有しない企業は，保有資源の不足と差別化要因の欠乏をアイディアによって埋めようとする。このアイディアが，新しい競争要因を創出する契機となり得る。

「EX-S1」の開発においては，撮像素子の多画素化と光学ズームの高倍率化が競争の焦点となっており，それらの技術を保有しないカシオ計算機は，その競争に遅れをとっていた。そのため，銀塩カメラの代替製品であり，高画質な画像の撮影するためのカメラという既存のデジタルカメラの製品コンセプト自体を考え直す必要性に迫られた[75]。

1995年の民生用デジカメ市場成立以来，デジカメ各社は，多くのデジカメを市場に送り出してきた。それらの企業は，より多い画素数の撮像素子と高い光学ズームの搭載を目指した製品開発を行っていた。2002年時点では，200万画素から500万画素の撮像素子とAF搭載で2倍から5倍の光学ズームと組み合わせて，製品をラインナップしていた。また，2002年上半期に多く製品を発売していた5社[76]のデジカメの平均サイズ[77]は236.9mmで，平均重量は275.7gであった。

一方，本章で取り上げたカシオ計算機「EX-S1」は，134万画素CCDと単焦点レンズが搭載され，AFは省かれていた。筐体のサイズは縦55mm，横88mm，奥行き11.3mmで，重量は85gであった。また，電源を入れてから1秒で撮影が可能になり，レリーズタイムラグは0.01秒，0.6秒間隔で連続撮影が可能であり，30,000円前後で販売されていた。

既存のデジカメと「EX-S1」を比較すると，製品機能に大きな変化があったことが理解できる。「EX-S1」は，CCDの画素数や光学ズームといった撮影機能を大きく低下させていた。一方で，筐体を小さく薄くし，また軽くすることで，携帯性を向上させていた。加えて，起動時間やレリーズタイムラグ，連続撮影の間隔を短くするなど，俊敏性を向上させていた。

この製品機能の変化は，機能間の優先順位の変化として捉えられる。1995年以降，デジカメの開発競争の焦点は，撮影機能の向上に向けられていた。そのため，多くのデジカメが多画素の撮像素子と高倍率の光学ズームの搭載を目指して開発されていた。しかし，「EX-S1」では，筐体の小型化・軽量化という

携帯性と起動時間やレリーズタイムラグなどといった俊敏性を第1に追求した。つまり、「EX-S1」の開発では、機能間の優先順位が、撮影機能から携帯性と俊敏性へ変化していたのである。では、なぜこのような機能間の優先順位の変化が起こったのだろうか。このような機能間の優先順位の変化が生じた背景には、コンセプトの変化があったと考えられる。

　1995年に民生用デジカメ市場が本格的に立ち上がって以来、多くのデジカメが共有していたコンセプトは、「銀塩カメラの代替製品」というものであった。つまり、高い画素数の撮像素子と高倍率の光学ズームを有し、銀塩カメラによる写真と遜色ない写真を撮影できるカメラである。銀塩カメラのL版プリントと同等の写真を撮影するためには、300万画素程度の撮像素子が必要であるといわれており、デジカメ各社の発売する製品は、撮像素子の多画素化と光学ズームの高倍率化を目指して行われてきた。

　それに対して、「EX-S1」は130万画素CCDと単焦点レンズという撮影機能を割り切った構成で、薄さ11.3mm、重さ85gという携帯性と、起動時間やレリーズタイムラグ、連続撮影の間隔の短さといった俊敏性が高められていた。このような製品特徴となったのは、「いつでもどこでも撮りたいときに撮れるウェアラブルなカメラ」というコンセプトが背後にあったと考えられる。携帯性を高め、俊敏なレスポンスで気軽に即座に写真を撮影できるデジカメならではの使い方を目指したカメラである。

　そして、このコンセプトのアイディアの源泉となるのが、これまでに行ってきた製品開発の経験・蓄積である。カシオ計算機は、もともと製品を軽薄短小にすることに優れ、これまでにも電卓「カシオミニ」[78]「カシオミニカード（LC-78）」[79]「SL-800」[80]や腕時計「ペラ（FS-10）」[81]、ポータブルテレビ「TV-10」[82]といった各製品分野での薄型小型製品を開発してきた。それら製品の開発を通じて、軽薄短小なら必ず勝てる[83]という製品差別化の認識枠組みが形成されていた。このようなスキーマ（加護野，1989；沼上・淺羽・新宅・網倉，1992；新宅・網倉，2001）を参照することによって、薄型化という方向性を進んでいった。また、デジタルであることで、機械的な動作や処理が低減され、構成部品の配置の自由度が増したり、あるいは動作速度が速まったり、画像処理の速度が速まる俊敏性といった利点を享受することができる[84]。

第4章　デジタルカメラ産業におけるカシオ計算機の事例分析

　「FX-S1」の開発にあたり「QV-10」で成功しており，いま一度「QV-10」に原点回帰をして，新たにコンセプトを再考することになった。「QV-10」は，銀塩カメラとは異なるデジカメならではの新しい使い方を追求し，「撮りたいときに撮れ，その場で画像を確認できるカメラ」というコンセプトを有していた。そのため，「EX-S1」の開発でも，デジタルだからこそできる携帯性や俊敏性を訴求することになった。

　基盤技術を保有しないために，外部からの基盤デバイスの調達する必要性があるため，外部デバイスメーカーとの接触が増加することになる。カシオ計算機は，撮像素子も光学レンズもデバイスメーカーから調達していた。こうしたなかで，デバイスメーカーは，外部にいるからこそしがらみのない視点から製品を捉えることができる。このようなフレッシュアイを持つ外部との接触が，既存とは異なるアイディアを得る機会となるのである。カシオ計算機は，新しいデジカメ開発のプロジェクトが始まる前，CCD供給メーカーとの忘年会で，名刺カードサイズのデジカメというアイディアを得ていた。

　以上のような原点回帰と外部からのアイディアとの融合のなかから新しい製品に輪郭が見え出す。「EX-S1」の開発では，デジタルならではの使い方と薄型化，名刺カードサイズのデジカメというアイディアが開発プロセスの中で融合していった。

　このアイディアを実現するために，企業が保有していた技術的資源を動員することになる。カシオ計算機は，電卓や腕時計，ラジオやポータブルテレビなどの製品開発を通じて，さまざまな技術が蓄積しており，それらの技術が「EX-S1」の要素技術開発に利用されていた。

　電卓や腕時計は薄く軽く作る必要性があったため，高密度実装技術が積み重ねられていた。また「見えるラジオ」の開発の際に利用されたLSI設計技術が，「EX-S1」においてはMCMの開発に使われた。1970年代からデジタル腕時計と電卓の開発を通じて，液晶技術の蓄積が始まり，液晶ディスプレイを内製してきた。特に，液晶には強いこだわりを持っており，内製化しているがゆえに，最新のデジカメを使うことで，差別化しようとした[85]。「EX-S1」では，デジタルインターフェイス液晶を世界で初めてデジカメに搭載し，また1.6インチ液晶という本体サイズに比して大きなサイズの液晶ディスプレイであった。

さらに，製品開発のためには，デバイスメーカーから部材を調達する必要があるが，その際には相手先の技術を利用することができる。カシオ計算機は，「EX-S1」のCCDレンズモジュールをCCD調達メーカーとの共同開発で行っている。CCDレンズモジュールを薄くするために，オンチップ・マイクロレンズ技術が使われている。この技術はもともと小型の8ミリビデオカメラのためにCCDデバイスメーカーが開発した技術であった。また，「EX-S1」のCCDレンズモジュールHCLiは，CCDとレンズを1つのモジュールとして設計することによって薄く軽くなっていた。このHCLiは，CCD調達メーカーとカシオ計算機との間の濃い関係性のなかで生み出された技術であった。

　製品としての方向性が定まり，この要素技術開発が進むにつれて，徐々に製品コンセプトが形成されていく。新しいカメラ文化を作るという原点に回帰し，「QV-10」の持つ「撮りたいときに撮れ，見たいときにすぐに撮影した画像を確認できるカメラ」というコンセプトは即時性を強調したもので，いつでも持ち運べすぐに取り出せるという携帯性と動作が速く，即座に撮影できるという俊敏性につながっていった。軽薄さと素早い動作を優先し，130万画素CCDや光学ズームレンズを廃し，AFを搭載しないというアイディアのもと，保有する技術的資源やデバイス調達メーカーとの共同開発のなかで，HCLiやMCM，デジタルインターフェイス液晶といった要素技術が開発していった。このような思索・探索の活性化が生じた結果，携帯性と俊敏性という性能を前面に押し出した「いつでもどこでも撮りたいときに撮れるウェアラブルなカメラ」という「EX-S1」のコンセプトが創発的に形成されていった。

　このような新しいコンセプトを形成するまでの新しいアイディアの思索と外部との接触から得られるフレッシュアイの獲得，保有する技術的資源の動員と外部資源の活用を支えているのは，組織が持つ心理的エネルギー（加護野，1988）である。新しいアイディアの探索とそれを実現するための資源の動員は，自然には起こらない。企業の取り得る戦略は多様にある。例えば，既存の製品コンセプト上での競争を継続し，低価格で製品を提供していくことも可能なはずである。しかし，「EX-S1」の事例では，新しいコンセプトの形成へと向かっていった。これを可能にしたのが，インターネット開発センターの面々が持っていた強い心理的エネルギーであった。

基盤技術を保有しないために,それらのデバイスを外部調達に頼らざるを得ない。既存コンセプト上では,他社と同じデバイスを使うことになるため,その要因では差別化することができない。そのため,売り上げ,市場占有率とも低下してしまう。その結果,カシオ計算機は,組織改組が行われ,デジカメ開発を担っていたQV部の人員は削減された。そのため,組織成員の間では強い危機感が抱かれていた。この組織的危機感を共有する人々が核となって設立されたのが,インターネット開発センターであり,そこで背水の陣で臨み,新しいコンセプトの実現に向けて資源を動員できたのである。その結果開発されたのが,「いつでもどこでも撮りたいときに撮れるウェアラブルなカメラ」というコンセプトを有する「EX-S1」であった。

また「EX-Z1000」の開発でも,「EX-S1」の開発プロセスと同様のメカニズムが働いていたと考えられる。「EX-Z1000」は,高画質な撮影や多機能化よりもコンパクトデジタルカメラ初の1,000万画素CCDの搭載やオートで簡単に撮影できることに開発の主眼が置かれた。そのため,画像にノイズがのってしまっても,1,000万画素という数字が優先され,解像力が落ちるにもかかわらず,小径レンズが搭載され,手ブレ補正機構などが省かれている。つまり,製品開発の際の機能間の優先順位が,既存のデジカメの高画質な画像の撮影から変化をし,撮影画質の面では割り切りが見られる。その代わりに,1,000万画素という数字が追求され,高い携帯性も有している。高画質化や多機能化よりも薄型軽量化や1,000万画素という数字が優先されたのである。その結果,競合他社から見れば,1,000万画素CCDの搭載という思い切りの良さが見られた。

そして,撮像素子技術や光学系技術を保有せず,既存コンセプトでは競争が難しいために,顧客ニーズからも新たなチャンスを探ろうとする。「EX-Z1000」の開発時点では,L版プリントに必要な300万画素程度の画質で十分に満足している顧客層がおり,カシオ計算機はこのことを認識していた。この顧客らは,すぐに購入した製品が型遅れになってしまうことに辟易としており,1,000万画素という数字に先取り感を感じ,当分の買い換えは不要と考えるだろうと予想したのである[86]。また,市場の拡大とともに,顧客ニーズが多様化していき,年齢が高い層や製品に関する知識が少ない層などが製品を購買するようになる(Rogers, 1962)。そこで「EX-Z1000」は,誰でも簡単に使えるように,操作を

簡略するためオート撮影を前提とすることにした。

さらに，撮像素子技術と光学系技術での差別化の不足を補う代替的な差別化要因を創出するため，過去から蓄積してきた資源について探索した。「EX-Z1000」に搭載されたストライプ配列液晶も，高画質に代わる差別化要因の1つとして考えられる。この配列の液晶は，通常はPC用の液晶モニタや液晶テレビに使われるものである。カシオ計算機は，これまで携帯電話向けやその他用途に向けて製造していたストライプ配列液晶に目をつけて，デジタルカメラに初めて利用することで，ニジミにくい文字表示を行い，他社製品との違いを出そうとしたと考えられる。

「EX-Z1000」の場合にも，競合他社が推し進める高画質化や高機能化に追随していけなかったため，競争力が低下してしまうという緊張感や不安といった組織的危機感が高まり，強いモチベーションが生まれた。これが資源を動員して，既存の競争要因では画質を落としてしまうとデメリットを持つ1,000万画素CCDをコンパクトデジタルカメラに搭載するという決断を後押ししたと考えられる。こういったプロセスを経て，「EX-Z1000」は，コンパクトデジタルカメラ初の1,000万画素CCDを搭載した薄型で持ち運びが容易な機種として開発された。

4.7　第4章のまとめ

本章では，デジタルカメラ産業のカシオ計算機の事例分析をもとに，経済的優位性と組織的優位性という2つの優位性に着目して，基盤技術を保有しない企業が優位性を構築する論理を探索した。

カシオ計算機は，CCDや光学レンズといった中核デバイスの調達に関して2つの選択肢があった。1つは，デバイスメーカーと協業して，HCLiを共同開発した技術の外部調達である。この際には，カシオ計算機は撮像素子技術を保有しないために，CCDメーカーの技術流出の可能性が低く，デバイスメーカーの積極的な協力を得られた。もう1つは，CCDやレンズをモジュールとして購買するデバイスの外部調達である。この方法では，複数デバイスを比較できるため競争圧力を働かせることができる。このように，基盤技術を保有し

ない企業には，最適な調達方法から選べる選択広範性がある。また，デバイスの外部調達においては，さまざまなCCDや光学レンズを自由に，そして迅速に切り替えていた。加えて，1,000万画素CCDを調達するために，600万画素～800万画素CCDの調達元とは異なるデバイスメーカーからCCDを調達しており，1,200万画素CCDの調達では，再度調達元を切り替えている。以上のように，基盤技術を保有しない企業は，デバイスや調達元間を低コストで変更できる切替容易性がある。これらは，基盤技術を保有しないための柔軟性と言えるだろう。

　さらにカシオ計算機は，従来とは異なる製品コンセプトや特徴を有するデジタルカメラを開発できた。その背景には，既存製品の性能で十分満足している顧客ニーズが存在しており，そこにチャンスを見出し，カードサイズでいつでもどこでも撮れることで製品の魅力を高めようとするコンセプトを考え出し，これまで蓄積してきたLSI設計技術や高密度実装技術，液晶技術で実現した。

　その際に参照されたのが，製品差別化に関する思考枠組みであった。カシオ計算機には，それまでの製品開発を通じて形成されてきた「製品において，いくつかの機能を減じても，ある特定の特徴を際だたせる」と「軽薄短小であれば，カシオ計算機は必ず勝てる」という思考枠組みがあった。これに基づいて，高画質な画像の撮影に関しては割り切った。「EX-S1」では，L版プリントには300万画素CCDが必要とされ，光学3倍ズームが主流であったなか，130万画素CCDと単焦点レンズの搭載とした。「EX-Z1000」でも，ノイズが増えるにもかかわらず，1,000万画素CCDという高画素の撮像素子を搭載している。その一方で，「EX-S1」では，薄型軽量としてウェアラブルな使い方を追求した。「EX-Z1000」では，1,000万画素という数字を消費者に訴求した。

　また，製品開発には，それまでの製品開発で蓄積されてきた技術が活用されている。「EX-S1」では，基板の省スペース化や軽量化のために，LSI設計技術の蓄積が活かされ，MCMなどが開発されている。また，薄型にするため，高密度実装技術が活かされている。「EX-Z1000」でも，薄型軽量化のために，高密度実装技術やLSI設計技術が活かされ，また大型でストライプ配列液晶というこれまでデジタルカメラに利用されてこなかった液晶技術を活用している。

　つまり，基盤技術が実現する機能での差別化が困難であるため，その差別化

の不足を補う必要性に後押しされて，新しい競争要因を創出するためのチャンスを探し，アイディアを考え，利用できる資源に目を向けるという思索・探索の活性化が起こった。

そして，CCDや光学レンズが実現する高画素競争で正面から勝負していくことは難しく，大変不利な状況の中で競争していかなければならない。事業の存続が危うくなったり，競争についていけなかったりすることが，組織の緊張感や不安を高める。つまり，このままではいけない，なんとかしなければならない，全力を尽くそうという組織的危機感が生じ，これがカシオ計算機に強いモチベーションを生み出していた。このような組織的危機感があるがゆえに，既存の競争のやり方とは異なるやり方へ変更することが可能にするのである。このようなメカニズムによって，撮像素子技術と光学系技術を保有しないからこその独自性が生まれると考えられる。

【注】

1　2006年8月25日にカシオ計算機広報部に対して，10時半から12時半の2時間行ったインタビュー（以下，インタビュー1とする），2007年11月26日にデジタルカメラセットメーカーに対して行った電子メールインタビュー（以下，インタビュー2とする），2005年4月26日に対して，松下電器産業半導体社のDSCカテゴリー・携帯カメラLSIカテゴリーのカテゴリーオーナーの方とコーポレート技術研修センター，テクノロジーマネジメントチーム所属の方に対して，15時から17時の2時間行ったインタビュー（以下，インタビュー3とする）。
2　撮像素子技術と光学系技術は，デジタルカメラにとって基幹的な機能を果たす主要技術である。デジタルカメラの目の機能を持つ撮像素子技術は，産業"当初の最大のキーデバイス"（伊丹・一橋MBA戦略ワークショップ，2003）である。また，カメラとして映像を撮影するために"レンズの性能も重要"（伊丹・一橋MBA戦略ワークショップ，2003）であり，光学系技術はデジタルカメラの重要な機能の一翼を担っている。
3　参入各社の認識の変化とともに，基盤技術が変化する可能性がある。しかし，本書では，基盤技術の変化はないという範囲に限った議論に限定した。デジタルカメラ産業では撮像素子技術と光学系技術の技術開発が継続的に行われており，またセットメーカーでも，撮像素子技術と光学系技術が差別化要因にはならないが，製品には欠かせず，中心的な技術であると認識しているという（インタビュー2）。
4　各社ホームページや二次資料，インタビュー2，3。
5　カシオ計算機は，光学ズームレンズの設計・製造技術を保有していないが，単焦点レンズといった比較的簡単なレンズ設計技術を持つ。しかし，エクシリムシリーズの約9割の

デジタルカメラが、外部から調達してきたとみられる光学ズームレンズを搭載しており、またキヤノンやニコンなどのようにデジタル一眼レフカメラに搭載するような高度な光学レンズの設計と製造に関する光学系技術を保有していない。したがって、これらの企業とカシオ計算機の間には大きな技術的な隔たりがあり、本論文ではカシオ計算機を基盤技術を保有しない企業として分類する。

6 本論文では、カシオ計算機は、基盤技術である撮像素子技術と光学系技術を持てない状態であると設定する。なぜなら、撮像素子技術には、ノウハウなどの暗黙的な知識が必要で、技術開発を行いたくても、簡単にはできないからである（インタビュー3）。また光学系技術も、その設計や製造には高度なスキルが必要とされると言われるからである。

7 「カシオミニ」の表示桁数は6桁であったが、実際には12桁まで計算できるようになっており、折り返し表示を行うことで、12桁までの計算と小数点以下の表示ができるようにはなっていた。

8 カシオ計算機のホームページ。

9 カシオ計算機のホームページ。

10 アメリカでは、前年の1996年に発売された。

11 カシオ計算機のデジタルカメラ開発に関しては、＜参考資料2　QV-10以降のカシオ計算機のデジタルカメラの製品仕様（1995年4月～2008年9月）＞を参照のこと。

12 エクシリムの由来は、ラテン語の"eximius"と英語の"slim"を組み合わせた造語で「驚くほど薄い」ことを意味する。

13 「EX-S1」に音楽再生機能を付加したモデル。

14 『日経エレクトロニクス』2002年7月29日号、p.40.

15 『BNCランキング』2002年7月12日。

16 『日経エレクトロニクス』2002年7月29日号、p.40.

17 1998年4月に、富士フイルムは140万画素CCDを搭載する「DS-300」を、同月に松下電器産業も108万画素CCDを搭載する「CoolShot 2 Mega」を発売。また同年9月にはオリンパスが141万画素CCDを搭載する「C-1400L」を、同年10月にソニーが150万画素CCDを搭載する「DSC-D700」を発売する。

18 論文や著書（例えば、福島、2002；伊丹・一橋MBA戦略ワークショップ、2003；青島、2003）などでも、2002年にデジタルカメラの出荷台数が銀塩カメラのそれを逆転することが取り上げられるなど、デジタルカメラと銀塩カメラが対比されて考えられることが多く、デジタルカメラは銀塩カメラの代替製品と広く認識されていたと考えられる。

19 サイズは88（幅）＊55（高さ）＊11.3（奥行き）mm、質量が85gであり、液晶モニタを搭載したデジタルカメラとしては当時世界最薄であった。

20 電源を入れてから約1秒後には撮影が可能であり、「EX-S1」のスタンバイまでの時間は、他社製品よりも約0.8秒から1.8秒も早かった（カシオ計算機「EX-S1」製品発表会資料）。

21 多画素競争が始まった1997年から2001年において、年平均で富士フイルムが7.8機種、オリンパスが8.2機種、ソニーが7.8機種を開発したのに対し、カシオ計算機は4.2機種しか開発できなかった。

22 『D&M』2002年11月号、『日経情報ストラテジー』2006年2月号、『週刊ダイヤモンド』2006年3月18日号。

23 2006年8月25日にカシオ計算機に対して行ったインタビュー（以下，インタビュー3とする），『週刊ダイヤモンド』2004年10月2日号。
24 山口（2004）によると，QV部と統轄していた高須氏は，QV部の既存製品ラインナップを最低限維持できる開発陣のみを残し，残りの人員を引き連れるかたちでインターネット開発センターを発足させた。
25 『日経ビジネス』2003年6月23日号。
26 『日経ビジネス』2003年6月23日号。
27 『日経トレンディ』2003年1月1日号。
28 商品審議会は，社長をはじめ，担当役員やマーケティング，商品企画の担当者が集まり，新製品開発計画の決定を下す場であり，必ず樫尾和雄社長は出席をし，会議での発言の8割を占めるという（『日経ビジネス』2003年6月23日号）。そして，トップダウンの意思決定を行い，開発期間を短くすることができるという（『週刊ダイヤモンド』2004年10月2日号）。
29 「新製品にはアイデアと技術がいる。カード型デジカメの場合，軽くて薄くする技術が必要だ。軽薄短小ならカシオ計算機は必ず勝てる。今回はアイデア先行だった。そんなアイデアなら誰でも思いつくと言えばそうかもしれない。だが，実際に製品化して売ろうということになったら，普通の会社なら恐らくボツになっただろう」「市場を見れば300万画素で，光学3倍ズームは標準性能だ。ところがカードの薄さにするには，何か機能を殺さないといけない。世の中の流れに逆らって，残すべき機能の優先順位をつけるのは常識ではできない。（責任と権限を持った）トップの指示が必要だ」（樫尾和雄社長）『日経ビジネス』2003年6月23日号。
30 日経ビジネス2003年12月22日・29日号，p.24。
31 松下電器産業が2003年9月に薄さ9.9mmの「D-snap SV-AS10」を発売し，ソニーが2003年11月に光学3倍ズームを搭載しながらも薄さ21mmの「DSC-T1」を発売した。
32 インタビュー1，『日経産業新聞』2002年6月13日，『D&M』2002年11月号，p.73，『週刊ダイヤモンド』2006年3月18日号，p.19。
33 高画質化がトレンドであるなか，他社製品には劣る134万画素CCDと単焦点レンズの搭載と，カメラの大きさを名刺入れサイズ，厚さ10mmという開発目標が2001年4月の商品審議会で決められた（『日経ビジネス』2003年6月23日号，pp.30-41）。
34 フォトダイオードに対応させて微細なレンズを形成することで，感度やダイナミックレンジの劣化を防ぐことができる。
35 『D&M』2002年11月号，p.73。
36 インタビュー1。
37 テッサー方式とは，画角特性と解像力を改良するために，後群を接合レンズにしたレンズユニットで，インバートテッサー方式とは，レンズ構成の前後を反転させたものである。
38 カシオ計算機では，先頭の凸レンズとその直後の凹レンズを接合して，レンズ間の距離を縮め，接合レンズの後に非球面レンズを2枚配置したことなどによって，一層の薄型化を図った（『D&M』2002年6月号，p.15.，『週刊ダイヤモンド』2003年4月12日号，p.101）。
39 これまでのデジタルカメラでは，CCDの入射角による制約で，前面に凸レンズを配置することが難しかった（『D&M』2002年6月号，p.15）。

第4章　デジタルカメラ産業におけるカシオ計算機の事例分析

40　Hyper CCD-Lens integrationの略。
41　通常，130万画素デジタルカメラのレンズは17〜18mmほどの厚さになる（カシオ計算機「EX-S1」製品発表会資料，『D&M』2002年6月号，p.15）。
42　『週刊ダイヤモンド』2003年4月12日号，p.101。
43　Multi Chip Moduleの略。MCMの設計はカシオ計算機社内で，製造と検証は日立が行う体制で，MCMを開発した（『日経マイクロデバイス』2002年10月号，pp.62-73）。
44　基盤面積の小型化のほかに，低消費電力で動作し，よりノイズの影響を受けにくくなるメリットもある（『日経パソコン』2003年2月17日号，pp.157-160）。
45　カシオ計算機「EX-S1」製品発表会資料。
46　『日経トレンディ』2003年1月1日号，p.284。
47　当時のデジタル一眼レフカメラのレリーズタイムラグを上回るタイムである（カシオ計算機「EX-S1」製品発表会資料）。
48　インタビュー3。
49　デジタルインターフェイス液晶を搭載するために，カシオ計算機は，「QV-10」以来デジカメに搭載してきたビデオ端子を搭載していない。「QV-10」は元来「デジタルカメラ付き液晶テレビ」として開発された経緯があり（青島・福島，1998），エクシリム以前のカシオ計算機のデジカメは必ず画像出力データのアナログ変換が行われていた。しかし「EX-S1」では，ビデオ端子を搭載せず，液晶表示もデジタル処理を行っている。
50　EX-S1と同時期に発売された他社製品との筐体における液晶ディスプレイが占める割合比。
51　インタビュー1。
52　『BNCニュースリリース』2006年8月29日。
53　『日経産業新聞』2006年6月28日。
54　『カシオ計算機　平成19年3月期第1四半期財務・業績の概要』。
55　2006年度上半期においては，コンパクトデジタルカメラの6割以上が600〜800万画素の撮像素子を搭載していた。
56　カシオ計算機がCCDシフト式手ブレ補正機構を搭載できたのが2007年2月（「EX-V7」），顔認識機能を搭載できたのが，2007年6月（「EX-Z1200」）と競合企業に比べて遅かった。
57　92（幅）＊58.4（高さ）＊22.4（奥行き）mm。
58　他社は機械式の手ブレ補正機能や広角撮影といった機能でアピールしているが，「EX-Z1000」では1,000万画素を超える高画素製品で差別化することを意図していたという（『日経パソコン』2006年5月8日号）。
59　「EX-Z1000」は，ラインナップ上では，最上位機種ではなく，上にマニュアル指向の「EX-Z850」がある。
60　デジタル一眼レフカメラを除く。
61　ソニーが発売した「DSC-R1」。
62　139.4（幅）＊97.7（高さ）＊156.0（奥行き）mm。
63　沈胴時に鏡胴から偏芯したレンズがスライドする構造。
64　「EX-Z1000」は，前機種である2.5型液晶搭載の「EX-Z850」よりも，幅3mm，高さ0.1mm，奥行き1.3mmと小さいにもかかわらず，2.8型液晶を搭載する。

65 やや縦長の画素がRGBで三角形を構成するように並んでいる配列。
66 縦に細長いRGBの画素が横並びになる配列。
67 「EX-S600」(2005年11月発売),「EX-Z600」(2006年1月発売)。
68 「QV-R61」(2004年11月発売),「EX-P600」(2004年4月発売)。
69 「EX-Z110」(2005年9月発売),「EX-Z60」(2006年4月発売)。
70 従来の沈胴式レンズでは,鏡筒厚26.8mm程度であったという(Optio330の場合)。
71 http://pc.watch.impress.co.jp/docs/2003/0204/pentax.htm
72 7群8枚構成の明るいF2.0〜2.5光学3倍ズームであり,キヤノン製のコンバージョンレンズやクローズアップレンズを装着できる。
73 6群7枚構成のF2.6〜4.8光学3倍ズームの旭光学工業製「PENTAX LENS」。
74 2007年6月発売。
75 一方,撮像素子技術や光学系技術を保有する企業は,CCDや光学ズームの性能を向上させることで競争していけるため,既存製品コンセプトのもとで製品開発を行う。顧客に受け入れられるモデルが登場したので,製品に関するイノベーションは減っていき,増加する需要に対応できるように生産工程に関するイノベーションが盛んに行われる傾向が強まっていくのである(Abernathy, 1978)。
76 キヤノン,オリンパス,松下電器工業,ソニー,三洋電機の5社。
77 縦,横,奥行きの3辺の総和。
78 ポケットサイズで世界初のパーソナル電卓。
79 薄さ3.9mmの名刺サイズ電卓。
80 薄さ0.8mmのクレジットカードサイズ電卓。
81 薄さ3.9mm,重さ12gの腕時計。
82 2.7インチ液晶ディスプレイ搭載のポータブルテレビ。
83 日経ビジネス2003年6月23日号。
84 例えば,銀塩カメラの場合,フィルムに被写体を結像させる必要があるため,レンズの正面奥にフィルムを配置する必要がある。そのため,レンズ部分はカメラ本体の中心付近に設置しなければならない。しかし,デジカメの場合は,撮像素子が小型であるため,レンズの配置の自由度が高い。
85 インタビュー3。
86 「EX-Z1000」には,時代の先取り感があり,「しばらくは買い替えが不要」と考えて購入してくれる消費者も多いだろうと考えたという(『日経産業新聞』2006年6月28日)。

第 5 章

家庭用据え置き型ゲーム機産業における任天堂の事例分析

　本章では，据え置き型家庭用ゲーム機産業における任天堂の事例に準拠して，基盤技術を保有しない企業の論理を構築する。ゲーム機開発の歴史と任天堂の製品開発の歴史を振り返ったうえで，任天堂「Wii」の事例分析を行い，続いてそこから主張できる任天堂の優位性に関する論理を構築する。

　なお，本事例分析を行うに当たっての調査は，任天堂のホームページ[1]やその他の据え置き型ゲーム機企業のホームページ，関連する新聞や雑誌などの出版物や広報発表，各種統計資料を参照して行った。

5.1　家庭用据え置き型ゲーム機産業の概要と基盤技術の設定

　家庭用据え置き型ゲーム機は，1970年代に登場した。最初のゲーム機と言われるのは，1972年にマグナボックス社が発売した「オデッセイ」といわれる。この当時のゲーム機は，ハードにゲームソフトが組み込まれており，1ハード1ソフトのゲーム機であった。この機種は，まだCPUが搭載されておらず，画像処理・情報処理のために，アナログ回路を搭載していた。その類似製品として，1975年のアタリ社の「ポン」やエポック社の「テレビテニス」が発売された。

　その後，1977年に登場したアタリ社の「Atari 2600」は，モステクノロジー社製の「6507」[2]というCPUを搭載した。「Atari 2600」は，1ハードで複数の

ゲームソフトを遊べるようにROMカートリッジを初めて採用したゲーム機であった。続いて，1978年にはGL社から「ビデオカセッティ・ロック」とインタートン社から「VC4000」，1979年にはマテル社から「インテレビジョン」，1981年に「カセットビジョン」，1982年にアタリ社から「Atari 5200」とコレコ社から「コレコビジョン」が発売された。これらのゲーム機が発売されていくとともに，アメリカを中心に，家庭用ゲーム機市場が徐々に形作られていった。しかし，アタリショックを機にアメリカのゲーム機市場は一時縮小した。

一方日本でも，1982年に複数の企業から据え置き型ゲーム機が発売され，市場が形成されていった。例えば，バンダイの「インテレビジョン」やヤマギワ電気の「ダイナビジョン」，トミー工業の「ぴゅう太」などである。そして，任天堂が1983年に発売した「ファミリーコンピュータ（以下，ファミコンとする）」によって，ゲーム機市場は急激に拡大していった。ゲーム機が登場した当初は，ブロックくずしなどのシンプルなゲームが多かったが，「ファミコン」は，CPUの性能向上[3]もあり，2次元のゲーム画面でロールプレイングゲームやアクションゲームなどのプレーを可能にした。

「Atari 2600」と「ファミコン」に搭載されたCPUは，どちらもモステクノロジー社の「6502」というCPUをカスタムしたもので，ゲーム機にはCPUやGPUが搭載され，それによってゲームを動作させていた。つまり，ゲームを動作させるための機能を担うのが，CPUやGPUの開発や製造に関わる半導体技術である。CPUやGPUの情報処理能力や描画能力によって，ゲーム機としての性能が決まるといわれ，半導体技術がゲーム機の基本的な機能を担っている[4]。

また，「ファミコン」以降のゲーム機の中心的な開発課題として，各ゲーム機メーカーが取り組んできたのは，高性能なCPUやGPUを搭載することによって，演算能力や描画能力を上げて，ゲームをより豪華にし，より精緻な画像を生み出すことであった。1980年代のゲーム機が作り出す画像は，テレビ放送の映像に比較して荒く，リアリティに欠けるものであった。そのため，ゲーム機メーカーはよりきれいな映像のゲームを提供できるように，新しいゲーム機を開発する際には，パソコンで利用されるような高い機能水準のCPUやGPUを必ず採用していった。またユーザーも，新しい世代のゲーム機が発売される際

には，その映像のリアルさや豪華さを評価し，新しいゲーム機を購入する意思決定を下していた側面があった。つまり，ゲーム機産業全体が，CPUやGPUといった半導体の性能向上が重要であると共通して認識していたと考えられる。また，情報処理能力の向上によるゲーム画像の高精細さや写実性の高さ，プレイの多様さが評価基準となり，ゲーム機の購買の意思決定につながっていた。

以上から，家庭用据え置き型ゲーム機の基盤技術をCPUやGPUの開発・製造に必要とされる半導体に関する技術として設定する。そして，このCPUやGPUという半導体に関する技術を，本章で取り上げる任天堂は保有していない。「ファミコン」から「Wii」に至るまで，すべてのゲーム機においてCPUとGPUを内製するのではなく，外部の半導体企業との共同開発，生産委託という形をとり，提携相手先の技術を基にカスタムしたCPUやGPUを調達している。

したがって，本章では，CPUやGPUという半導体に関する技術を保有しない任天堂の事例を取り上げ，基盤技術を保有しないという点に着目をして，製品開発プロセスを分析することで，「Wii」開発事例から主張できる基盤技術を保有しない企業の論理を探索したい。

5.2　任天堂の「Wii」以前の製品開発

まずは，「Wii」開発以前の任天堂について整理しておきたい。なぜなら，過去の企業の意思決定や行動が「Wii」開発に影響を及ぼすと考えられるためである。任天堂設立時から見ておこう[5]。

5.2.1　任天堂の「Wii」以前の製品開発（1）
　　　　―創業とカードゲーム事業の拡大―

任天堂は，1889年に創業された歴史の長い企業である。山内溥の曾祖父である山内房治郎が事業を興したことが，任天堂の端緒である。花札は京都の地場産業であり，山内房治郎は花札職人として「大統領印」の花札を製造し，タバコ屋のネットワークを通じて，全国流通させ，花札は多くの人々の娯楽品として広まっていった。また，1907年に，日本で初めてトランプを製造し，その後

も，カルタや百人一首などの製造・販売を行っていた。

　トランプに関しては，1953年には，プラスチック製トランプの開発・製造に日本で初めて成功し，1959年からはディズニーキャラクターを採用した「ディズニートランプ」やその他のキャラクターの販売権を得て，トランプの製造・販売を行った。そして，1960年代までは，市場において独占的な地位を構築していった。また，かるたや百人一首の市場でも，高い競争地位を築いていった。一時は，トランプ・かるた・百人一首の各産業で80%を超えるまでの高い市場シェアを誇っており[6]，1992年においても，トランプで44.8%，かるたで29.2%，百人一首で30.0%というシェアを有しており，シェア1位，あるいは2位という地位についている（図表5-1，図表5-2，図表5-3）。

　このように任天堂のトランプなどが高い市場競争力を持てた背景には，量産が可能な体制をいち早く採用したことや高い品質水準を設定したことが挙げられる。当初は，トランプやかるた，百人一首は家内工業生産の製品であったが，第2次世界大戦後の経済復興による需要増加に対応するため，1952年にそれまでは4カ所に分散していた生産拠点を1つにまとめ，量産体制の確立と品質規格の統一を行っていった。

　特に，品質規格については，高い水準が設定された。なぜなら，想定する消費者を一般家庭，特に子供と設定していたためである。例えば，トランプの場合，花札と同様に，流通ルートは，タバコ店や玩具店が中心であり，それに加えて，直接子供の目に触れることができるように文具店にも置かれるようになった。トランプを一般消費者の娯楽品として想定しており，その消費者とは，家族，特に子供であると考えていた。そのため，子供の粗雑な扱いにも耐えられるような耐久性が求められていたのである。

　任天堂は，花札やかるた，トランプなどの製品開発を通じて，カードゲームという事業領域を拡大していった。そのなかで，共通していたコンセプトは，「家族みんなで遊べる」ことであった。例えば，トランプのように，欧米に見られるカジノゲームのための道具とするのではなく，家族団らんの際のコミュニケーションの潤滑油として位置づけ，家庭の娯楽品とした。そのために，耐久性に対して，強いこだわりを持つようになっていった。それは，子供も遊べるおもちゃとしてカードゲームを作っているなかで形成されたものであった。

第5章　家庭用据え置き型ゲーム機産業における任天堂の事例分析　121

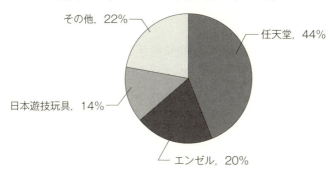

図表5-1◆トランプの市場シェア（1992年）

出所：国友（1994）。

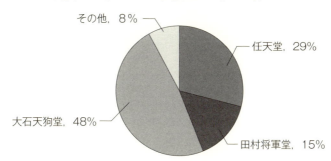

図表5-2◆かるたの市場シェア（1992年）

出所：国友（1994）。

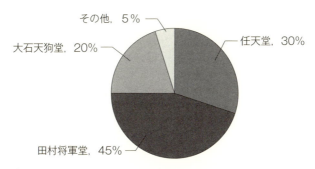

図表5-3◆百人一首の市場シェア（1992年）

出所：国友（1994）。

以上のように，一般消費者に向けて娯楽品というコンセプトと高い耐久性の有する製品とすることは，「Wii」の製品開発に影響をおよぼすことになる．

5.2.2 任天堂の「Wii」以前の製品開発（2）
　　　　―エレクトロニクス玩具への参入―

　順調に売り上げを伸ばしてきた任天堂であったが，1960年代後半になると，大ヒットした「ディズニートランプ」の需要が一巡したことや，国内市場が飽和してきたことにより，売り上げを落としている．また，トランプやかるた，百人一首は，生活必需品ではないため，常に業績悪化の危機感が社内にはあったという．このような状況からトランプの海外への輸出や世界最大のトランプメーカー・USプレイングカード社への工場見学などを行う．

　しかし，欧米ではカジノ用に用いられるのが一般的であり，使い捨てであるため，それほど高い品質は要求されず，任天堂のトランプは受け入れられなかった．また，USプレイングカード社工場の圧倒的な規模の大きさを目の前にして，日本の中小企業である任天堂との差を痛感するだけであった．その結果，カードゲームの将来性に不安を持っていたこともあり，カードゲーム以外の分野への進出を模索するようになる．

　1960年代後半から，カード以外の製品を開発するようになり，1965年に新たに開発部を設立し，室内用ゲームの研究開発が行われるようになった．1967年に「ウルトラハンド」，1968年に「ウルトラマシーン」などの製品を発売するなどし，カードゲーム事業から他事業へ収益の軸を移そうとした．しかし，これらの製品はアイディア商品にすぎず，模倣されやすかったため，持続的な優位性を構築することはできなかった．また，ただおもちゃを作っているだけでは，玩具メーカーのほうが，知識もノウハウもあるため，競争にならない．確固たる差別化を図るために，技術力の必要とされるエレクトロニクス玩具へ活路を見出すようになっていった．

　1960年代後半は，ちょうどマイコンが製品に搭載されるようになる時期であり，否が応でもその道に進むしかなかったという[7]．任天堂のエレクトロニクス玩具は，1970年に発売された「SP光線銃」が最初である．この製品は，シャープとの共同開発であった．1973年には，レーザー・クレー射撃システム

第5章　家庭用据え置き型ゲーム機産業における任天堂の事例分析　123

を開発している。これらの製品は，市場に受け入れられ，カードゲーム事業よりも高い売上高を上げるようになる。しかし，1974年のオイルショックの影響などにより，これらの新製品の売り上げは落ち込み，撤退を余儀なくされた。

　それまで，任天堂はカードゲームを生産・販売してきた企業であり，エレクトロニクス技術が乏しいこともあって，エレクトロニクス玩具の開発には困難が伴った。だが，1964年から開発部に理工系出身の新卒者を採用するようになって以来，電子工学系の学生を中心に大量採用を進めていた。また，三菱電機やシャープといった半導体メーカーと共同で，ハードウェアやソフトウェアの開発を行ってきた。特にICの共同開発を行うことで，技術力を高めていった。そして，徐々に技術を蓄積し，エレクトロニクスを応用した玩具を開発できるようになっていった。

　1975年には三菱電機との提携によって，エレクトロニクス・ビデオ・レコーディング（EVR）のビデオゲームを開発し，1977年には，日本で初めてカラーテレビゲーム機「カラーテレビゲーム6」と「カラーテレビゲーム15」を発売した。これは他社がモノクロのゲームでありながら，20,000円ほどする一方，任天堂のゲーム機は，9,800円と10,500円と非常に低価格であり，大ヒットした。

　そして，1980年からはシャープとゲーム製造契約を結び，「ゲーム&ウォッチ」を開発・発売した。この製品は，シャープの薄型液晶を搭載し，玩具として初めて4ビットCPUを搭載した本格的なコンピュータゲームであった。発売と同時に小学生から大学生までの人気製品となり，発売1年間で1,400万台を売り上げている。ただし，発売翌年には，玩具メーカーや液晶技術やLSI設計技術を保有する時計メーカーが，「ゲーム&ウォッチ」と同様のゲーム機を発売し，市場はすぐに飽和してしまい，1984年には「ゲーム&ウォッチ」の国内販売が終了してしまった。

　結局「ゲーム&ウォッチ」は一過性のブームで終わってしまったのだが，任天堂は，カードゲーム事業から脱却し，新たにエレクトロニクス玩具事業へと転換することに成功した。事実，1978年の決算では，テレビゲームなどを中心としたレジャー機器部門の売り上げが，カードゲーム事業の売り上げを上回り続けるようになったのである。

　ここで，一連の任天堂の製品開発の特徴をまとめておきたい。任天堂は，一

貫して家族全員で遊べる娯楽品の生産・販売を行っている。花札もかるたもトランプもテレビゲームもすべて家族みんなで遊べるゲームを目指したものである。このように，「家族が誰でも遊ぶことができる」ことが，任天堂の製品に共通する製品コンセプトである。そのために，カードゲームでは，紙からプラスチックへ素材を変えてトランプの強度を上げている。家族で何回も遊べるように，製品の耐久性を向上させている。

また，テレビゲームの開発では，子供にも手が届くように，低価格に設定することに努力がなされている。開発に多額の資金や資源が必要になるような技術は任天堂内部で開発するのではなく，三菱電機やシャープなどのエレクトロニクスメーカーと提携・共同開発を行うことで，CPUやLSIを開発したり，薄型液晶ディスプレイを製品に搭載している。外部資源を積極的に利用することで，開発投資を抑えようとしているのである。と同時に，提携企業の資源を利用することで，製品の差別化を図ろうとしていた。

5.2.3　任天堂の「Wii」以前の製品開発（3）
　　　　 ―「ファミリーコンピュータ」の開発―

1980年代に入ると，さまざまなメーカーから多様な家庭用テレビゲームが発売された。ハードウェアに着目をして，振り返っておきたい。

1982年には，9月に北米フィリップスから「オデッセイⅡ」（8ビットCPU搭載），10月にはトミー工業から「ぴゅう太」（16ビットCPU搭載），11月にはタカラから「ゲームパソコン」（8ビットCPU搭載），ソードから「M5」（8ビットCPU搭載），コモドールから「マックスマシーン」（8ビットCPU搭載），12月にはヤマギワ電気から「ダイナビジョン」（16ビットCPU搭載）が発売された。翌1983年には，3月にバンダイから「アルカディア」（8ビットCPU搭載），5月にはアタリから「アタリ2800」（8ビットCPU搭載），7月にはトミー工業から「ぴゅう太ジュニア」（16ビットCPU搭載）とセガから「SC3000」（8ビットCPU搭載）が発売されている。

そして，最後発として，任天堂が，1983年7月に「ファミコン」（8ビットCPU搭載）を発売した。その後のゲーム機の発売状況については，**図表5-4**と**図表5-5**のとおりである。また，主要なゲーム機メーカーの比較は，＜参考資

第5章　家庭用据え置き型ゲーム機産業における任天堂の事例分析　125

図表5-4◆ゲーム機の開発年史

1980年4月	「ゲーム&ウォッチ」
1983年7月	「ファミリーコンピュータ」(8ビット)
1989年4月	「ゲームボーイ」
1990年11月	「スーパーファミコン」(16ビット)
1994年12月	SCE「プレイステーション」(32ビット MIPS R3000)
1996年6月	「NINTENDO64」(64ビット)
1998年10月	「ゲームボーイカラー」
1999年12月	「NINTENDO64 DD (ディスクドライブ)」(64ビット)
2000年3月	SCE「プレイステーション2」(128ビット Emotion Engine)
2001年3月	「ゲームボーイアドバンス」
2001年9月	「ゲームキューブ」
2002年2月	MS「Xbox」(Intel Mobile Celeron 733MHz)
2004年12月	「ニンテンドーDS」
2004年12月	SCE「プレイステーションポータブル」
2005年12月	MS「Xbox360」(Xenon 3.2GHz)
2006年3月	「ニンテンドーDS Lite」
2006年11月	SCE「プレイステーション3」(Cell 3.2GHz)
2006年12月	「Wii」(Broadway 735MHz)
2008年11月	「ニンテンドーDS i」

注：**太字**は他社製品。

料3　主要ゲーム機メーカー4社の据え置き型ゲーム機の開発年表＞と＜参考資料4　主要ゲーム機メーカー3社の携帯ゲーム機の開発年表＞のとおりである。

「ファミコン」が開発される際には，家族で遊ぶことができることが前提となっていた。「ファミリーコンピュータ」という製品名からも理解できるように，家族のためのゲーム機であった。コンピュータゲーム[8]のように，パソコンの電源を入れ，ゲームソフトを立ち上げ，各種設定を行い，キーボードやマウスなどで操作を行うというのでは，誰もが遊べるわけではない。そうではなくて，「ファミコン」では，電源を入れたら動いて，スタートボタンを押したら始まって，リセットボタンを押したらリセットすることができるという簡単な操作でゲームが楽しめることが目指された。つまり，「誰が触っても動く」

というコンセプトのもとで開発が行われたのである。

「ファミコン」の特徴として，他社のゲーム機よりも低価格であったことが挙げられる[9]。「ファミコン」は定価14,800円で，同じ時期に発売されたゲーム機の中で，最も低価格であった[10]。他のゲーム機は，ゲーム以外の用途にも利用できる機能を備え，高価格であったのに対し，「ファミコン」は，ゲームのみにその用途を絞り，価格を抑えている。ゲームにとって重要な描画機能に関しては，妥協はせず，業務用ゲーム機と同等の性能を発揮できるように，CPUは「アップルⅡ」などに搭載されていたのと同じ「6502」[11]という8ビットCPUを調達している。

その一方で，低コストな半導体チップICを調達していた。半導体チップは，半導体後発メーカーのリコーに生産委託をし，ICを2年間で300万個生産することを条件に，量産効果を働かせ，その単価を2,000円以下とすることを依頼した。このようにして，「ファミコン」は，他社製品と同等の性能を有しながら，低価格に抑えることができたのである。そして，発売1年間で140万台を売り上げ，ゲーム機産業を形成・拡大させ，8ビット機の世界シェアで90.9%を占めた[12]。

以上のように開発された「ファミコン」では，「誰が触っても動く」ゲーム機になり，家族みんなが遊べる娯楽品となった。そのために，コンピュータのキーボードやマウスといったインターフェイスよりも，シンプルなものとなった。大きなスタートボタンとリセットボタンが本体中央に配置され，ゲーム中

図表5-5◆任天堂のゲーム機開発史

	据え置き型ゲーム機	携帯ゲーム機
1980年		ゲーム&ウォッチ
1983年	ファミリーコンピュータ	
1989年		ゲームボーイ
1990年	スーパーファミコン	
1996年	NINTENDO64	ゲームボーイポケット
2001年	ゲームキューブ	ゲームボーイアドバンス
2004年		ニンテンドーDS
2006年	Wii	ニンテンドーDS Lite
2008年		ニンテンドーDSi

の操作は，十字キーとAボタンとBボタンで行えるようになっていた。この「誰が触っても動く」ことやユーザーにとってわかりやすいインターフェイスは，「Wii」の開発において見直されることになる。

5.2.4 任天堂の「Wii」以前の製品開発（4）
―「ファミコン」以降の据え置き型ゲーム機開発―

「ファミコン」以降，任天堂は，据え置き型ゲーム機として，1990年11月に「スーパーファミコン」，1996年6月に「NINTENDO64」，2001年9月に「ゲームキューブ」を発売する。

「スーパーファミコン」は，「ファミコン」の次の世代を担うハードウェアで，画像処理能力と音質を大幅に向上させたゲーム機であった。「スーパーファミコン」に搭載されたのは，16ビットCPUである。「スーパーファミコン」が発売される以前に，16ビットCPU搭載のゲーム機は，すでに他社から発売されていた。すでに「ファミコン」が発売された1980年代前半には製品化されていたのである。

16ビット機がゲーム産業で主流となり出したのは，1987年に日本電気ホームエレクトロニクスが発売した「PCエンジン」，1988年にセガ・エンタープライズが発売した「メガドライブ」からである。「PCエンジン」に3年，「メガドライブ」に2年遅れてであったが，16ビット機「スーパーファミコン」が発売された。市場でのシェアは約56％[13]と，「ファミコン」のそれには劣るが，高い市場占有率を誇った。また「ドラゴンクエストⅤ」や「ストリートファイターⅡ」，「ファイナルファンタジー」などの人気ソフトが販売されたことから，任天堂の優位性は変わらなかった。

しかし，1994年11月にセガが発売した「セガ・サターン」と，同年12月にソニー・コンピュータエンタテインメント（SCE）が発売した「プレイステーション」以降，任天堂の競争地位は大きく低下していく。

その原因として考えられるのは，まず「スーパーファミコン」での人気ソフトのうち，「ファイナルファンタジーⅦ」が「プレイステーション」から発売されたり，16ビット機ソフトの開発に見切りをつけるゲームソフトメーカーが現れたりするというソフト面での苦境が挙げられる。

もう1つの原因は、「セガ・サターン」「プレイステーション」ともに32ビットCPUを搭載するゲーム機であり、「スーパーファミコン」に比べ、画像処理能力が大幅に強化されていたことである。主要なゲーム機メーカーのゲーム機の仕様については、＜参考資料5　主要ゲーム機メーカー4社の据え置き型ゲーム機の製品仕様＞と＜参考資料6　主要ゲーム機メーカー3社の携帯ゲーム機の製品仕様＞のとおりである。

　「ファミコン」が発売された1980年代前半以来、8ビット機、16ビット機、32ビット機と次々と新しいCPUを搭載するゲーム機が現れており、ゲームのハードウェア開発の焦点は、CPUやGPUの性能向上による処理能力の高速化や高性能化、描画の高画質化となっていた。この流れに追従するように、任天堂は、1996年6月に64ビットCPUを搭載した「NINTENDO64」を発売する[14]。

　「NINTENDO64」は、16ビット機、32ビット機という同世代のゲーム機のなかで最後発のゲーム機であり、32ビットCPUを搭載するソニー「プレイステーション」、セガ「セガ・サターン」に比べ2年遅れて発売された（図表5-4）。CPUに64ビットのVR4300カスタマイズ[15]、GPUに32ビットRISC R3000をコアに持つReality Co-Processorを搭載し、メモリに当時としては高速のRambus DRAMを採用している。これによって、前機種「スーパーファミコン」の約35倍、「プレイステーション」の約4倍の処理能力を有する機種であった。またSGI社と提携して、当時スーパーコンピュータ並みの性能を持ったSGI社のグラフィックワークステーションSGI Onyxに匹敵するような描画性能となるように、グラフィック性能を徹底的に作り込んだ。このように、画像処理能力・描画能力を他社ゲーム機よりも高める工夫をしながら、徹底してコスト削減を図ることで、販売価格を25,000円に抑えた。

　しかし、他社ゲーム機よりも、発売時期が遅かったこと、ソフトが当時主流になっていたCD-ROMではなく、「ファミコン」や「スーパーファミコン」と同じROMカートリッジであるため、ソフトウェアの原価が高かったこと、ソフトウェアの質を維持するためにサードパーティーを絞りすぎたこと、サードパーティーのための開発環境の提供が十分ではなかったことなどから、「プレイステーション」や「セガ・サターン」の販売台数に届くことはできなかった。

　「NINTENDO64」の次の世代を担うゲーム機として開発されたのが、2001

年9月に発売された「ゲームキューブ」である。「ゲームキューブ」発売以前の1998年にセガから「ドリームキャスト」，2000年3月にソニーから「プレイステーション2」が発売されており[16]，後発のゲーム機であった。先に発売された「プレイステーション2」は，128ビットの「Emotion Engine」というクロック周波数300MHzのCPUを搭載し，「Graphics Synthesizer」と呼ぶクロック周波数150MHzのGPUを搭載していた[17]。「プレイステーション2」は，その描画性能の高さやソフトウェアの豊富さ，ソフトウェアの上位互換性があり，「プレイステーション」用ソフトが利用できたことなどから，販売台数を増やしていった。

また2002年2月にはマイクロソフトから「Xbox」が発売された[18]。このゲーム機は，ソフトウェア企業であるマイクロソフトが初めて開発するゲーム機であった[19]。CPUは，Intel社製のMobile Celeronでクロック周波数は733MHzであり，GPUはNVIDIA社製のXGPU[20] 233MHzであった。そして，オペレーティングシステムとしてWindows 2000の改良版が搭載されていた。以上のように，パソコンに利用されている技術をゲーム機に転用しており，CPUやGPU，OS以外にも，パソコンから流用したものが多く見られた[21]。

「プレイステーション2」の1年半後に発売された「ゲームキューブ」は，CPUとしてIBM Power PC「Gekko」485MHzを搭載している。またGPUは，「Flipper」と呼ばれ，「NINTENDO64」のGPUを開発したSGI社から独立したArtX社が開発した。のちにArtX社はATI社に買収されたため，ATI社製のGPUとして「ゲームキューブ」には搭載され，「Wii」のGPUとしても搭載されるATI社との関係が築かれた。製造はNECが行い，NEC製のDRAMも搭載するGPUとして開発された。そのスペックからもわかるように，そのグラフィック性能は，「プレイステーション2」よりも高いと考えられている[22]。

ソフトウェアは，これまでのROMカートリッジではなく，任天堂のゲーム機で初めて光ディスクが採用されている。この光ディスクは松下電器産業と共同開発され，松下電器産業のDVDを基にした8cmディスクとなっている。

コントローラは，「NINTENDO64」よりも小振りなサイズに変えられ，従来通りの十字キーやコントロールスティックなどが配置されている。そして，他ボタンよりもかなり大きめのAボタンが採用されている。これは，ユーザー

がゲーム機へ馴染みやすくすることを目的としたものである。とはいうもの，「NINTENDO64」と「ゲームキューブ」のユーザーは，これまでゲーム機に慣れ親しんできた20代から30代の男性ユーザーではなく，小中校生の男子であり，よりわかりやすい操作性を追求したためである。このわかりやすさの追求というコントローラの設計思想は，「Wii」にも活かされることになる。また，小さい子供たちが遊ぶことを想定して生産されているため，多少の振動や衝撃で故障しないように，高い耐久性を有している。

　しかし，「ゲームキューブ」もまた「NINTENDO64」同様にソニーの後塵を拝した[23, 24]。その原因として考えられるのは，発売が「プレイステーション2」よりも1年以上遅かったこと，一般的な12cmのDVDディスクが再生できなかったこと，ROMカートリッジから光ディスクへソフトウェアの規格を変更したために，前機種「NINTENDO64」との互換性がなかったこと，「NINTENDO64」よりは増えたが，ゲームを製作するソフトウェアメーカーの数がまだ十分ではなかったことなどが挙げられる。

　以上のように，「スーパーファミコン」から「NINTENDO64」，「ゲームキューブ」へという任天堂の据え置き型ゲーム機の開発の歴史を振り返ってみると，その製品開発の焦点は，一貫してゲーム画質の高画質化に向けられていたと考えられる。CPUやGPUの高速化や高性能化によって，画像処理能力や描画能力を向上させてきたのである。その背景には，1980年代，1990年代のゲーム機の描画性能は十分なものではなく，画像が2次元から3次元へと変わったことやゲーム中に高精細な3次元CGが入れられることにより，画像処理能力の向上が求められたことが挙げられる。消費者は，高精細・高画質なゲームに対して，驚きや感嘆を感じ，それに対して対価を支払ってくれていた。このことは，競合他社にとっても同様で，産業全体でCPUやGPUの高性能化によるゲーム画質の高精細化・高画質化に鎬を削っていた。

5.2.5　任天堂の「Wii」以前の製品開発（5）
　　　　―携帯用ゲーム機の開発―

　任天堂の携帯用ゲーム機の開発は，1980年に発売された「ゲーム＆ウォッチ」からである。このゲーム機は，ROMカートリッジを取り替えることで，異な

るゲームが楽しめるというマルチ・ソフトのシステムは取り入れられておらず，1ゲームがインストールされているだけで，モノクロでシンプルなゲームであった[25]。前述したように，「ゲーム＆ウォッチ」は，多数の競合ゲーム機が発売されたことや，ユーザーが飽きてしまったこともあり，1年足らずで競争力を失ってしまった。

　次に発売されたのが，「ゲームボーイ」である。1989年に発売された「ゲームボーイ」は，ROMカートリッジを利用し，さまざまなゲームソフトが利用できるようになっていた[26]。「ゲームボーイ」に搭載されたCPUは，米ザイログ社によって製造された8ビットCPU「Z80」[27]を改良したもので，クロック周波数4MHzであった。液晶は，シャープとの共同開発によって製造されたものであり，STN反射式モノクロ液晶（160＊144ドット）となっている。モノクロにすることで，消費電力を抑え，長時間稼働を可能にする工夫がなされている。また，ターゲットユーザーを子供に定めていたため，高い耐久性基準のなかで開発が行われていた。

　1998年10月に「ゲームボーイ」の後継ゲーム機として「ゲームボーイカラー」が発売された。これは，4階調モノクロだった「ゲームボーイ」の液晶を，56色表示可能なTFTカラー液晶ディスプレイに変えた機種である。ソフトの上位互換性を有しており，「ゲームボーイ」用ソフトを利用することもできた。そして，「ゲームボーイカラー」用ソフト「コロコロカービィ」には，ゲームとしては世界で初めて3次元加速度センサが搭載された。これはセンサがカートリッジに取り付けられており，機種本体を傾けることで，ゲームを進めていくものである。のちに，この3次元加速度センサはWiiリモコンに利用される。

　続いて，2001年3月には「ゲームボーイアドバンス」が発売された。ARM7TDMIという32ビットCPUとカスタムZ80というCPUを2個積んでいる[28]。32ビットCPUを搭載することで，「スーパーファミコン」を上回るまでに，性能が向上されている[29]。液晶は，「ゲームボーイ」から引き続いてシャープから調達してきており，2.9インチTFTカラー液晶ディスプレイを搭載している。

　以上のように，「ゲームボーイ」から「ゲームボーイカラー」，「ゲームボーイアドバンス」へと進化してきた。その開発の中心にあったのは，CPUの性

能向上による表示性能の向上や液晶の高性能化，本体の耐久性の確保であった．新しいゲーム機を開発するたびに，高性能なCPUを外部から調達し，描画性能を強化したり，液晶ディスプレイはシャープと共同で開発することで，カラー化や高精細化を行ったりしている．また耐久性は，ゲーム機を子供が遊ぶおもちゃであり，もしかするとポケットから落としてしまうかもしれないという不測の事態を考え，粗雑な扱いに耐えうるような強度を持たせるように任天堂社内には耐久性の基準が形成されていった．この耐久性の評価基準の存在は，「Wii」の開発でも活かされることになる．

これらの「ゲームボーイ」の流れを汲む携帯用ゲーム機とは異なる携帯用ゲーム機が開発された．それが，2004年12月[30]に発売された「ニンテンドーDS」[31]である．「ニンテンドーDS」の開発では，コンセプトが1から考え直され，これまでの「ゲームボーイ」系列のゲーム機とは，大幅に異なる特徴を有した製品となった．そのコンセプトとは，「携帯できるゲーム機」という携帯用ゲーム機の原点に主眼を当て，いつでも，どこでも，ちょっとした時間に遊べるゲーム機となっている．

これまでのゲームが，時間をかけて技のスキルを磨いたり，ゲームステージをクリアしたりするといった遊び方ができる一方，言い換えれば，難しく複雑なゲームとなっていた．それに対し，「ニンテンドーDS」では，空いた時間に気軽に遊べたり，小学校低学年でも遊べたり，説明書など読まなくても感覚で遊べたり，これまでゲームに親しんできたことのない消費者であっても，すぐに遊ぶことができるような工夫がしてある．例えば，折りたたみ式の本体の両側に2つの液晶ディスプレイ[32]が搭載し，そのうちの下部の液晶はタッチスクリーン機能が付いており，付属のタッチペンや指などで画面に直接触ることで直感的な操作ができるようになっている．

またソフトの面でも既存とは異なるタイトルが発売されている．例えば，「脳を鍛える大人のDSトレーニング（脳トレ）」といったこれまではゲーム機の対象消費者として想定してこなかった30代以降の大人と対象とした脳活性化ソフトや，「ニンテンドードッグス」のようにゲームを通してスキルやレベルを競うのではなく，ゲーム上で犬と触れ合ったり，犬の世話などができるゲームを発売している．これらのソフトのように，さまざまな世代に，新しいエン

ターテイメントを提供しようとするソフトウェアラインナップを「Touch! Generations」と呼び，これまでのゲームの枠を超えた多彩なゲームソフトを開発・販売している。

このような新しいコンセプトのもとで製品開発を行う一方で，上位互換性を確保するために，メインのCPUをARM946E-Sとしながらも，「ゲームボーイアドバンス」に搭載されたのと同じARM 7 TDMIも搭載し，「ゲームボーイアドバンス」用ソフトも利用できるように考慮している。

また，これまでの携帯用ゲーム機の開発と共通している点もある。耐久性に関してである。「ニンテンドーDS」もまた高い耐久性基準のもとで開発されている。任天堂のホームページ[33]によると，これまでの任天堂ゲーム機と同様に耐久性には注力されていた。通常で考えられるよりも厳しい条件での強度テストを行い，それに良い評価結果を出せるように，ミリ単位の工夫が行われている。

2006年3月には，携帯性を高めるため小型軽量化した「ニンテンドーDS Lite」が発売された。「ニンテンドーDS」の275gから218gへと軽くなり，サイズも84.7＊148.7＊28.9mm（縦＊横＊奥行き）から73.9＊133.0＊21.5mmへと小型になっている。CPUなどの基本性能は変更せず，デザインの変更や液晶を半透過反射型液晶から透過型液晶に変更するなどの小さな変更を行ったのみである。

そして，2008年11月に「ニンテンドーDS i」を発売した。この機種では，「ニンテンドーDS Lite」にカメラやオーディオ機能を加え，256MBの本体保存メモリを搭載し，液晶画面サイズを従来の3.0インチから3.25インチへ拡大した。その一方，本体の厚さを2.6mm薄くしている。

「ニンテンドーDS」の開発では，既存のゲーム機とは異なる製品コンセプトが志向されるようになった。そのコンセプトの根幹をなしているのは，気軽さやシンプルさという家庭用ゲーム機が登場した当時のものであった。その結果として，これまでの主要ユーザーであった10代から30代までの男性だけではなく，女性や30代以降のユーザー層も対象とすることができたのである。この「ニンテンドーDS」の方向性とその成功は，「Wii」の開発にも大きな影響を与えることになる。

また、「ゲームボーイ」から続く製品開発と「ニンテンドーDS」での製品開発では、携帯ゲーム機という特性から、消費電力をどのように抑えるのかに注力し、さまざまな創意工夫が行われてきた。そのため、任天堂社内の携帯用ゲーム機の開発チームには、低消費電力化に関するノウハウが蓄積されていった。

5.3 「Wii」発売当時の競争状況

2005年から「ゲームキューブ」や「プレイステーション2」、「Xbox」の次の世代を担うゲーム機が任天堂やソニー、マイクロソフトから発売された。この中で、最初に発売されたのは、マイクロソフトの「Xbox360」である。アメリカとカナダで2005年11月に発売され、日本では同年12月に発売されている。その仕様は、CPUがIBM社と共同開発したマルチコアプロセッサ[34]で、クロック周波数は3.2GHzであった。またGPUもATI社と共同設計したカスタムグラフィックプロセッサXenos 500MHzを搭載している。このCPUとGPUが共有するメモリとして512MBのRAMを搭載している。

このようなスペックは、当時のデスクトップパソコンと同等の演算処理能力を有していた。毎秒5億トライアングルのポリゴン描画能力を持ち、前世代ゲーム機よりもリアリティのある画像を表示できるようになっている。AV出力としてHDMI端子を搭載するモデルも発売され、解像度はHDTV画質に対応する。なお、本体サイズは309＊258＊83mm（縦＊横＊奥行き）、重量は約3.5kgと大きく重い。

続いて2006年11月にソニーから「プレイステーション3」が発売された[35]。このゲーム機も「Xbox360」同様に、高い画像処理能力を持っており、描画性能を高め、リアリティを追求するものであった。その心臓部は、クロック周波数3.2GHzのCell Broadband Engineと呼ばれるCPUと、クロック周波数550MHzのRSX（Reality Synthesizer）と呼ばれるGPUから構成されている。Cellは、ソニーが東芝とIBMとの共同開発で開発したCPU[36]で、パソコンに匹敵するほどの演算能力を有している。このCPUは、ゲーム機に搭載するためだけではなく、HDテレビの受像機やスーパーコンピュータなどへの搭載も考

えられており、より汎用的な用途を想定して開発されている。GPUは、NDIVIA社のパソコン用GPU「GeForce7800 GTX」[37]を基に開発されている。これらの部品によって、「プレイステーション3」では、最大1920＊1080ピクセルの16：9フルHD表示が可能となっている。HDMI端子も備え、1920＊1080ピクセルに対応したゲームソフトで遊ぶこともできる。

　このようにパソコン並みに高速なCPUやGPUを搭載し、静音性や冷却性能を向上させるため、大型のヒートシンクや冷却ファンが備えられている。加えて、電源部品や2.5インチハードディスク（HDD）、次世代DVDであるブルーレイディスクドライブ、ネットワーク通信のためのEthernetやWi-Fi無線LAN、Bluetooth、その他のI/OとしてMemory StickやSDカード、Compact Flashなどのメモリーカードリーダー/ライターを搭載するため、本体は大きく重くなっている。本体サイズは、325＊98＊274mm（縦＊横＊奥行き）で、重量は4.4kgから5kg程度となっている[38]。これは「Xbox360」よりも大きく重い。

　このように「プレイステーション3」がパソコンにも匹敵するCPUやGPUを搭載し、高い画像処理能力や演算能力という高性能化した要因は、「プレイステーション3」の開発を主導してきた久多良木健ソニー・コンピュータエンタテインメント社長が、「プレイステーション3」を従来のゲーム専用機とするのではなく、エンターテイメントに特化した家庭用のスーパーコンピュータという位置づけで開発しており、その役割が担えるような高性能CPUを開発したためである。

　以上のように、「Xbox360」や「プレイステーション3」はゲーム以外の機能も充実させることはあったが、「Xbox」と「プレイステーション2」からのCPUやGPUの高性能化という方向性を追求したゲーム機であった。この点において、「Xbox360」や「プレイステーション3」は、技術のロードマップ（将来公開される予定の技術や製品をまとめた計画）に沿った製品であった。次世代機の開発は、通常前世代のゲーム機の発売直後からスタートする。ゲーム機開発は、既存の技術であったり、今後高い確率で開発されるだろう技術を利用することを想定して進められる。そのため、開発目標となるゲーム機仕様は、技術の将来予想であるロードマップを参考にしながら設定される。

　「Xbox」や「プレイステーション2」が発売された時点で、マイクロソフト

やソニーでは,「Xbox」や「プレイステーション2」の画像処理能力や描画能力を向上させることによって,よりリアリティのある画像であったり,より豪華な映像を映し出したりできるゲームを開発することを目標として開発が進められてきたと考えられる。このCPUやGPUの高性能化による画像処理能力や描画能力の強化は,ゲーム機が発売され,市場が拡大してきた頃から,参入メーカーが共通して技術開発してきた機能であった。マイクロソフトやソニーは,この方向性の延長線上のゲーム機として「Xbox360」や「プレイステーション3」を開発したと理解できる。

5.4 「Wii」の概要

以上のように,「Xbox360」と「プレイステーション3」が,高性能のCPUやGPUを搭載し,技術のロードマップの延長線上にある「より豪華でより速い」ゲーム機として開発されたのに対し,任天堂は異なる競争要因を持つ「Wii」を開発した。「Wii」は,2006年12月に任天堂が発売したゲーム機で,「Xbox360」と「プレイステーション3」と同世代のゲーム機で競合機種であり,「ゲームキューブ」の後継機種である。しかし,「Wii」と「Xbox360」や「プレイステーション3」,「ゲームキューブ」との間には大きな違いが存在する。

「Wii」は,同世代のゲーム機と比較して,高性能なCPUやGPUは搭載していない(**図表5-6**)。「Xbox360」や「プレイステーション3」が,3.2GHz程度の高性能のCPUやGPUを搭載し,パソコンと遜色ないレベルの演算処理能力や描画能力を有しているのに対し,「Wii」は,700MHz程度のクロック周波数のCPUを搭載している[39]。このCPUは,「Broadway」と呼ばれ,IBMと共同開発されている。またGPUは,「ゲームキューブ」のGPUを開発したATI社と共同で開発した「Hollywood」と呼ばれるGPUを搭載している。

このように「Wii」は,「Xbox360」や「プレイステーション3」と比較して,演算処理能力や描画能力の劣るCPUやGPUを搭載している。これまでの据え置き型ゲーム機は,CPUやGPUの高性能化によって(図表5-6),より精緻で豪華な映像のゲームを実現してきた。だが,ゲームがあまりにも複雑になりす

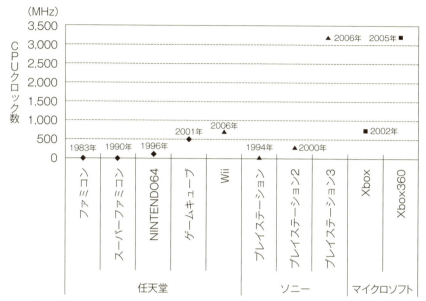

図表5-6◆据え置き型ゲーム機のCPU周波数の変遷
―任天堂・ソニー・マイクロソフト―

出所:各社ホームページと関連資料から筆者作成。

ぎ,一部のユーザーにしか受け入れられなくなっていた。

そのようななか,任天堂は「Wii」は新しいコンセプトのもとで,これまでの据え置き型ゲーム機にはなかった特徴を有したゲーム機として開発している。そのコンセプトとは,「家族の誰もが遊べるゲーム機」というものであり,これまでのゲーム機では想定してこなかったユーザーも取り込めるような顧客ターゲットが設定され,それを実現するための特徴を備えていた。その特徴とは,Wiiリモコンと呼ばれるスティック状のワイヤレスコントローラ,小さい本体サイズ,白く質感の高い筐体(筆者注:2009年8月からは,黒色が追加された),高い耐久性,そして低消費電力である。それぞれ見ていこう。

Wiiリモコンとは,スティック状の形態をしており,それを握って,ゲーム画面に向かって上下左右に動かす,振るという直感的な操作ができるようになっている。そこに操作方法の知識やスキルが必要ではないわけではないが,ユーザーインターフェイスとしては非常にシンプルでわかりやすいものになっ

ていた。そのため，これまでゲームに親しんでこなかったユーザーにもとっつきやすいものとなっている。

また，今までの任天堂の据え置き型ゲーム機の中で最も小さく薄い本体サイズとなっている。その大きさは，44＊157＊215.4mm（縦＊横＊奥行き）である。そして，ゲームソフトを出し入れする際のスペースを小さくするため，セルフローディングのスロットインタイプのディスクドライブを搭載している。

テレビのそばに置いてもらうためには，デザインにも気を使わなければならない。テレビはリビングの顔であり，その周辺もユーザーの視界に入るからである。そのため，「Wii」はシンプルな長方形で，スタンドを使って，縦置きにでも横置きにでも，設置できるようになっている。スペースの小さな場所でも置くことができ，他のテレビ周辺機器との調和を崩さないようになっている。

そして，本体自体の耐久性は高いものになっている。外観はインテリアのような質感の高く，清潔感のある白色のコンパクトなボディであるが，「Wii」のユーザーには，子供もおり，彼らの粗雑な扱いに耐えうるようにしなければならない。そのため，耐久性に関しては，しっかりとした対策がとられている。

最後の特徴として，消費電力が低いことが挙げられる。「Wii」では，インターネット接続にも力を入れており，「Wiiチャンネル」の中には，ネット接続を前提としたサービスとして，「Wiiショッピングチャンネル」や「お天気チャンネル」，「ニュースチャンネル」が含まれている。これらは，「Wiiコネクト24」という機能によって，インターネットにつながり，情報の更新が随時行われるというものである。

また，「Wii」より以前のゲーム機のソフトをインターネット経由で購入することもできる。「Wii」は，「Wii」用の12cmディスクソフトと「ゲームキューブ」用の8cmディスクソフトには対応しているが，それ以前のROMカートリッジソフトには対応していない。ただし，インターネット経由でROMカートリッジ時代のソフトを有料でダウンロードでき，「Wii」で遊ぶことができる。

これらの機能・サービスを気軽に使ってもらうためには，常に「Wii」が稼働したり待機したりできなければならない。特に，「お天気チャンネル」や「ニュースチャンネル」は即時的な性格上，いつでもインターネットにつながっている必要がある。24時間「Wii」に電源が入れられている状態にするた

めには，ゲーム中はもちろん，待機中の消費電力が少なく，家計の負担にならないことが必須条件である。そのため，低消費電力化を実現し，「Wii」のゲーム中にかかる消費電力は約45ワットであり，起動している際には20ワット程度，スタンバイ状態では約4ワットほどである。一方，「Xbox360」のゲーム中の消費電力が350ワット，「プレイステーション3」の消費電力が370ワットといわれていることからも，「Wii」の消費電力が非常に低いことがわかるであろう。

　このようなコンセプトと特徴を備える「Wii」によって，任天堂が目標としていたゲーム人口の拡大にも成功を収めていると言える。**図表5-7**に示したように，「Wii」のユーザーの中で，これまでゲーム機に慣れ親しんできた既存の消費者は53%であり，3年以上ゲーム機から離れており，「Wii」によって，ゲーム機に再び復帰した消費者が33%，ほとんど，あるいはまったく遊んでこなかった消費者が14%となっている。つまり，「Wii」のユーザーの47%が，「Wii」によって，最近ゲームに触れたことになる。

　また，「Wii」を利用するシチュエーションは次の図（**図表5-8，5-9**）のとおりである。家族と遊ぶユーザーが80%近くで，ひとりで遊ぶユーザーの割合を15ポイントも上回っている。「Wii」で遊ぶ場所も自宅のリビングが最も多く，自分の部屋で遊ぶユーザーの割合を大きく上回っている。以上からも，「Wii」が家族とともにリビングで遊ばれていることがわかり，コンセプトが多くのユーザーに受け入れられていると理解できる。

　その結果，2006年12月に25,000円で発売された「Wii」は，発売直後の1カ月で，日本国内で100万台以上を売り上げ，1年2カ月で販売台数が500万台を超え，2008年8月までに700万台近くが販売されている（**図表5-10**）。また海外では1,500万台近い販売台数となった[40]。

　そして，国内での据え置き型ゲーム機のシェアは，「Wii」が63%，「プレイステーション3」が20%，「プレイステーション2」が13%，「Xbox」が4%となっている[41]。この市場での強さは，任天堂の業績にも表れており，2008年3月期の売り上げは，1兆6,724億円あまりで，前期比で73%の増加，営業利益も4,872億円で，前期比の約2倍となっている。最終利益は2,573億円であり，同社の過去最高利益となっている。そして売上高営業利益率は29%という高水準となっている[42]。

図表5-7◆Wiiのユーザー層

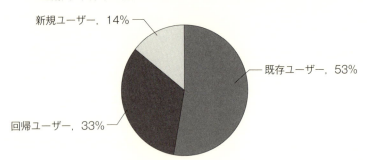

注：複数回答あり。
出所：浜村（2007）。

図表5-8◆Wiiの利用状況

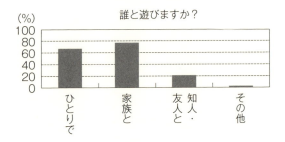

注：複数回答あり。
出所：浜村（2007）。

図表5-9◆Wiiの利用場所

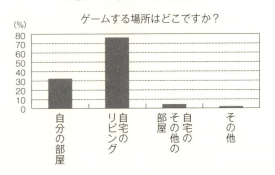

注：複数回答あり。
出所：浜村（2007）。

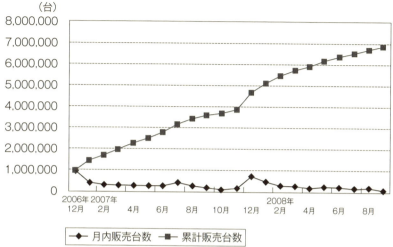

図表5-10◆Wiiの販売台数

出所：エンターブレイン。

5.5 「Wii」の開発プロセス

　では，なぜこのように競争力の高いゲーム機「Wii」を開発できたのか，その開発プロセスを，CPUやGPUの開発・製造に関する半導体技術を保有しないという観点から考察していきたい。

　「Wii」の開発は，前機種「ゲームキューブ」が発売された2001年頃から開始された。それまで任天堂は，8ビット機・16ビット機で優位性を築き，他社に先行された32ビット機は出さず，64ビット機を出すなど，高性能なCPUやGPUをゲーム機に搭載することで優位に立とうとする姿勢があった（図表5-6）。しかし，「Wii」の開発を開始してから1年が経った頃になると，加速度的に向上していく半導体の性能に対して，違和感を覚え始めていたという[43]。2002年から2003年になると，ゲーム機の高性能化には未来がなく，高性能とは違うところに未来があると考えるようになっていた[44]。そして，従来の延長線上にないことをやってゲーム人口を拡大させたいと考えるようになる。

2003年には、ロードマップから外れることを決め[45]、「Revolution（「Wii」の開発コードネーム）」では、クロック周波数の高いCPUやGPUを搭載しないことを決心した。このような決定が下せた背景には、CPUやGPUを内製していないため、それにこだわることがなかったためだと考えられる。もし半導体技術を保有していれば、それを最大限活かすことによって、ゲーム機の差別化を図ろうとするだろうが、それを保有していないのであれば、半導体技術に固執することはなかったのだと考えられる。

　事実、「プレイステーション2」でソニーが成功できた原因の1つは、高性能なCPUやGPUを開発できたことが挙げられる。「プレイステーション2」に搭載された128ビットCPUは、パソコンの情報処理能力を上回るもので、GPUも業務用のグラフィックワークステーションをも凌ぐ描画性能を持ち、高速高画質な画像を実現していた。これは、ソニーが半導体技術などを保有しており、その技術開発を行っていたために可能であった。また、半導体を含めた主要部品をすべて内製していたため、コストを抑えることができ、39,000円で発売することができ、その後も値下げを行えたと考えられる。

　一方、「Wii」に搭載されるCPUとGPUは、外部企業の技術をもとに共同開発したものである。「Broadway」と呼ばれるCPUは、IBM社のPowerPC G3を基に開発されたもので、300mmのウエハを使って、90nm世代のSOI技術で作られている。また「Hollywood」と呼ばれるGPUは、DRAMや周辺回路を統合したMCM（Multi Chip Module）であり、ATI社が設計を行い、NECエレクトロニクスが製造を行っている。冷却ファンは、このCPUやGPU向けに備え付けられているが、簡素なものである。なぜなら、後述するように、「Wii」は低消費電力が目指されて開発されているため、「Broadway」も「Hollywood」も消費電力は小さい。90nmルールで製造される「Broadway」のクロック周波数は700MHz程度、チップ面積は18.9mm²である。

　「Wii」では、CPU・GPUの高性能化の代わりに、低消費電力化できるCPU・GPUを開発しようとした。「Broadway」は、90nm SOIプロセスで製造しているため、周波数を上げようとすれば、900MHz程度にすることは計算上可能である[46]。しかし、周波数を抑えれば消費電力は下がるため、700MHz程度に設定したと考えられる。また「Hollywood」には、プログラム性の高いプログラ

マブルシェーダ[47]ハードウェアは搭載されておらず，消費電力も抑えられると言われる[48]。

　既存の据え置き型ゲーム機には，省電力化という発想が乏しく，あまり配慮されてこなかった。しかし，「Wii」には，常時インターネット接続を前提とする機能が搭載されており，24時間通電してもらうためには，消費電力が少ないことが必須条件であった。そのため，携帯ゲーム機の開発を担当する開発技術本部から省電力化のノウハウを教えてもらったり，チップの設計製造メーカーの協力を仰ぐなどして[49]，「Wii」の消費電力を45Wとすることができた。

　一方，「プレイステーション3」のCPU「Cell」も90nmルールで製造されているが，クロック周波数3.2GHz，チップ面積は228mm²といずれも1桁大きい。製造プロセスが同じであれば，クロック周波数が高く，チップ面積が大きければ大きいほど，消費電力も大きくなり[50]，発売当初の消費電力は380Wであった。以上から，他のゲーム機に比べて，「Wii」のCPUとGPUの消費電力は低く抑えられていたことがわかる。

　また部品コストを下げるために，部品点数自体も約700前後にまで抑え，メインボードには，CPUやGPUなどのカスタムLSIやコネクタ類を除くと，USBコネクタやSDメモリーカードのスロット，無線LANなどの部品は，ほとんど汎用品が使われている[51]。また構成を簡素にすることで，省スペース化や耐久性を向上させていると考えられる。

　その代わり，CPUやGPUの高性能化以外の部分の製品の価値を高めるため，これまでの「NINTENDO64」や「ゲームキューブ」とは異なるコンセプトを創出した。それが，リビングの中心に置かれ，「家族の誰もが遊べるゲーム機」というコンセプトである。ゲーム人口の拡大を至上命題として，これまでのゲーム機の主要なユーザーに向けたゲーム機とするだけではなく，小さな子供から30代から50代の親世代，そして60代以上のシニア世代までをターゲットとした。彼らに対して提供する価値は，既存ゲーム機が提供してきた複雑なストーリーを解いていくというようなRPGゲームや，タイミングやコマンドなどの入力スキルを磨くことにおもしろみを感じられるアクションゲーム・格闘型ゲームだけではなく，シンプルで気軽に遊んで楽しいことであった。

　「Wii」では，シンプルで家族の誰もが気軽に遊べるゲームとなるような特徴

を持つゲーム機になるように開発されている。それが一番表れているのが、スティック状のWiiリモコンと呼ばれるコントローラである。このコントローラは、開発当初からの懸案事項であった。ワイヤレスでゲーム機とつなぐことと加速度センサを内蔵することは早い段階から決まっていたのだが、それ以外は試行錯誤の繰り返しであったという。大きなボタンをコントローラの中心に配置したものなどさまざまなモックアップが実際に数多く作られ、検討されたという。

これまでのゲーム機のコントローラは、「ファミコン」からスタートし、「スーパーファミコン」、「NINTENDO64」、「ゲームキューブ」と何かを足していくような進化をしてきた。つまり、それぞれのハードの合った要素をコントローラの中に足してまとめるかたちでの開発だった。このようなコントローラは、多様な形やさまざまな機能のボタンが数多く配置されることで、多彩なコントロールができるようになってきた。

1980年に発売された「ゲーム&ウォッチ」では、丸形のボタンが2つと楕円形のボタンが3つという非常にシンプルなインターフェイスであった。その3年後に発売されたファミコンのコントローラには、十字キーにAボタンとBボタン、補助的にXボタンとYボタンがあるというインタフェイスだった。その後のゲーム機のコントローラでは、スタートボタンに切り替えボタン、LボタンやRボタン、L2ボタンやR2ボタン、アナログスティックである3Dスティックを搭載するようになっていき（**図表5-11**）、多様な操作や新しい操作感を得られるようになっていった。

ゲーム上の技などは、これらのボタンの組み合わせやタイミングによって繰り出すことができ、それを習熟していくことにゲームのおもしろさがあった。しかし、言い換えれば、それはコントローラの複雑化であった。「ゲームキューブ」のコントローラには、13ものボタンがあり、それを巧みに使いこなさなければならないという点で、操作方法が複雑で難しく、ゲームに精通しているユーザー以外にはわかりにくいものになっていた。

だが、「Wii」のコントローラの開発では、足すだけではなくて、引くこともあったし、それこそ掛けたり割ったりするようなこともあって、開発の仕方がこれまでとは根本的に違ったという[52]。家族の誰もが公平に触れるように、「シ

第5章　家庭用据え置き型ゲーム機産業における任天堂の事例分析　145

図表5-11◆NINTENDO64のコントローラ

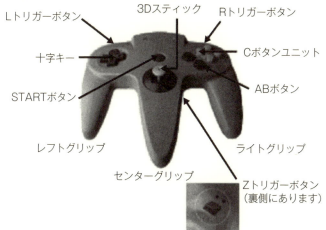

出所：http://www.nintendo.co.jp/n01/n64/hardware/index.html

ンプル」で「快適」,「親しみやすい」ものが目指されたという[53]。誰にも恐がられずに，触ってみたいと思う形態が目指された。

　そのような試行錯誤のもと，2004年12月に，ハード部門のコントローラ開発チームのリーダーが，コントローラの形状を"棒"にすることを提案し，それをきっかけに，それから3カ月かけて，スティック状のコントローラに絞り込んでプランが練られたという[54]。その際には，ゲームソフト開発チームとも協働して，実際のゲームの使い勝手などを考慮したり，これから開発するゲームソフトの可能性を模索しながら，コントローラは開発された[55]。そして，3次元加速度センサとポインティングデバイスを内蔵するスティック状のWiiリモコンが開発された。

　コントローラで追求された「シンプルさ」や「親しみやすさ」は，「Wii」本体の開発でも同様に表現された。製品ターゲットを家族全員とし，リビングの中心に置かれることを強く意識して開発されたという[56]。そのためには，家族，特にお母さんに邪魔にされないようにしないといけなかった[57]。本体の大きさは，リビング，特にテレビの近くに置かれることを意識したサイズとなっている。

まず岩田社長が, 宮本氏や竹田氏とのミーティングにおいて, 「DVDケース2〜3枚分」の大きさにしようと目標を定めた[58]。これほど小さく薄くする理由は, テレビの周りには, DVDレコーダやVHSレコーダ, スピーカやアンプなどの周辺機器がすでにスペースを占拠しており, それらの間に分け入って, 「Wii」をテレビのそばに置いてもらうためであった[59]。スペースのないテレビ周りに置いてもらうためには, DVDケース3枚程度が最大の大きさだと考えたのである。

　それ以降, その大きさに収まるように, 試行錯誤が行われた。形状としては, 最大の大きさになる長方形とするほかなく, デザインの面で行き詰まりがあった。それには, 若手デザイナーがスタンドというアイディアを生み出し, それによって, 縦置き横置きができ, さまざまな形が表せるようになった[60]。

　また外見は, おもちゃでもなく, AV機器でもなく, 1つのインテリアのように置かれるものにしたかったという[61]。小さく, そして他のAV機器との違和感のないデザインと外装にすることで, リビングのテレビ周りのなかで目立たない存在であるべき[62]で, さまざまなユーザーに使ってもらえるだけの質感を持つことを目指して[63], 開発が進められた。そのため, これまでの任天堂のゲーム機のように, いかにもおもちゃらしい外装・外見にはせず, 高い質感を持つように工夫がなされた。

　「Wii」には, 光沢感のある白色の材質を使われている。既存の任天堂の据え置き型ゲーム機は, シボのついたグレーやブルーのプラスチック素材の筐体であった。この素材は, 傷が付いても目立ちにくいという利点がある。しかし, おもちゃ然としており, DVDレコーダなどといったテレビの周辺にあるデジタル家電製品のデザインには合わないと考えられた。したがって, テレビの横に置き, 他のデジタル家電ともデザイン的な調和が保てるように, 質感が高い素材を外装に利用することで, インテリアの一部としても違和感のないデザインにされた。

　しかし, ゲーム機として, 子どもに扱われることを考えて, 高い耐久性基準をクリアできるように開発されている。以前から, 任天堂は耐久性の高いゲーム機を開発してきた。それは, ゲーム機がおもちゃであり, 子どもが遊ぶことを前提としていることである。子どもの不測の扱い方に耐えうるように, 高い

耐久性基準が存在してきた。「Wii」の開発でも，高い耐久性を持つことが求められていた。高本氏は，以下のように小ささと耐久性の両立の難しさについて振り返っている。

「とくに苦労したのは，ドライブユニットですね。外装やほかの装置を割くスペースを考慮すると，DVDケースとドライブユニットをほぼ同じ厚さにしなくてはなりません。これは，かなり難しいことでした。しかも，薄くすると，強度の問題が出てきます。Wiiというのは，子どものユーザーの方も扱うことを前提にしなくてはならない。特に任天堂という会社は，できるだけ壊れにくくするということに関しては社内に非常に厳しい基準がありまして。ですから「小ささ」と「壊れにくさ」を両立するために何度となく，試作品を作っては試験をして，NGとなり，また対策を施してNGとなり，という繰り返しで…。試行錯誤の結果，内部に補強板を追加する形で，なんとか「DVD3枚分」の厚さに収めることができました」[64]

ドライブユニットには，松下電器産業製のスロットインタイプのドライブを採用した。「ゲームキューブ」のように，フタの上が開くタイプにすれば，厚さを抑えることはでき，耐久性やコストの問題も出てはこない。しかし，フタを開けるためのスペースを必要とするため，「Wii」のコンセプトには合わず，スロットインタイプのドライブユニットを内蔵することになった。

また，「Wii」はゲーム機としてだけではなく，インターネットに接続することもできる。本体のみで起動でき，その最初に表示されるWiiチャンネルのなかには，インターネット接続して利用するプログラムがあり，これを常に使ってもらうためには，常時インターネット接続をしてもらう必要がある。「Wii」の電源を24時間切られないためには，消費電力を低く抑えたり，冷却用のファンを夜などの静かな時間には回さないことが必要となる。

夜にファンが回ったりすると，うるさいと言って母親が電源を抜いてしまう恐れがある。そのため，夜の間はファンを回さないという明確な目標が先にあって，それのクリアに向けて，LSI担当チームはICの発熱量を抑え，デザインチームもある程度の放熱性を考慮に入れた設計を行った。特に，ICの開発

は困難を極めたという。なぜなら，ICは実際に作ってみないとわからない部分があり，ICができあがってくるまでのスパンが長く，トライアンドエラーで修正していくことが難しいためである[65]。

　ただ，消費電力を抑えることで，家計にとっても優しいことをアピールすることができた。これまでの据え置き型ゲーム機では，省電力化という発想はなく，配慮されてこなかった。実際，同世代ゲーム機である「Xbox360」や「プレイステーション3」の消費電力は大きい。任天堂では，「Wii」の消費電力を抑えるために，携帯ゲーム機の開発を担当する開発技術本部から，省電力化に関してのノウハウを教えてもらったり，チップを設計製造しているメーカーにも協力をしてもらって，開発を進めていった[66]。

　こうして開発された「Wii」は，CPUのクロック周波数を700MHz程度に抑え，低消費電力で動作でき，小さく質感の高い筐体にしながら，高い耐久性を有し，それでも価格は抑えていた。Wiiリモコンにより，簡単に操作できるため，家族が集まるリビングで，テレビの横に置き，小さな子供から親世代，シニア世代までが遊べるゲーム機であった。そして，その開発の背景には，「家族の誰もが遊べるゲーム機」というコンセプトが存在していた。

5.6　任天堂の優位性に関する論理

　1994年にソニーが「プレイステーション」が発売して以降，任天堂は据え置き型ゲーム機産業での苦戦が続いていた。歴代据え置き型ゲーム機の全世界での累計販売台数は，任天堂の「ファミコン」が6,191万台，「スーパーファミコン」が4,910万台であった。ソニーが1994年に発売した「プレイステーション」が1億240万台[67]で，続く「プレイステーション2」が1億5,440万台を記録している。それに対し，任天堂の「NINTENDO64」が3,292万台，「ゲームキューブ」が2,174万台だと言われており，同時期に発売された「プレイステーション」と「プレイステーション2」には大きく差をあけられている。また，「ゲームキューブ」と同時期に発売されたマイクロソフトの「Xbox」は約2,400万台を売り上げ，「ゲームキューブ」の販売台数を上回っている。

　景気の後退や少子化という要因[68]以外にも，任天堂が販売台数を伸ばせられ

ない原因として，競合企業がそれまでのセガやNEC[69]から，マイクロソフトやソニーに代わったことが挙げられる[70]。マイクロソフトは，PCのオペレーティングシステムで寡占的な競争地位を占め，OSの技術力だけではなく，資金力も潤沢な企業である。ソニーは，エレクトロニクス分野で高い技術力を持ち，またエンターテイメント分野への参入を推し進めていた[71]。

「プレイステーション2」では，CPUにソニーと東芝が共同開発した「Emotion Engine」を，GPUにソニーが開発した「Graphics Synthesizer」を搭載した。「プレイステーション2」の成功から，次のゲーム機も演算能力重視で開発することにし，「プレイステーション3」では，ソニー・東芝・IBMが共同開発した3.2GHzのCPU「Cell」と，ソニーとNVIDIAが共同開発した500MHzのGPU「RSX」を搭載した。「Cell」は，1つのPowerPCアーキテクチャのプロセッサ[72]と高速数値演算のみを目的とする8つのプロセッサ[73]を併せ持つヘテロジニアス構造となっており，画像処理，動画処理，音声処理などでは高い演算処理を行うことができ，ゲーム機としてはより豪華で，精巧な画像を使えるようになった。

ソニーが保有する半導体技術を活用し，高性能のCPU・GPUを開発する[74]一方，任天堂はゲーム機産業に参入して以降，一貫して他社の半導体技術をもとにCPU・GPUを共同開発してきた。ゲーム機の画像処理能力・描画性能に大きく寄与する基盤デバイスを自社技術のみでは開発できず，他社と共同開発する必要性があった。そのため，画像処理能力の強化によって豪華で精巧なゲーム映像を提供するという競争次元では，半導体技術を有さない任天堂は不利な立場に立たされた。

5.6.1 任天堂の経済的優位性

こうしたなか外部企業との開発されたのが，CPU「Broadway」やGPU「Hollywood」である。任天堂は，据え置き型ゲーム機に不可欠であり，基本的な機能を担うCPUとGPUという半導体に関する技術を保有しないため，それらを企業外部から調達してくる必要がある。「Wii」に搭載されるCPUは，IBM社との共同開発されたものであった。「Broadway」と呼ばれるこのCPUは，Power PCの技術をもとに，「Wii」用に開発され，IBM社のニューヨーク州

East Fishkillにある工場で製造され，出荷される。

　IBM社は，1980年代からゲーム機用にCPUを開発してきており，任天堂も「Wii」の前機種「ゲームキューブ」から，IBM社製のCPUを搭載している。「Wii」では，技術のロードマップ上にあるような，既存のゲーム機に搭載されてきたような演算処理能力の高いCPUは求めていなかった。その代わりに，コストが低いこと，24時間通電してもらえるように消費電力が小さく，夜間にはファンが回らないようにすることが求められた。したがって，「Wii」に搭載されるCPUは，クロック周波数を700MHz程度に抑え（図表5-6），その代わりに，低価格で，消費電力と低い放熱性に焦点が置かれて開発された。

　任天堂が，開発したいと考えていた仕様に合ったローパワーの「Broadway」を開発できた理由として，IBM社を共同開発相手企業に選べたことが挙げられる。「Broadway」の基となるCPUのPowerPCは，1991年にアップルコンピュータとモトローラとの提携によって開発されたRISCタイプのマイクロプロセッサである。これは，アップルコンピュータの「Power Mac」や，IBM社のワークステーションやサーバ，スーパーコンピュータなどに搭載されてきた。その特徴は，性能のわりに，低消費電力でサイズも小さいというものであり，カスタムして「Wii」に搭載するには，最適なCPUであったといえる。

　またGPUは，ArtX社[75]との共同開発である「Hollywood」である。なお，AtrX社は「Hollywood」開発途中の2000年にATI社に買収され，実際にはATI社[76]との共同開発で行われた。ArtX社は，「NINTENDO64」からGPUの開発を行っており，「ゲームキューブ」のGPUも開発し，任天堂とのつながりは強い企業であった。また，ATI社は，NDIVIA社と並ぶビデオチップメーカーで，パソコンに数多くのGPUが搭載される技術力の高い企業である。「Hollywood」の開発では，「プレイステーション3」や「Xbox360」のGPUとは異なり，プログラマブルシェーダハードウェアを搭載しないことによって，低消費電力を目指した。

　以上のように，任天堂は，その分野における技術力のある企業とCPUやGPUを共同で開発してきた。このような提携企業を選べることで，共同開発相手の知識を活かせられるというメリットが享受できる。IBM社には，低消費電力でサイズの小さなCPUを開発できる技術があり，ATIは，GPUの専業メー

カーとして，ビデオチップに関する高い技術を持っていた。このような企業と提携することによって，自らが開発したい仕様に合わせてその力を発揮してもらえることになり，「ゲームキューブ」とは互換性を持たせた上で，「ゲームキューブ」のCPUとGPUよりも性能を上げながらも，小型で低消費電力で動く「Broadway」と「Hollywood」を開発できた。

　すなわち，任天堂はCPUやGPUを開発する企業が複数あるなかで，IBM社とATI社を共同開発先として選んでいる。これらの企業は，任天堂が求めるスペックのCPUやGPUを開発できる技術力やノウハウのある企業である。つまり，最適なデバイスを開発できる共同開発先を選ぶことができる選択広範性があるといえる。

　また，任天堂の据え置き型ゲーム機の歴史を振り返ってみると，CPUやGPUの調達先／共同開発相手先を変更していることがわかる。「ファミコン」では，リコー製のCPUを搭載していた。このCPUは，モステクノロジー社が1975年に開発した「6502」をカスタムしたものである。引き続き「スーパーファミコン」でも，リコー製のCPUが搭載されている。「NINTENDO64」からは，リコー製CPUからMIPS社のR4300をベースにして，NECが製造したVR4300カスタマイズというCPUに変更した。「ゲームキューブ」では，IBM社のPower PCをベースにカスタムした「Gekko」に切り替えており，「Wii」でもPower PCをカスタムした「Broadway」が搭載されている。

　GPUは，「ファミコン」にはリコー製のGPUを搭載し，「スーパーファミコン」でもリコー製GPUが搭載されている。なお，「スーパーファミコン」では，当初，「S-PPU」と呼ばれるGPUを2チップ搭載していたが，途中から1チップ化され，変更されている。「NINTENDO64」では，MIPS社が開発したRISC型マイクロプロセッサ「R3000」をコアとして，SGI社が「NINTENDO64」向けに開発したRCP（Reality Co-Processor）へ変更されている。続く，「ゲームキューブ」では，ArtX社が開発した「Flipper」へ変更し，「Wii」では，ATI社製の「Hollywood」を搭載している（＜参考資料5　主要ゲーム機メーカー4社の据え置き型ゲーム機の製品仕様＞）。

　さらに，「Wii」を開発する際，「ゲームキューブ」に引き続き，CPUはIBMと，GPUはATIと共同開発を行っている。なぜなら，「ゲームキューブ」と

「Wii」では，同じアーキテクチャを用いることで，ゲームソフトの完全に互換性を保つためである[77]。旧ゲーム機とアーキテクチャを採用し，CPUの製造工程には新しい技術を用いながら，開発の指向性としては，低消費電力に向いていた。すなわち任天堂は，部品調達元を切り替えることもしながら，技術的に連続性が必要であれば，継続的な取引関係を選択することも可能であった。

以上のように，任天堂は，CPUとGPUの調達先／共同開発先を新しいゲーム機を開発する際には，適宜変更している。このように，現在の選択肢よりも，より良い選択肢が現れた際には，それに低コストで変更できるという切替容易性があるといえる。

5.6.2 任天堂の組織的優位性

任天堂は，CPUやGPUという半導体に関する技術を保有していない。そのため，CPUやGPUそのものの性能で，ゲーム機の差別化を図っていくことは難しい。だが，なんらかの形で差別化をしないと，他社製品の中に埋もれてしまう。したがって，任天堂は，CPUやGPU以外の部分での差別化を思索・探索するようになる。

1994年以降，任天堂は，ゲーム機産業でのトップの座から陥落し，販売台数も市場シェアも増加させることができないでいた。その原因を任天堂は探索する。それについては，それは，景気の後退や少子化という外生的な要因による部分も考えられた[78]。しかし，岩田社長は，業績悪化の原因はこれらの要因だけではなく，これまでのゲーム機は，あまりにも複雑になってしまったため，そのことを多くの消費者が敬遠して，ゲーム人口が減少していたのだと指摘した[79]。

既存のゲーム機がCPUやGPUの高性能化によって，演算処理能力や描画能力を強化し，画像をより豪華により精緻にしてきたことや，複雑なゲームにしてきたことは，10代から20代の男性というごく一部の消費者だけにしか評価されてこなかった。その一方で，多くの消費者は，ゲーム機に見向きもしなくなっていた。そこで，岩田社長は，以下のように考えていた。

「我々が戦っているのではライバルメーカーではない。ユーザーの無関心だ」[80]

もともと任天堂は，家族みんなで遊べるおもちゃを開発してきた。最初の製品である花札をはじめ，トランプを家庭で遊ぶカードゲームと位置づけ，プラスチック製トランプを開発・販売した。また「ファミリーコンピュータ」という名前のとおり，下記のように，「ファミコン」は家族みんなで遊ぶことを考慮して開発されていた。

「任天堂は一貫してヘビーユーザーだけでなく，ライトユーザーにも受け入れられる間口の広さを追求し続けてきた」[81]

　そこで，「Wii」では，これまでゲームに慣れ親しんできたユーザーだけではなく，今まではまったくゲームをしたことのない消費者やゲームから離れてしまった消費者をターゲットとして開発が進められた。「Wii」における目標は，ゲーム市場を拡大させることである。つまり，これまでゲームを消費してこなかった顧客が多くいることを見つけ，彼らに向けたゲーム機として「Wii」を開発することになったのである。岩田社長は以下のように振り返っている。

「ゲーム人口を増やすため，ゲームをしていない人々にも触って楽しんでもらえるゲーム機を目指す」[82]
「遊びに関してはお客さんに自由がないとダメなんですよ。だから，5分だけ関わって，それでおしまいにしたいという人もいれば，1時間以上俺に遊ばせてという人までいるわけで，どっちのニーズにも応えないといけない」[83]

　つまり，任天堂は，市場に対する探索活動を活性化させ，市場が縮小する原因を景気の後退や少子化という外生的な要因だけではなく，ゲーム人口自体が減少していると分析した。それは，既存のゲーム機が複雑になりすぎて，一部のユーザーにしか評価されていなかったためであった。任天堂には，カードゲームや「ファミコン」で形成されてきた家族みんなで遊べるおもちゃを開発してきたという思考枠組みがあり，そのもとで現在のゲーム市場を見ると，これまでゲームに関わってこなかった消費者やゲームから遠ざかってしまった消費者が多数おり，彼らに向けたゲーム機を開発することを目標に，「Wii」の開

発に取り組んでいった。

　また，CPUやGPUの技術開発や製造していないため，その高性能化によるゲーム画像の豪華さや精緻さではゲーム機を差別化することが難しい。こうして，従来までの画像処理性能での競争から外れた任天堂は，その競争要因の欠乏を何かで補わなくてはならなくなる。通常では，手元にある知識や技術を活用することによって，製品開発が行われる。しかし，既存競争要因での差別化を行えない場合には，差別化要因の不足を補う必要性がある。それがアイディアである。基盤技術を保有しない企業は，保有資源の不足と差別化要因の欠乏をアイディアによって埋めようとする。このアイディアが，新しい競争要因を創出する契機となり得る。その際に，岩田社長は以下のように考えていた。

「そっち（高性能）には，未来がないと思っている。僕らは違うところに未来があると思っている」[84]

　これまでのゲーム機とは異なるコンセプトを思索することになったのだが，その際に参照されたのが，これまでの任天堂の製品開発を通じて形成されてきた思考枠組みであった。花札やかるた，トランプなどのカードゲームは，「家族と遊ぶゲーム」として開発されたもので，また「ファミコン」は「誰が触っても動く」というコンセプトのもとで開発され，成功した製品だった。

　しかし，「スーパーファミコン」以降，CPUやGPUの性能が十分ではなく，ゲーム画面が荒かったため，CPUとGPUの高機能化による画像の豪華さや早さの向上が目指された。だが，いま一度「Wii」では，多くの消費者に遊んでもらえるように，カードゲームや「ファミコン」のコンセプトへ戻ることにした。それを，宮本氏と岩田社長は次のように述べている。

「ファミコンというのは「誰が触っても動いた」というのが非常に大事なことやと思うんです。電源を入れたら動いて，スタートボタンを押すと始まって，リセットボタンを押すとリセットできる。（中略）そういう意味では，本当に原点に戻ろうと」[85]

「「Wii」は，これまで任天堂が築いてきたものをすべて覆すように思われて

第5章　家庭用据え置き型ゲーム機産業における任天堂の事例分析　155

いるかもしれませんけど，そういう意味では，原点に帰るものでもあるんですね」[86]

　上記の思考枠組みのもとで，「Wii」のコンセプトは考えられていった。そのキーワードは，「家族全員」と「誰でも遊べる」ことであった。「Wii」を家族全員が自分に関係あるものだと思ってもらえるようにするために[87]，直感的な操作で遊べるようにすることや，リビングの中心に置かれて，家族のコミュニケーションのきっかけになることが目指された[88]。そのなかで，高機能で高画質ではない手段で，たくさんのユーザーが楽しめるゲーム機[89]という方向性が確立していった。そして，創出された「Wii」のコンセプトは，「家族の誰でも遊べるゲーム」というものであった。

　そして，このコンセプトのもとで，具体的な製品開発を行う。その際には，CPUやGPUの性能向上によるゲーム画像の豪華さ精緻さ以外の価値を創出していく。その価値は，経営陣とソフトウェア部隊とハードウェア部隊が一緒になって，これまでとは異なるコンセプトを考え，それに利用できる資源や技術を探すなかで，生み出されてきたものである。

　その最たるものが，コントローラである。これまでのゲーム機のような数多くのボタンやスティックが配置されており，その押し方の組み合わせやタイミングにより，ゲームを操作するのではなく，家族の誰でもが使えるように，「シンプル」で「快適」で「親しみやすい」コントローラとして開発された。これは，「ニンテンドーDS」で実現されており，それが「Wii」にも引き継がれることになった。インターフェイスを変えることによって，誰もが同じスタートラインに立てる[90]と考え，コントローラ形状をスティック状にした。テレビなどですでに親しみのあるリモコンとすることで，家族の既存のコントローラに対する嫌悪感や疎外感を取り除いた。そして，リモコンを振ることで，ゲームが行えるようにし，直感的な操作が可能で，家族全員が平等に触ることができるようにした。

　この直感的な操作を可能にするのが，ワイヤレスのWiiリモコンであった。ワイヤレスにした理由は，ケーブルがあって，ゲーム機本体とコントローラがつながっているのは，お母さんにとって邪魔でしかなく[91]，これを変えること

で，家族に関係のあるものだと思ってもらえるようにするためであった[92]。

　Wiiリモコンを開発する際には，ソフトウェア開発チーム[93]とハードウェア開発チームが協働し，これまでとは異なる視点で，コントローラが考えられた。協働することで，以前にソフトで利用した技術に着目することができた。リモコンの動きを感知する3次元加速度センサは，「ゲームボーイ」用ソフト「コロコロカービィ」に使われていた。この「コロコロカービィ」の開発を行っていたのが，総合開発本部開発部の池田昭夫氏であった。彼は，「ポケットピカチュウ」や「ポケットハローキティ」という歩数計を使った携帯ゲームなども手がけており，その後もユーザーインターフェイスに関わる企画などに参加していた。そして「Wii」では，コントローラに採用された3次元加速度センサをはじめとしたセンサ全般についての電気的な設計などを担当した[94]。

　また，「家族の誰でも遊べるゲーム」というコンセプトを実現するためには，リビングの中心に置いてもらう必要があり，それはリビングの顔であるテレビの周辺であった。そのためにはどのようなゲーム機の大きさにすればよいのか，どのような外観にすればいいのかが，思索される。

　テレビの周りにはさまざまな周辺機器がすでに置かれていることから，「Wii」の本体サイズは，「DVD2～3枚分」と岩田社長によって考え出された。外部から調達してくるCPUとGPUは，画像処理能力や描画能力の高性能化ではなく，ローパワーが目指されて開発され，放熱量も低いため，冷却ファンは簡素なもので済んだ。よって，44＊157＊215.4mm（縦＊横＊奥行き）という小さな本体サイズを実現することが可能であった。

　また外観は，家族に嫌われないようにシンプルで親しみやすいデザインが考えられた。すでに「ニンテンドーDS」や「ニンテンドーDS Lite」で，表面にシボがなく，シンプルで清潔感のあるデザインが受け入れられたこともあり，「Wii」では，白色の光沢感のあるプラスチック素材が使われ，デジタル家電にも調和するような質感の高いデザインとされた。そのなかで本体の耐久性は，これまでの任天堂の高い耐久性基準をクリアするものが求められた。それをクリアするために，本体内の部品数は最低限に抑えられ，シンプルな構造にすることで，耐久性を担保した。

　加えて，常時電源を入れていておくことができるように，消費電力を低く抑

えた。これまでの据え置き型ゲーム機は，新しい半導体技術を利用しようとすると，CPUとGPUのパフォーマンスを高め，より豪華で精緻なゲーム画像を追求してきた。しかし，「Wii」では，CPUとGPUの高性能化というハイパフォーマンス化に向かわず，ローパワーを追い求める。そして，据え置き型ゲーム機で初めて，低消費電力という価値を生み出した。その実現のために，任天堂社内や社外にある知識を探索する。そして，携帯用ゲームの開発チームが持っているノウハウやチップを設計製造しているメーカーにある技術を見つけ，それを利用することで，据え置き型ゲーム機でありながら，低消費電力を実現することができた。

　以上のように，「Wii」の開発において，任天堂は，CPUとGPUの高性能化によって，ゲーム機を差別化するのではなく，それ以外の価値をゲーム機に付与しようとしたのである。任天堂は半導体に関する技術を保有しないため，CPUとGPUの高性能化を図ることは難しい。そのため，CPUとGPUの高性能化以外に対価を支払ってくれる消費者はどのような人たちであり，潜在的な消費者としてどのような人たちがいるのかを探すようになる。また，ゲーム画像の豪華さや精緻さ以外で，自社ならではの特徴を際だたせる必要があり，その他の部分で独自性を発揮するためのコンセプトを考えたり，それを実現するための知識やノウハウ，技術を探すことが活性化される。

　その結果，10代から20代までの男性だけを対象とするのでは，ゲーム人口は減少してしまうため，それ以外の子どもや30代から50代の親世代，そして，60代以上のシニア世代までをゲームの対象とすることを見出す。そして，彼らに向けて，これまで任天堂のゲーム開発で形成されてきた製品差別化に関する思考枠組みに基づいて，「家族の誰でも遊べるゲーム」というコンセプトを考え出す。それに合うように，Wiiリモコンや小さく質感の高い白いインテリアのようなデザイン，低消費電力などの特徴を考え出し，それを実現するために，社内外の知識やノウハウ，技術を探し出す。このように，家庭用ゲーム機の基盤技術である半導体に関する技術を保有しない任天堂は，これまでとは異なる顧客，既存ゲーム機とは異なるコンセプト，それを実現するための特徴を考え，探し出す思索・探索が活性化される。

　しかし，このような既存の製品コンセプトの疑問を持ち，製品コンセプトを

根本的に考え直すような思索は自然とは起こらない。「Wii」開発以前の任天堂は，高性能なCPUとGPUをゲーム機に搭載することで，製品を差別化しようとしていた。技術のロードマップがあり，それに沿ったゲーム機開発が行われているような競争環境において，そこから外れ，これまでとは異なるゲーム機を開発するためには，それを後押しするような心理的なエネルギーが必要とされる。

1994年に発売された「プレイステーション」によって，任天堂は，据え置き型ゲーム機でのトップ企業から陥落した。それに対抗して発売された「NINTENDO64」や「ゲームキューブ」でも，ソニーの牙城を崩すことはできず，市場シェアは低下していった。

「NINTENDO64」では，他社に先駆けて64ビットCPUを搭載し（図表5-7），任天堂のゲーム機の中では初めて3次元ゲームにも対応し，1996年に米Time誌の「Machine of the Year」に輝くなど，完成度の高さが評価されるゲーム機であった。また，「ゲームキューブ」も128ビットCPUを搭載し，同世代の「プレイステーション2」よりも高い画像処理能力や描画能力を有し，高スペックのゲーム機であった。

しかし，両機種とも，ソニーの「プレイステーション」と「プレイステーション2」よりも，ゲームソフトが揃えられなかったり，発売時期が遅かったこともあり，その後塵を拝し，「ファミコン」以来維持してきた据え置き型ゲーム機のトップの座を「プレイステーション」に明け渡すことになった。特に「ゲームキューブ」は，前機種「NINTENDO64」よりも販売台数が少なく，苦戦を強いられた。結局，「ゲームキューブ」は，国内で約400万台，海外で2,160万台を売り上げただけで，任天堂の歴代の据え置き型ゲーム機の中で最も販売が振るわなかった機種となってしまった。

「ファミコン」の発売によって，据え置き型ゲーム機市場を確立・拡大させ，それ以来ずっとゲーム機産業のトップ企業として君臨し，ゲーム機産業を引っ張ってきた。それが，1994年以降，その競争地位から陥落し，日本市場・世界市場でソニーに，世界市場ではマイクロソフトに2世代にわたって苦汁を喫することになった。岩田社長は，競合企業が，以前のように企業規模にそれほど違いのないセガなどではなく，ソニーとマイクロソフトとなり，以下のように

語っている。

「我々は世界一お金持ちの企業や，世界一の家電メーカーという競争しているんですよ」[95]

以上のように，競合企業が変わったことと競争地位の低下という事実によって，任天堂には強烈な緊張感が生み出されることになる。

加えて，「プレイステーション3」には，ソニーが主導して，東芝とIBM社と共同開発するCPU「Cell」が搭載されることがアナウンスされていた。「Cell」は，パソコン用CPUを凌駕し，スーパーコンピュータにも匹敵する演算能力を持ちうると言われており，そのため，CPUは基本的に外部調達する任天堂には，ゲーム機の高性能化では対等に勝負することが難しく，強い危機感が生まれたと考えられる。

また，ゲーム人口の減少に対しても強い危機感を持っていた。2002年以降，ゲーム人口は減少基調にあるといわれ，徐々にゲームの国内出荷額は減少している。この原因の1つとして考えられるのは，景気の後退や少子化といった外生的な要因である。景気の後退は，娯楽品であるゲーム機産業に大きな影響があると考えられる。消費者の可処分所得が減少する際には，その所得の中に占める生活必需品の割合が増大し，娯楽品への支出割合は減少する傾向にある。また，1975年に合計特殊出生率が2を割って以来，出生率は低下し続けており，子ども人口は減少してきた。これまでの中心的なゲームユーザーが，10代から20代の男性であることを考えれば，ゲーム人口の減少は明らかであった。

このような外生的な要因だけではなく，任天堂はゲーム機メーカーによる内生的な要因があることを「Wii」開発当初から指摘している。岩田社長は，国内出荷額が減少している理由を景気の後退や少子化では説明がつかない[96]とし，その原因をゲームの複雑化や高性能化に求めている。

「…（ゲームが）複雑で分かりにくくなり，ゲーム離れという市場縮小を起こしているのではないか」[97]
「ゲーム業界がゲーム機の処理能力やゲームソフトの内容の複雑さを追求し

続けた結果，初心者やゲームをする頻度の低い人たちがゲーム離れを起こしてしまった」[98]

　事実，「NINTENDO64」や「ゲームキューブ」では，「ファミコン」に比べると，複雑になっていた。ゲームの操作の点では，コントローラに，十字キーとABボタン，補助的なXYボタンだけではなく，RLボタンやR2L2ボタン，3Dスティックなどが追加されていた（図表5-11）。それら数多くのボタンやスティックを巧みに操り，ゲームを進めていかなければならない。
　また，ゲームハード自体も，CPUやGPUの高性能化によって，より豪華な画像やより精緻なCGをゲーム中に表現できるようになっていた。そのため，ゲームソフトの開発にかかるコストや時間が多大なものとなり，失敗のリスクを抑えるため，「ドラゴンクエスト」や「ファイナルファンタジー」といった人気ゲームソフトの続編が多く作られる傾向が強くなった。これらのゲームは，1つのゲームをクリアするまでには長時間のプレーが必要とし，1つ1つのソフトに連続性はないが，ゲーム方法は高度に複雑化したため，そのゲームシリーズへの理解と長時間プレーをし続けることのできる集中力がないと楽しく遊べることが困難になっていた。このように，ゲーム機の高性能化や複雑化の状況を岩田社長は以下のように振り返っている。

「やっぱりどこかで任天堂もNINTENDO64やゲームキューブの流れのなかでは，パワーゲームの方向へいっていたんですよ」[99]
「ゲーム業界がゲーム機の処理性能やゲームソフトの内容の複雑さを追求し続けた結果，初心者やゲームをする頻度の低い人たちがゲーム離れを起こしてしまった」[100]
「いつの頃からかゲームの発展が技術の発展とイコールになってしまいました。確かに技術の進歩は素晴らしいし，それによって画質や動きが精緻になり，たくさんのお客さんが驚いて，ゲームに夢中になってくれました。けれども，今やお客さんの多くは，それだけでは驚かなくなった。ヘビーユーザーは確かにいますけれど，その一方で「もういいよ」と言ってゲーム市場からそうっと退場していく人がいっぱいいたわけです。このままではゲーム

業界に未来はありません」[101]

　このような危機感を，最初は任天堂の経営陣が感じ，それが企業全体として広がっていったという。岩田社長は，何度も何度も繰り返し，同じことを言うことによって，また現場まで出て行って，時間をかけて丁寧に説明することで，その危機感を共有していった[102]。

　開発は，社員が積極的に参加するボトムアップ式で進められた。前任者の山内溥氏は，トップダウン型の経営を行っていたが，後継者の岩田聡社長は，HAL研究所から移ってきた外様で，また弱冠42歳で社長に就任し，代表取締役が全員岩田氏よりも年長者という状況であった。そのため，周りの声を聞く調和型のリーダーとして，宮本茂氏や竹田玄洋氏ら経営陣とディスカッションをして，その結果を社内にアナウンスして，それについての社員の意見を吸い上げ，そしてそれを検討して修正して，また社員の意見を聞くという時間のかかる作業を行っていた[103]。こうして，危機感を共有した上で，「Wii」の開発は進められていった。

　以上のように，任天堂では，ゲーム人口の減少と1994年以降に競争地位の低下に直面していた。特に，競争地位の低下の原因は，ソニーの台頭が大きい。これまで，据え置き型ゲーム機産業を確立し，市場を引っ張ってきていたのが，ソニーに追い越されてしまった。ソニーゲーム機の競争力向上の要因の1つは，画像処理能力や描画能力を強化したことであった。「プレイステーション2」の発売後，次世代ゲーム機「プレイステーション3」の開発が始まり，それには，ソニーが積極的に関与して東芝とIBMともに共同開発するCPU「Cell」が搭載されることが，明らかになっていた。

　そのなかで任天堂は，半導体に関する技術を保有しなくても，ソニーとなんとかして競争していかなければならない。このような，このままではいけない，なんとかしなければならないという危機感を持つことが，強いモチベーションを生むことになる。この組織的危機感が，既存とは異なる競争要因を持つ「Wii」の開発を後押ししたのである。

5.7 第5章のまとめ

本章では，家庭用据え置きゲーム機器産業の任天堂の事例分析に準拠し，経済的優位性と組織的優位性という2つの優位性に着目して，任天堂が優位性を構築する論理を探索した。

任天堂は，半導体に関する技術を保有しないため，据え置きゲーム機の基盤デバイスであるCPUとGPUを外部から調達する。その際には，半導体メーカーであるIBMやATIと共同開発を行うことを選択する。そして，「Wii」のために，CPU「Broadway」とGPU「Hollywood」を開発した。IBMやATIはパソコン用にCPUやGPUを開発・生産しており，半導体に関しては高い技術力を有していた。特にIBMは，「ゲーム機のインテル」と呼ばれるほど，多くの据え置きゲーム機にCPUを採用されており，IBMはゲーム機のCPUを開発する能力に優れていたと推察でき，IBMと組むことには大きなメリットがあると考えられる。

任天堂は，「ファミリーコンピュータ」と「スーパーファミコン」では，リコー製のCPUを内蔵していた。続く「NINTENDO64」では，MIPS社の「RISC R4300」を改良したNEC製のVR4300カスタマイズを搭載していた。そして，「ゲームキューブ」ではIBM製の485MHzのクロック数のCPU「Gekko」を，「Wii」では，同じくIBM製だが，735MHzのクロック数の「Broadway」へ切り替えていた。以上のように，任天堂は，基盤デバイスであるCPUとGPUの調達元企業と，同一の調達元企業の中でも調達デバイスを変えていた。こうすることで，経済的優位性を発揮し，開発目標となる「Wii」の製品仕様に必要なCPUを調達することができたのである。

また，任天堂には，経済的優位性だけではなく，組織的優位性も働いていた。半導体に関する技術を保有しない任天堂は，内製を行わないCPUやGPUによって差別化していくことが難しくなっていったのとともに，CPUやGPUの高性能化によるゲーム画像の高精細化や豪華さに疑問を抱くようになっていた。そのため，CPUやGPUの情報処理能力以外の部分での差別化を考えるようになる。

ゲーム人口は減少基調にあり，「ゲームキューブ」に続く次世代機では，そ

れまではゲームで遊んでこなかった消費者に着目をした。任天堂には，花札やトランプなどの家族と遊ぶためのカードゲームの開発をしてきており，また，初代の「ファミリーコンピュータ」は，誰が触っても動くということをコンセプトに開発されてきたゲーム機であった。そのため，任天堂には，「Wii」を家族の誰もが遊べるゲーム機というコンセプトで開発することにする。社内には，携帯ゲーム機で培われた低消費電力化のノウハウが蓄積されており，またこれまでのゲームソフト開発を通じて社外にある3次元加速度センサに着目することができた。これらの思考枠組みや技術的資源を活用することで，「Wii」は構想されていった。

また，任天堂は，半導体に関する技術という基盤技術を保有しなかったため，CPUやGPUの性能向上によるゲーム機の差別化のみに視野が狭められることはなかった。CPUやGPUの演算処理能力の高度化によるゲーム映像の高精細化や豪華さ，情報処理速度の高速化による処理時間の短縮化にゲームの未来を見ることができず，また，ソニーとマイクロソフトに苦戦を強いられていたことも組織の焦燥感を高めた。そして，ゲーム人口の減少を目の当たりにし，多くの人にゲームに親しんでもらいたいという強いモチベーションを持つ。この組織的危機感が生じたことによって，「Wii」というこれまでの据え置き型ゲーム機とは大きく異なる構想を持つゲーム機の開発を後押しすることができたのである。

【注】

1　発言者が特定できる発言内容のみを引用した。
2　「Atari 2600」に搭載されたCPU「6507」は，モステクノロジー社がすでに発売していた「6502」というCPUを基にして開発された。
3　「ファミコン」のCPUのクロック周波数は1.79MHzであった。
4　任天堂も，半導体の開発は，新しいゲーム機の性能を決める上で，大きなファクターになると考えていた（岩田聡へのインタビュー，任天堂のホームページ）。
5　本節の記述は，小橋（1998），逸見・大西（1997），Sheff（1993），中田（1990），赤木（1992），武田（1999），内海（1991），高橋（1986），溝上（2008）や関連するホームページを参考にしている。
6　『日経ビジネス』1983年5月30日号。

7 山内溥氏へのインタビュー（高橋, 1986）.
8 ファミリーコンピュータが開発された1980年代前半において, シャープや松下電器産業などの国内の電気メーカーからMSXパソコンが発売され, ゲームをすることができた. その価格は, 30,000円以上であった.
9 「ファミコン」がヒットした理由として, ゲームカセットを取り替えることによって, いろいろなゲームが楽しめるというマルチ・ソフトも挙げられる. そのため, ソフトの優劣がハードの売り上げを左右する. ただし, 本書ではハードに焦点を絞って議論を進めるので, ここでは深く議論を行わない.
10 他社製品の多くが, 30,000円から60,000円程度であった.
11 このCPUは「Atari 2600」にカスタムして搭載されたCPUである.
12 『週刊東洋経済』1996年4月13日号.
13 『週刊東洋経済』1996年4月13日号.
14 任天堂は, 32ビット機を発売しなかったわけではない. 1995年に32ビット機「バーチャル・ボーイ」を発売している. この機種は, 従来のバーチャルリアリティ・ゲーム機のヘットマウントディスプレイのような特殊メガネで立体画像を楽しめるという従来のゲーム機とは異なる特徴を有する機種であった. しかし, カラー画像ではなく赤一色の画面であったこと, 対応ソフトの数が少なかったことなどから, 売り上げ不振を極め, 短時間で発売を終了した.
15 MIPS社のMIPS R4300をベースにしたNEC製のCPUである.
16 マイクロソフト「Xbox」は, 日本での発売は2002年2月だが, アメリカでは2001年11月に発売されていた.
17 その性能の高さから, 軍事兵器への転用の恐れがあるとして, 輸出が一時禁止されていた.
18 日本での発売は2002年2月だが, アメリカでは2001年11月に発売された.
19 もともとゲーム機産業とは, セガの「ドリームキャスト」のオペレーティングシステムにマイクロソフトがWindow CEの改良版を提供していた関係で, つながりはあった.
20 GeForce 3 を改良したGPU.
21 例えば, ゲーム機本体とコントローラを接続する端子は, 形状自体は異なるが, 規格はUSBと同じものが使われている.
22 「プレイステーション2」より「ゲームキューブ」のほうが, 描画能力が高いことの傍証として, 「ゲームキューブ」用ソフトを「プレイステーション2」用ソフトに移植する際, 同じゲームであっても, 「ゲームキューブ」での画質よりも「プレイステーション2」での画質のほうが劣ってしまうことがある.
23 日本市場の販売台数は, 1位がソニー「プレイステーション2」, 2位が任天堂「ゲームキューブ」, 3位がマイクロソフト「Xbox」であった.
24 海外市場での販売台数は, 1位がソニー「プレイステーション2」, 2位がマイクロソフト「Xbox」, 3位が任天堂「ゲームキューブ」であった.
25 このような1ハード1ゲームというゲーム機は現在でも存在している. 最も有名なゲーム機は, 1997年にバンダイから発売された「たまごっち」である.
26 ROMカートリッジを利用する初めての携帯用ゲーム機は, エポック社の「ゲームポケ

コン」である。
27 「Z80」は1976年に発売され，パソコンのCPUに用いられたり，幅広い用途で使用されていたマイクロプロセッサである。
28 「ゲームボーイ」や「ゲームボーイアドバンス」などのソフトも利用できるようにするためであり，動作モードによって排他使用する構成となっている。
29 「スーパーファミコン」と同等の性能を持つことで，「スーパーファミコン」用のソフトの「ゲームボーイアドバンス」への移植が容易になった。
30 日本発売に先駆けて，アメリカで2004年11月に発売された。
31 DSとはダブル・スクリーン（Double Screen）やデュアル・スクリーン（Dual Screen）などの略とされる。
32 26万色表示可能な3インチ液晶ディスプレイ。
33 http://www.nintendo.co.jp/jobs/work_at_nintendo/interview05/contents01.html/
34 対称型3コアのマルチコアプロセッサで，コードネームは「PX」である。
35 アメリカとカナダ，台湾と香港では，日本の発売日から6日遅れて発売された。
36 IBMのPowerPCの技術を基に開発されている。
37 このGPUは，当時パソコン用GPUとしても上位グレードであり，「プレイステーション3」は先進的な部品を搭載することになる。
38 HDDの容量によって重量は異なる。
39 WiiのCPUクロック周波数は公式には公表されていないが，さまざまな情報を総合した推定値が700MHz程度である。
40 2008年3月までの販売台数。
41 『読売新聞』2008年4月26日。
42 任天堂はもともと高収益企業であり，コンスタントに20%程度の利益率を上げ続けてきているが，2008年3月期の29%は突出した利益率であると言える。
43 竹田玄洋氏へのインタビュー（任天堂のホームページ）。
44 『日経ビジネス』2006年11月27日号。
45 竹田玄洋氏へのインタビュー（任天堂のホームページ）。
46 ローパワーでハイパフォーマンスを目指すWiiのプロセッサ（http://pc.watch.impress.co.jp/docs/2006/0920/kaigai301.htm）（2014年3月10日アクセス）
47 3Dプログラミングにおいて陰影処理（シェーダ）をGPU上でプログラムとして実行する技術。
48 ローパワーでハイパフォーマンスを目指すWiiのプロセッサ（http://pc.watch.impress.co.jp/docs/2006/0920/kaigai301.htm）（2014年3月10日アクセス）
49 塩田興氏へのインタビュー（任天堂のホームページ）。
50 『日経エレクトロニクス』2006年12月4日号。
51 『日経エレクトロニクス』2006年12月4日号。
52 芦田健一郎氏へのインタビュー（任天堂のホームページ）。
53 池田昭夫氏へのインタビュー（任天堂のホームページ）。
54 『日経ビジネス』2006年11月27日号。
55 ソフト開発チームと協働したことによって，「Wii」のおもしろさを最大限発揮できる

「はじめてのWii」や「Wii Sports」といったソフトが開発できた。これがあったことにより，ソフト部門は，「Wii」の良さを最大限引き出せるようなゲーム開発が可能になった。しかし，サードパーティーには，このようなノウハウがないため，「Wii」ならではのおもしろさ・楽しさを引き出せるソフトを開発することが難しい。

56 　高本純治氏へのインタビュー（任天堂のホームページ）。
57 　芦田健一郎氏へのインタビュー（任天堂のホームページ），『日経ビジネス』2006年11月27日号。
58 　芦田健一郎氏へのインタビュー（任天堂のホームページ），『日経ビジネス』2006年11月27日号。
59 　「Wii」はコントローラをリモコンという形でワイヤレスにしたため，その動きを感知するセンサが必要となった。リモコンの動きをできる限り正確に認識するため，テレビ画面近辺にセンサーバーを置く必要がある。そのためには，テレビに設置するセンサーバーとWii本体を近くに位置させ，ユーザーの視界に入ったり，邪魔したりしないようにしなければならない。したがって，テレビの近くにWii本体を置いてもらう必要があった。
60 　芦田健一郎氏へのインタビュー（任天堂のホームページ）。
61 　芦田健一郎氏へのインタビュー（任天堂のホームページ）。
62 　高本純治氏へのインタビュー（任天堂のホームページ）。
63 　芦田健一郎氏へのインタビュー（任天堂のホームページ）。
64 　高本純治氏へのインタビュー（任天堂のホームページ）。
65 　塩田興氏へのインタビュー（任天堂のホームページ）。
66 　塩田興氏へのインタビュー（任天堂のホームページ）。
67 　「PS One」を含む。
68 　『日経エレクトロニクス』2003年8月18日号。
69 　セガの「メガドライブ」が3,075万台，NECの「PCエンジン」が1,000万台を累計で売り上げていたが，任天堂の機種より販売台数は少なかった。
70 　『日経ビジネス』2006年11月27日号。
71 　「スーパーファミコン」用のCD-ROMアダプタの供給を通じて，ゲーム機器産業への参入を模索するなど，ゲーム機産業への強い関心があった。結局，任天堂製品にソニー製CD-ROMアダプタは搭載されなかったが，その後，ソニーは「プレイステーション」によってゲーム機産業に参入を果たした。
72 　PowerPC Processor Element: PPE
73 　Synergistic Processor Element: SPE
74 　『ソニーニュースリリース』2005年2月8日。
75 　ArtX社は，シリコングラフィック社（SGI）の技術者が独立して設立した企業であり，SGI社は，「NINTENDO64」のCPUを開発していた。
76 　ATI社は，2006年にAMD社に買収された。
77 　一方の「プレイステーション3」と「Xbox360」は，ハイパフォーマンスを実現するために，互換性は後回しに，「プレイステーション3」は，旧ゲーム機のハードチップを別に搭載し，また「Xbox360」は，ソフトウェアエミュレーションという方法を取っている。
78 　『日経エレクトロニクス』2003年8月18日号。

79 『日経エレクトロニクス』2004年6月21日号。
80 『日経エレクトロニクス』2006年12月4日号。
81 『日経エレクトロニクス』2004年6月21日号。
82 『日経ビジネス』2006年11月27日号。
83 『日経ビジネス』2006年11月27日号。
84 『日経ビジネス』2006年11月27日号。
85 宮本茂氏へのインタビュー（任天堂のホームページ）。
86 岩田聡氏へのインタビュー（任天堂のホームページ）。
87 『日経ビジネス』2005年10月17日号。
88 『日経エレクトロニクス』2004年6月21日号。
89 『日経ビジネス』2006年11月27日号。
90 『日経ビジネス』2005年10月17日号。
91 『日経エレクトロニクス』2006年6月19日号。
92 『日経ビジネス』2005年10月17日号。
93 任天堂は，以前からソフト開発にかなり力を入れており，実際に「スーパーマリオ」や「ゼルダの伝説」など人気ソフトを開発している。
94 池田昭夫氏へのインタビュー（任天堂のホームページ）。
95 『日経ビジネス』2006年11月27日号。
96 『日経エレクトロニクス』2003年8月18日号。
97 『日経ビジネス』2004年10月18日号。
98 『日経エレクトロニクス』2004年6月21日号。
99 『日経ビジネス』2006年11月27日号。
100 『日経エレクトロニクス』2004年6月21日号。
101 『日経ビジネス』2005年10月17日号。
102 『日経ビジネス』2006年11月27日号，任天堂のホームページ。
103 溝上（2008）。

第 6 章

「持たざる企業」の優位性の論理

　本章では，第3章での薄型テレビ産業におけるソニーの事例分析，第4章でのデジタルカメラ産業におけるカシオ計算機の事例分析，第5章での家庭用据え置き型ゲーム機産業における任天堂の事例分析から抽出される，基盤技術を保有しない企業の優位性に関する論理を構築する。

6.1 「持たざる企業」が発揮する2つの優位性：
経済的優位性と組織的優位性

　本章では，基盤技術を保有しない企業がどのような論理のもとで，製品開発を行っているのかを考察するために，経済的優位性と組織的優位性という2つの基盤技術を保有しない企業が発揮できると考えられる優位性に着目をして議論を進めていく。これらの優位性に着目し，その内容を明らかにすることで，基盤技術を保有しない企業がどのようにして製品開発を行っていたのかというメカニズムを解明したい。
　本書での経済的優位性とは，企業のコスト的な要因に着目し，企業外部との関係性を築くなかで発揮される優位性のことである。これは基盤技術を保有しない企業のコスト面での優位性である。しかし，優位性はコスト的な部分だけではない。コストとは別に，組織的にも優位性を発揮することができる。組織的優位性とは，企業の組織行動上の要因や心理的要因に着目したときに明らかになる企業内部の意思決定・行動やモチベーションによる優位性のことである。

6.2 経済的優位性：選択広範性と切替容易性

　まずは，3つの事例分析から，基盤技術を保有しない企業の経済的優位性を構築する。経済的優位性とは，基盤技術を保有しないため，外部から製品に不可欠な基盤デバイスを調達してくることになるのだが，その調達活動を効率的に行うことで，低コストで製品開発が行えるというものである。

6.2.1 選択広範性

　基盤技術を保有しない企業は，製品開発に必要な基盤デバイスを企業外部から調達してくる必要がある。その際に，複数のデバイスメーカーが，基盤デバイスの外販を行っていれば，その複数の外部調達可能なデバイスを比較して，その中からコストパフォーマンスの高いデバイスを選択して，調達することができる。つまり，幅広い選択肢の中から，調達するデバイスを選ぶことができるという選択広範性というメリットが存在するのである。

　例えば，同じ性能の基盤デバイスが，A社からは1万円，B社からは8,000円，C社からは7,000円で外販されていたとしよう。すると，基盤技術を保有しない企業は，最も安いC社から調達を受けるであろう。このように，基盤技術を保有していなければ，A社，B社，C社の3社の中から調達する企業を選ぶことができる。その中から，最もコストの低いデバイスを外販しているC社からデバイスを調達してくることが可能である。こうすることによって，コスト優位性を発揮できる。

　一方の基盤技術を保有する企業であるA社とB社は，自社デバイスよりも低コストのデバイスが外部から調達することが可能であるにもかかわらず，自らデバイスを製造しているため，C社のデバイスを調達してくることができない。もしC社のデバイスを調達してくるにしても，内製したデバイスをすべて使い切った上でなければできないだろう。もちろん，デバイスの内製を止めて，外部から調達してくることもできるかもしれないが，それではデバイス製造設備の稼働率が下がってしまい，その分のコストを負担しなければならなくなるためである。したがって，デバイスを保有しない企業が行えるデバイス調達元の

間の比較と低コストなデバイスの選択ができないのである。

選択広範性には,技術方式,調達方法,調達元企業,調達デバイスの4つの側面がある。それぞれ具体例を挙げながら見ていこう。

第1に,技術方式に関して選択広範性が存在する。これは,複数の技術方式の中から,特定の技術方式を任意に選ぶことができるというものである。複数の技術方式から選べることで,それぞれの技術方式のメリットとデメリットを考慮した選択が行える。つまり,その時点で優れた技術方式を選ぶことができる。また,もし複数の技術方式を比較しても,優劣がつきかねる場合には,複数の技術方式を同時に選択することが可能でもある。技術は将来どのように進化していくのかは予測不可能な部分があり,複数の技術方式を同時に選択することによって,この技術の不確実性を回避することができる。

薄型テレビ産業のソニーは,技術方式に関しての選択広範性を享受していた。ブラウン管の次世代のテレビとして,薄型テレビは台頭してきたのだが,薄型テレビ産業の導入期においては,複数の技術方式が並存する状況であった。それぞれの技術方式には,一長一短があり(図表3-9),プラズマテレビや液晶テレビなどが,ブラウン管テレビの次のテレビ方式の座をめぐって切磋琢磨していた。その中で,ソニーは,これらの技術方式のパネルを開発していなかったため,プラズマパネルと液晶パネルの両技術方式のパネルを外部調達してきて,プラズマテレビと液晶テレビという異なる技術方式の薄型テレビの製品開発を行う。こうすることで,1つの技術方式に集中し,その技術方式がその後,劣位の技術方式になってしまうというリスクを低減でき,複数の技術方式を選択することで,技術方式の進化の不確実性を回避することが可能になったのである。

第2に,調達方法に関しても選択広範性はある。基盤デバイスの調達に関して,外部調達と共同開発という調達方法を選択することができる。選択できる1つ目の調達方法は,企業外部から基盤デバイスを調達してくる外部調達である。基盤デバイスを外販するデバイスメーカーから調達してくるのである。基盤デバイスを外部調達することによって,まったく生産設備投資や技術開発投資などといったコストが必要ではなく,確実にデバイスを開発し,生産できるのかという技術開発・生産の不確実性も回避することが可能になる。

薄型テレビ産業のソニーは，2005年より前には，パイオニアや富士通日立プラズマディスプレイ，NECからプラズマパネルを調達し，LGフィリップスやサムスン，CMOやAUOから液晶パネルを調達しており，プラズマパネルと液晶パネルのすべてを外部のパネルメーカーから調達していた。2005年以降も，小型・中型の液晶パネルは，CMOやAUOといった台湾のパネルメーカーから外部調達していた。

　選択できるもう1つの調達方法は，基盤技術を保有する企業とともに基盤デバイスを開発する共同開発である。基盤技術を保有する企業とともに，基盤デバイスを開発するため，基盤技術を保有する企業の知識やノウハウ，実験設備や製造設備などの技術的な資源を活用して，基盤技術を保有しない企業が開発したい仕様の基盤デバイスを開発できる。基盤技術を保有する企業の技術的資源を利用するため，高い技術力に裏打ちされ，基盤技術を保有しない企業が開発したいと考えている仕様の基盤デバイスを開発することができる。

　デジタルカメラ産業のカシオ計算機の事例では，「EX-S1」に搭載したCCDレンズ一体型モジュール（HCLi）は，CCDデバイスメーカーと光学レンズメーカーであるペンタックスとの共同開発で作られている。共同開発を行ったCCDデバイスメーカーには，オンチップ・マイクロレンズ技術といった高度な技術や焦点距離を短くするノウハウがあり，ペンタックスの製造設備を利用して，HCLiは開発されたのである。

　また，薄型テレビ産業のソニーは，サムスンと液晶パネルの合弁工場S-LCDを設立し，サムスンの技術を基礎として，液晶パネルを開発した。パネル生産の前工程は，サムスンのパネル技術を活用して開発され，パネル生産の後工程では，ソニーが独自に手を加えて，「ソニーパネル」を開発していた。

　そして，家庭用据え置き型ゲーム機産業の任天堂が開発した「Wii」に内蔵されたCPU「Broadway」やGPU「Hollywood」もIBM社やATI社と共同で開発されたものである。

　第3に，調達元企業に関する選択広範性である。まず，基盤技術を保有しない企業は，基盤デバイスを外部調達してくる際には，基盤デバイスを外販している複数のデバイスメーカーの中から，低コストの基盤デバイスを外販しているデバイスメーカーを選択することができる。複数のデバイスメーカーを比較

することにより，コストパフォーマンスの優れたデバイスメーカーや技術力の優れたデバイスメーカーを見つけ出すことができるのである。

デジタルカメラ産業のカシオ計算機の事例での「EX-S1」とその前後のデジタルカメラの開発において，カシオ計算機は，光学レンズメーカー2社からレンズユニットを調達している。例えば，2000年2月に発売された「QV-3000EX」と2001年3月発売の「QV-3500EX」，2001年8月発売の「QV-4000」でも光学3倍ズームのキヤノン製レンズを搭載していた。続く2002年7月に発売した「QV-R4」や2003年3月発売の「EX-Z3」，2004年3月発売の「EX-Z40」では，光学3倍ズームレンズをペンタックスから調達していた。

薄型テレビ産業のソニーは，プラズマパネルの調達において，複数のプラズマパネルメーカーから調達を行っている。パイオニアや富士通日立プラズマディスプレイ，NECである。これらのプラズマパネルメーカーの保有する技術的資源の特徴は異なり，そのため，そこから開発されるプラズマパネルの特徴も異なる。したがって，ソニーは，開発したいプラズマテレビの仕様に合ったプラズマパネルをプラズマパネルメーカー3社から調達し，ソニーが開発するプラズマテレビのバリエーションを生み出していた。

また，基盤技術を保有しない企業は，基盤デバイスを共同開発する際には，複数の基盤技術を保有する企業の中から，共同開発相手先企業を選択することができる。複数の基盤技術を保有する企業の技術力や企業規模，技術戦略などを比較して，パートナーとして適任だと考えられる企業を選ぶことができる[1]。

薄型テレビ産業のソニーは，液晶パネルの共同開発先として，サムスンと日立とを比較し，サムスンを選択していた。日立は，IPS液晶という非常に高い技術力を有していたが，サムスンもパネル液晶に関しての技術蓄積があり，また世界最大の液晶パネルメーカーであったため，サムスンと合弁工場S-LCDを設立した。S-LCDのパネル生産量は，世界パネル生産量の3割から4割を占め，強い量産効果が働き，低コストのパネルを開発することができた。

家庭用据え置き型ゲーム機産業の任天堂は，「Wii」に搭載するためのCPUとGPUの共同開発相手先企業として，IBM社とATI社を選択している。どちらの企業ともパソコン用のCPUやGPUを開発しており，半導体に関する技術を蓄積していた。さらにIBM社は，Power PCをゲーム用CPUとしても積極的に

活用するという技術戦略をとっており，任天堂以外のゲーム機メーカーの据え置き型ゲーム機に搭載されていた。そのため，ゲーム機という製品分野に関連する情報を多く有しており，それが任天堂とのCPUの共同開発にも活かされたと推察できる。

第4に，調達デバイスに関する選択広範性である。基盤技術を保有しない企業が，基盤デバイスの外部調達を行う際に，デバイスメーカーから外販されている複数の基盤デバイスの中から，コストパフォーマンスに優れたデバイスを選択することができる。1つのデバイスメーカーでも，複数の基盤デバイスを外部調達している。それらを比較して，基盤技術を保有しない企業の開発したい製品仕様にマッチするデバイスを選んでくることができる。低コストの基盤デバイスを選択し調達してくれば，低価格の製品を開発することができるし，複数の異なる特性の基盤デバイスを同時に調達することで，製品のバリエーションを増やすことができる。こうして，基盤技術を保有しない企業は，開発する製品を多様化することができる。

デジタルカメラ産業のカシオ計算機の事例では，CCDメーカーS社は，異なる画素数のCCDを開発・外販していた。例えば，CCD以外はほぼ同じスペックでも，200万画素CCDと300万画素CCD，400万画素CCDをそれぞれ調達し，それをデジタルカメラに搭載することで，3つの製品を開発していた。こうすることで，カシオ計算機は，製品ラインナップを豊富にしていた。

また，薄型テレビ産業のソニーも，同一のパネルメーカーから，複数の液晶パネルを調達していた。具体的には，複数の異なるパネルサイズを調達していた。そうすることによって，WシリーズやVシリーズ，Jシリーズといった同じ製品シリーズの中でも，40インチ，32インチ，26インチ，20インチ，14インチといったように，異なるサイズの液晶テレビを開発することができたのである＜参考資料1　BRAVIA以降の液晶テレビの仕様一覧＞。

以上のように，基盤デバイスの調達において，基盤技術を保有しない企業は，技術方式，調達方法，調達元企業，調達デバイスの4つの側面において，複数の選択肢の中から調達する選択肢を選ぶことができるという選択広範性というメリットを享受することができる。それによって，低コストの選択肢が選択可能になり，コスト優位性に立てる。また複数の選択肢を同時に選択することに

第6章 「持たざる企業」の優位性の論理　175

よって，製品バリエーションを豊富にすることができるのである。

6.2.2　切替容易性

　加えて，基盤技術を保有しない企業は，現在調達している基盤デバイスよりも，より優れた基盤デバイスが外販されるようになれば，そちらへ切り替えることができる。基盤技術を保有しない企業は，基盤デバイスの開発や生産に関する実験設備や製造設備といった物的資源や技術者や工場労働者，彼らを支えるスタッフといった人的資源を保有しないため，その選択肢の変更にかかるサンクコストが低く，したがって，選択肢の切り替えが容易に行える。本書では，このメリットを切替容易性と呼ぶ。

　先ほどの例で考えてみよう。ある時点で，同じ性能の基盤デバイスが，A社からは1万円，B社からは8,000円，C社からは7,000円で外販されていた。その際には，基盤技術を保有しない企業は，最も安いC社から調達を受けるであろう。その後，時間の経過とともに，技術開発や生産性の向上が起こり，B社のデバイスが6,000円に値下げされたとする。そうすると，基盤技術を保有しない企業は，B社の基盤デバイスのコストとC社の基盤デバイスのコストを比較する。C社の基盤デバイスよりも，B社の基盤デバイスのほうが，コストが低いため，現在の基盤デバイス調達元であるC社からの調達をやめ，B社からのデバイス調達へと切り替えるであろう。基盤技術を保有しない企業が，C社と資本提携などの資本的なつながりがなければ，デバイス調達元を切り替えることで生じるサンクコストは低く，そのため，容易に調達元の切り替えができるであろう。

　一方のA社とC社といった基盤技術を保有する企業は，より低コストの基盤デバイスを求めて，自らの基盤デバイス生産をやめ，基盤デバイスをB社からの調達に切り替えることも考えられる。しかし，技術者などや製造設備などの人的資源・物的資源を保有していることなどから，サンクコストが高くついてしまうため，B社からの調達に切り替えることは行いにくい。特に日本企業は，人材の流動性が低く，転職市場が確立していないことから，基盤デバイスの生産をやめることで生じる余剰人員の整理がやりにくい状況である。

　切替容易性にも，選択広範性と同様に，技術方式，調達方法，調達元企業，

調達デバイスの4つの側面がある。それぞれ具体例を挙げながら見ていこう。

　第1に，技術方式に関しての切替容易性である。複数の技術方式の間を切り替えることによって，複数の技術方式の製品を開発でき，製品バリエーションを豊富にすることができ，また技術の不確実性に対応することが可能になる。

　薄型テレビ産業のソニーは，プラズマテレビと液晶テレビの両技術方式が並存していた2005年までは，両技術方式のテレビを開発していた。2005年までは，37インチという画面サイズで，プラズマテレビと液晶テレビは明確な棲み分けが行われており，両技術方式でテレビを開発することによって，製品ラインナップを豊富にし，より多くの消費者を対象にすることができていた。しかし，液晶パネルの技術開発が進み，大型の画面サイズのパネルの生産が効率的に行われるようになっていった。すると，ソニーは，プラズマパネルの調達をやめ，プラズマテレビ市場から撤退する。そして液晶テレビに資源を集中させるという技術方式の切り替えを行ったのである。プラズマパネルを自社で開発しておらず，プラズマテレビから撤退することに要するサンクコストが低いため，容易に液晶テレビの開発に集中できたのである。

　第2に，調達方法に関する切替容易性である。基盤デバイスの調達を外部調達から共同開発へ，そして共同開発から外部調達へと切り替えることができるのである。外部調達と共同開発とを切り替えられることによって，低コストの基盤デバイスを調達することと，共同開発によって独自性の強い基盤デバイスを開発し調達することを両立することが可能になる。

　デジタルカメラ産業のカシオ計算機は，光学レンズの調達において，2001年8月に発売された「QV-4000」では，CCDと光学レンズを外部調達していた。それから切り替えて，2002年6月発売の「EX-S1」では，CCDメーカーとペンタックスと共同開発を行い，HCLiを開発している。HCLiは，CCDとレンズを一体化したモジュールである。これまでは，CCDと光学レンズを別々に調達し，それを組み合わせていたが，それでは，CCDと光学レンズを接合すると17mmから18mmの厚さになってしまう。しかし，HCLiでは，CCDと光学レンズを最初から一体化するため，厚さを8.8mmに抑えることができ（図表4-14），「EX-S1」本体を薄くすることができた。CCDメーカーと光学レンズメーカーと共同開発することで，独自の基盤デバイスを開発することができたのである。

その後は，また外部調達という調達方法に切り替えて，その翌月に発売された「QV-R4」では，CCDとレンズを外部調達している。

　また，薄型テレビ産業のソニーは，2005年までは，液晶パネルを外部のパネルメーカーから外部調達していた。その後，2005年からは，台湾パネルメーカーからパネルモジュールの外部調達を引き続き行いながら，サムスンと合弁工場S-LCDを設立して，液晶パネルの共同開発を行うようになった[2]。台湾パネルメーカーからの外部調達では，低コストを追求し，安価なパネルを調達している。一方，S-LCDでの共同開発では，ソニー独自の工夫を加え，「ソニーパネル」を開発している。

　第3に，調達元企業に関する切替容易性である。基盤技術を保有しない企業は，基盤デバイスの調達元企業を切り替えることによって，いち早く新規性の高いデバイスを開発したデバイスメーカーから基盤デバイスを調達できる。また，それぞれ異なる特性のデバイスを外販するデバイスメーカー複数社から，多様なデバイスを調達できる。

　薄型テレビ産業のソニーは，プラズマパネルの調達において，パイオニアと富士通日立ディスプレイ，NECの切り替えを随時行っている。それによって，特性の異なるプラズマパネルを調達してくることができ，省電力のプラズマテレビや高輝度のプラズマテレビを開発することができた。

　第4に，調達デバイスに関しても切替容易性がある。1つのデバイスメーカーが複数の基盤デバイスを外販している場合，その基盤デバイスを容易に切り替えることができる。特に，この場合に要するコストは低い。なぜなら，デバイスメーカーで開発される基盤デバイスのインターフェイスは，企業ごとにルール化されていることが多く，それを調達する基盤技術を保有しない企業側でもインターフェイス変更に要するコストが少なくてすむためである。デバイス変更に要するコストが低いため，切り替えは容易で，その結果，低コストのデバイスへの切り替えによって，低コストの製品が開発できたり，複数のデバイスを次々と切り替えて調達することによって，多様な基盤デバイスの調達が可能になる。

　デジタルカメラ産業のカシオ計算機は，同一のデバイスメーカーから次々と調達する撮像素子を切り替えることで，画素数の異なるデジタルカメラを開発

していた。高い画素数のCCDが外販されれば、それに切り替えることによって、これまでに200万画素から1,200万画素のCCDのほとんどを同じCCDメーカーから調達している。こうして、デジタルカメラの製品バリエーションを揃えていた。

　また薄型テレビ産業のソニーも、1つのパネルメーカーから調達するパネルを切り替えていた。現在調達しているパネルよりも同サイズでありながら、低コストのパネルが外販されれば、そのパネルへと切り替えた。また、大型パネルが開発されれば、それに切り替えたり、新しい特性や機能を持つパネルが外販されれば、それへと切り替えていた。例えば、新たに倍速対応パネルが台湾パネルメーカーから外販されるようになると、既存のパネルの調達から、倍速対応パネルへと切り替えている。

　以上のように、基盤デバイスの調達において、基盤技術を保有しない企業は、技術方式、調達方法、調達元企業、調達デバイスの4つの側面において、現在の選択肢よりも優れた選択肢が現れた際には、その新しい選択肢に容易に切り替えることができる切替容易性というメリットを享受することができる。それによって、低コストの選択肢が現れれば、それへ切り替えることによって、製品の価格を抑えることができる。また、既存の選択肢とは異なる特性を有する選択肢や新規性の高い選択肢へ切り替えることによって、製品バリエーションを豊富にすることができるのである。

6.2.3　経済的優位性

　上記のように、基盤技術を保有しない企業には、幅広い選択肢の中から、調達デバイスを選ぶことができる選択広範性というメリットと、現在の選択肢よりも優れた選択肢へ容易に切り替えることができる切替容易性というメリットを享受できる。基盤技術を保有しない企業は、この経済的優位性によって、変化に対して、幅広い選択肢を持つことができ、低コストで迅速に対応することができるという柔軟性[3]が発揮される。ここでの変化とは、消費者のニーズが変化するという市場変化と、基盤技術の技術水準が変化するという技術変化の2つの変化である。

　まず、消費者ニーズの変化への対応である。時間の経過とともに、消費者の

基盤デバイスの機能水準に対する要求水準は徐々にではあるが，上がっていく。消費者は，これまでの製品と比較をして，より良いもの，より安いものを求める傾向が強い。そのため，それに見合った製品を継続的に提供し続けなければ，製品に対する対価を支払ってはくれない。これまでの製品よりも機能水準を上げ，新たな機能を付加し，価格を低下させる必要がある。このような消費者のニーズの変化に対応するためには，基盤技術を保有しない企業は，幅広い選択肢の中から，迅速に，低コストで新しいコストパフォーマンスの良い基盤デバイスへの切り替えを行っていく。

　カシオ計算機の「EX-Z1000」は，産業で初めて1,000万画素CCDを搭載することによって，CCDの画素数というスペックを重視する消費者へ向けて開発された製品の例として挙げられる。その開発の背景には，それまでCCDを調達していたデバイスメーカーから，調達元企業を変えることで，いち早く1,000万画素CCDを入手することができたことがある。コンパクトデジタルカメラで初めて，1,000万画素の大台を超えるCCDを搭載する「EX-Z1000」では，1,000万画素という数字の魅力を消費者に訴求することができたのである。

　また，顧客の要求水準の向上スピードよりも，デバイスの機能水準の向上スピードが速いため，顧客の要求水準をデバイスの機能水準が超えると，顧客の評価軸は多様化する（Christensen, 1997）。つまり，さまざまな製品が受け入れられる市場環境となるのである。必要最低限の機能水準でも価格の安い製品であれば購買する消費者もいれば，価格は高くなっても，多機能・高性能な製品を購買する消費者もいる。このような消費者ニーズの多様化に対応するためには，多様な製品ラインナップが必要となる。

　製品ラインナップを豊富にした事例として，薄型テレビ産業のソニーの事例が挙げられる。薄型テレビ産業のソニーは，2005年以降の液晶テレビの開発において，小型・中型の液晶パネルは台湾パネルメーカーから，大型の液晶パネルはサムスンとの合弁工場から調達することによって，豊富な製品ラインナップを提供していた。小型・中型の液晶パネルでは，台湾パネルメーカーにコスト優位性があり，小型・中型の液晶テレビの価格を抑えることができたし，S-LCDから調達してくる大型パネルでは，倍速対応やその他の機能において他社製品との差別化が可能であった。こうして，多様なニーズに応えられるよう

な製品バリエーションを構築できたのである。

　もう1つが,技術変化に対する対応である。同一機能であっても,時間の経過とともに生産性は向上し,基盤デバイスのコストが低下していく。次々と低コストの基盤デバイスをデバイスメーカーから調達してくることができるのならば,製品価格を安価にすることができ,製品の競争力は上がる。

　また,時間の経過や開発努力によって,基盤技術の技術水準は向上していく。開発されたばかりの新しい基盤デバイスを製品に搭載することができれば,製品自体の新規性も上がり,製品は顧客にとって魅力的なものとなる。以上のように,上記の技術的な変化に対して,柔軟に対応することができれば,低コストの製品や,機能水準の高い製品や新しい機能を持った製品を開発することができ,製品競争力を上げることができると考えられる。

　具体的な事例としては,コスト競争力を上げた事例として薄型テレビ産業におけるソニーの事例,新規性の高い製品を開発した事例としてデジタルカメラ産業におけるカシオ計算機の事例が挙げられる。

　まず,薄型テレビ産業のソニーは,2005年以降の液晶テレビの開発において,小型・中型の液晶パネルは台湾パネルメーカーから液晶パネルを調達している(図表3-12)。ソニーは,サムスンとの合弁工場S-LCDに多額を出資し,技術者も派遣していたにもかかわらずである。出資していたS-LCDから小型・中型の液晶パネルを調達してこなかった理由は,小型・中型の液晶パネルのコストに関しては,台湾パネルメーカーのほうが,S-LCDで生産されたパネルよりも安価であったためである。台湾パネルメーカーの設備は,S-LCDの設備に比べると古く,生産できるパネル世代も2～3世代前のものであった。しかし,工場建設から時間が経ち,投資回収が進んでおり,小型・中型の液晶パネルであれば,効率的に切り出せたため,低コストのパネルを生産でき,ソニーはその液晶パネルを調達することで,コスト競争力のある製品を開発できたのである。

　また,デジタルカメラ産業のカシオ計算機は,「EX-Z1000」という技術的な新規性の高い製品を開発できた。それまでにはデジタル一眼レフカメラでは,1,000万画素以上のCMOSを搭載するデジタルカメラは開発されていたが,コンパクトデジタルカメラでは,1,000万画素の撮影素子を搭載する機種は開発されてこなかった。カシオ計算機は,デジタルカメラ産業で初めて,コンパク

トデジタルカメラに搭載できる1,000万画素CCDを開発したCCDメーカーが現れると，これまでCCDを調達してきたデバイスメーカーから，そのCCDメーカーへ調達元を切り替えて，1,000万画素CCDを入手した。このCCDによって，「EX-Z1000」には，技術的な新規性の高い1,000万画素CCDを搭載することができ，製品の新規性を高められたのである。

6.2.4 基盤技術を保有しないことで獲得できる情報

　このような柔軟性を実現できる要因として，基盤技術を保有しないことにより獲得できる情報の範囲が広いことが挙げられる。基盤技術を保有しない企業は，自社で利用する基盤デバイスのすべてを外部からの調達に頼っている。そのため，どのような基盤デバイスが外販されるのかについては，鋭意注視し続ける必要がある。この必要性が，基盤デバイス調達元企業に関する情報の獲得を促進させる。

　したがって，基盤技術を保有しない企業は，調達元企業が，どのような基盤デバイスを開発し外販するのかについての情報を得て，複数の調達元企業から基盤デバイスを調達してくることができる。これが，選択広範性を可能にする。また，現在取引を行っている調達元企業以外の調達元企業の基盤デバイスに関する情報も得られるため，新たに調達できる基盤デバイスが現れれば，それに切り替えるという切替容易性を実現するのである。

　ここでの基盤技術を保有しない企業が得られる幅広い情報とは，調達元企業の持つ基盤デバイスに関する情報と，調達元企業の生産能力に関する情報である。これらの情報について詳細を見ていこう。

　まず，調達元企業が持つ基盤デバイスに関する情報についてである。この情報とは，基盤デバイスの特性に関する情報と，基盤デバイスを製品システムに組み込むための製品統合に関する情報から構成される。

　基盤デバイスの特性に関する情報とは，各デバイスメーカーが保有する基盤技術はどのような特徴・特性を有しているのかに関する情報である。デジタルカメラ産業のカシオ計算機の事例でいえば，各々のCCDメーカーが，どの程度の画素数のCCDを開発しているかについての情報である。カシオ計算機は，CCDメーカーP社が開発した1,000万画素CCDについて情報を得られたため，

それをいち早く調達することによって,「EX-Z1000」を開発することができた。

また,薄型テレビ産業のソニーは,プラズマパネルの調達において,調達元企業のパネルごとのデバイス特性の違いを把握した上で,調達を行っていた。パイオニアは,大型のパネルサイズを生産するのに長けていた。また高輝度なパネルの開発やフィルターの直張りを行うことができるなど,技術的にも高いレベルにあった。一方,富士通日立プラズマディスプレイは,安いコストのパネルを生産することができ,省電力性にも優れていた。ソニーは,以上の情報を得て,開発したいテレビ仕様に合わせて,プラズマパネルの調達を行うことができた。

このように,調達元企業が持つ基盤デバイスに関する情報を得られることによって,基盤技術を保有しない企業が必要とする基盤デバイスが,どのデバイスメーカーが持っているのかを理解することができ,また,その基盤デバイスの評価が可能になり,適切な調達ができるのである。

次に,基盤デバイスを製品システムに組み込むための製品統合に関する情報についてである。この情報を獲得できることによって,基盤技術を保有しない企業は,どのデバイスメーカーから基盤デバイスを調達してきても,製品統合することが可能になる。そして,基盤デバイスと製品システムとの統合に際して,その情報を活用することで,基盤デバイスをカスタマイズできる。

薄型テレビ産業のソニーは,基盤デバイスである液晶パネルに関して,CELLと呼ばれる液晶部の情報を得ることによって,CELLをコントロールするT-Controllerと呼ばれる操作部を開発することができるようになったのである(図表3-14)。T-Controllerは,CELLの特性に合わせて開発しなければならないもので,CELLの情報がなければ開発できないものである。しかしもし,T-Controllerを自社で開発できるのならば,パネルにおいて差別化することができ,また開発したい製品特性を実現することが容易になる。

次に,調達元企業の生産能力に関する情報について見ていこう。この情報は,調達元企業の基盤デバイスの供給量と,その納期に関する情報のことである。基盤技術を保有しない企業は,利用する基盤デバイスのすべてをデバイスメーカーに頼っているため,基盤デバイスの調達が滞るということは,大きな問題になる。したがって,基盤技術を保有しない企業は,調達元企業の基盤デバイ

スの供給量や納期に目を光らせ，それに関する情報には，目を配らせ続けていく必要がある。

　まず，調達元企業の供給量に関する情報について見ていこう。円滑な基盤デバイスの調達のため，基盤技術を保有しない企業は，調達元企業の基盤デバイスの供給量に目を光らせていく必要がある。継続的に各デバイスメーカーの生産設備のキャパシティを知ることによって，基盤デバイスの供給量の予測の精度は上がっていく。

　薄型テレビ産業のソニーは，液晶パネルの調達において，台湾パネルメーカーから小型・中型の液晶パネルを調達していた。その際には，各々の台湾パネルメーカーの供給量に関して，幅広い情報を獲得している。それぞれのパネルメーカーの生産設備の大きさやその歩留まりについての情報を，技術者を派遣するなどして，入手していたのである。そして，この情報をもとに，生産キャパシティを液晶パネル調達元の選定の際に活用していた[4]。

　続いて，基盤技術を保有しない企業が入手できる調達元企業の納期に関する情報についてである。基盤技術を保有しない企業は，生産設備のキャパシティなどの情報を，各調達元企業を訪問したり，技術者を派遣したりすることで情報を獲得し，それを活用して，各調達元企業がデバイスを発注してから，その供給にかかる時間を予測することが可能になる。また，調達元企業の納期に対する考え方を理解し，各調達元企業がどの程度納期を守ることができるのか，その傾向をつかむことができる。

　薄型テレビ産業のソニーは，液晶パネルの調達において，台湾パネルメーカーから小型・中型の液晶パネルを調達していた。その際には，各々の台湾パネルメーカーの生産設備の大きさやその歩留まりについての情報を，技術者を派遣するなどして，入手していた。そうすることで，液晶パネルの納期の読みが鋭くなっていったという[5]。

　また，複数の台湾パネルメーカーの情報を得ており，それを液晶パネル調達元の選定に活かしていた[6]。ある台湾パネルメーカーは，パネル受注の段階ではその生産設備で十分製造できる液晶パネル数しか請け負うことはしないが，納期は守る傾向にあった。一方，もう1つの台湾パネルメーカーは，パネル受注の時点では，かなり多めのパネル数を請け負うのだが，納期の段階では，数

図表6-1◆基盤技術を保有しないことで獲得できる情報

基盤技術に関する情報	要素技術	**基盤デバイス特性に関する情報** 各調達元企業ごと異なる基盤デバイスの特性に関する情報 →各デバイスメーカーの特徴の把握 →各デバイスメーカーの基盤デバイスの評価が可能になる
	システム統合	**周辺デバイスとの統合に関する情報** 基盤デバイスに最適化する周辺デバイスに関する情報 →どこから基盤デバイスを購入しても製品開発が可能 →基盤デバイスのカスタマイズ（専用化）
生産能力に関する情報	供給量	**各調達元ごとの基盤デバイス供給量に関する情報** デバイスメーカーの基盤デバイスの供給可能量 →基盤デバイスの供給量を予測可能
	時間	**各調達元ごとの基盤デバイス供給に要する時間に関する情報** 調達元の基盤デバイス供給に要する時間 →基盤デバイスの供給時間を予測可能

出所：筆者作成。

が揃わないことも多くあった。そのため，ソニーは，この傾向を勘案して，必ず納期までに必要な液晶パネルについては，前者の台湾パネルメーカーから調達を受け，納期も大切だが，まずは数を揃えたいときには，無理を聞いてくれる後者の台湾パネルメーカーを選択することを行っていた。

以上のように，基盤技術を保有しない企業は，基盤デバイスに関して，技術特性やデバイスの製品統合に関する情報，基盤デバイスの供給量や納期に関する情報を入手していた。その一覧は，**図表6-1**のとおりである。これらの情報が獲得し，活用することによって，基盤技術を保有しない企業は，デバイスメーカーからの基盤デバイスの調達を円滑に行え，効果的な製品開発を可能にしていた。

6.3　組織的優位性：思索・探索の活性化と組織的危機感

続いて，3つの事例分析から，基盤技術を保有しない企業の組織的優位性を構築する。基盤技術を保有しない企業の優位性とは，これまで経済的優位性で

考察したようなコストの面での優位性だけではない。コストに関係のない部分での優位性も存在している。それは，組織行動上の要因や心理的な要因での優位性である。

これらのような優位性を，本書では組織的優位性としてまとめることとする。組織的優位性とは，基盤技術を保有せず基盤技術そのものでは差別化することが困難であるために，組織の意思決定や行動を変化させ，それを心理的なエネルギーが後押しすることによって，これまでとは異なる競争要因を有する製品で差別化しようとするものである。

6.3.1 思索・探索の活性化

基盤技術を保有しない企業は，差別化要因の1つである基盤技術を持たない。そのため，差別化要因の不足を何かで補わなくてはならない。この不足を補う必要性がトリガーとなって，何かを考え，何かを探す活動が活発に行われるようになる（March and Simon, 1958；March, 1991）。そのなかで，差別化要因としての基盤技術を代替することができる競争要因が，顧客ニーズの面，保有資源の面，製品コンセプトの面の3つの側面で思索され，探索される[7]。

まず，顧客ニーズの面では，これまでの基盤技術が実現する機能には十分満足している消費者が探索され，見つけられると考えられる。消費者の要求水準以上の製品機能が実現されていれば，その消費者は，基盤技術以外の要因に対価を支払う準備ができていることになる。このような消費者の声に耳を傾けることで，これまでとは異なる顧客ニーズをつかむことができる可能性が高まる。また，これまで製品を消費してはいなかった消費者，つまり潜在的な消費者（Christensen and Raynor, 2003）を探索することもできるであろう。彼らは，これまでの基盤技術によって実現される機能や，その機能向上に対しては，魅力を感じなかったため，製品を消費してこなかったと考えられる。ではどのような製品価値を提供することで，非消費者に製品を購入してもらえるのかを考えることは，基盤技術以外の要因を見つけることに役に立つ。

次に，保有資源の面である。保有する資源は企業ごと異なる。RBVの議論で指摘されるように，企業の競争環境の相違が，企業の保有する経営資源や能力の違いを規定する（Wernerfelt, 1984；Barney, 1991）。過去の企業活動や競

争環境は異なるため，各企業ごとの資源プロフィールの相違につながるのである（軽部，2001）。基盤技術を保有しない企業であっても，多様な資源を保有している。したがって，企業が保有している資源の中から，当該製品に活用・転用できる資源（藤原，2004）を探し出すことが可能である。その資源が利用されて開発される製品は，これまでの製品とは異なる価値を創出することができるのである。

そして，製品コンセプトの面では，基盤技術に立脚しない製品コンセプトが思索されることになる。基盤技術を保有しない企業は，基盤技術に立脚する製品コンセプトのもとでは，独自性を発揮することは難しい。そのため，基盤技術以外の要因に基づいた製品コンセプトが必要になる。その際には，基盤技術を保有しない企業がそれまでの製品開発を通じて形成してきた製品差別化に関する思考枠組みの中で考えられる。企業には差別化のやり方に関するマインドセットが備わっており（Prahalad and Bettis, 1986；加護野，1988；沼上・淺羽・新宅・網倉，1992；新宅・網倉，2001），それは，企業活動を行っていた競争環境や，企業の過去の意思決定や行動に依存して形成されている。つまり，企業の製品差別化に関する思考枠組みは経路依存的なもの（Nelson and Winter, 1982；Arther, 1989）で，各企業ごと異なり，ゆえに独自性の高いものであるといえよう。

本書で取り上げた基盤技術を保有しない企業も，60年以上の歴史のある企業であり，さまざまな製品分野で多様な製品を開発しており，確固たる製品差別化に関する思考枠組みを形成してきたと考えられる。そして，その思考枠組みを参照して製品コンセプトを設定することで，基盤技術に立脚するのではなく，それ以外の競争要因に基づいた製品コンセプトを創出することが可能になったのである。

具体的な事例を見ていこう。薄型テレビ産業のソニーは，液晶パネルに関する技術とプラズマパネルに関する技術という薄型テレビの基盤技術を保有していなかった。そのため，液晶パネルやプラズマパネルが実現する高精細な映像の表示以外での差別化が必要となった。ソニーは，既存の消費者の中からソニーに期待されている先進性という要因を探し出し，これまで蓄積してきたデザイナーやデザイン部門に蓄積されてきたデザインに関する能力を活かして，

その先進性を体現するようなデザインを考え出した。

　デジタルカメラ産業のカシオ計算機は，撮像素子技術と光学系技術というデジタルカメラの基盤技術を保有していない。そのため，CCDやCMOSといった撮像素子や光学レンズでの差別化は難しかった。したがって，撮像素子や光学レンズ以外での差別化が必要となり，既存のデジカメにはそれほど魅力を感じていなかった消費者を探し，これまでのカシオ計算機の製品開発のなかで蓄積してきた高密度実装技術やLSI設計技術，液晶技術を活用することで新しいデジカメを開発しようとした。そして，企業外部からアイディアを得ながら，これまでの製品開発のなかで形成されてきた製品を軽薄短小にして製品差別化をするという認知枠組みのなかで開発された。

　その結果，「EX-S1」では，それまでのデジタルカメラの消費者とは違い，高画質な画像の撮影ができなくても持ち運びが容易にできて，メモ代わりに使おうとする消費者に対して，薄さ11.3mm，軽さ85gという薄型軽量で，その当時としては大型の1.6インチ液晶ディスプレイを搭載した。つまり，デジタルカメラならではの使い方を追求し，いつでもどこでも撮りたいときに撮れるウェアラブルな使い方や携帯アルバムのような使い方のできるコミュニケーションツールという製品コンセプトを考え出したのであった。

　また，家庭用据え置き型ゲーム機産業の任天堂は，半導体に関する技術という据え置き型ゲーム機の基盤技術を保有していなかった。よって，CPUやGPUといった基盤デバイスによって，ゲーム機を差別化することが難しかった。そのため，CPUやGPUが担う情報処理の速さや豪華で複雑なゲーム以外の競争要因を考え，探すようになる。顧客ニーズを探索するなかで，一部のゲームのコアファン以外は，これまでのゲーム機の操作の難しさやゲームソフトの複雑さについていけないことが明らかになってきた。もともとゲームは，遊びたい人が好きなときに好きな時間だけ遊べるものであるはずで，既存のゲーム機はこの点から大きく逸脱していたのである。そこで，任天堂は，「Wii」開発において，これまでゲーム機に親しんだことのない人や，一度ゲーム機から離れてしまった人を対象にすることにした。

　そして，製品コンセプトを新たに設定し直す際には，これまでのカードゲームや「ファミコン」の開発を通じて形成された思考枠組みが参照された。それ

は,「家族と遊ぶおもちゃ」であり,「誰が触っても動く」というものであった。このような思考枠組みのもとで考えられた「Wii」の製品コンセプトは,「家族の誰でもが遊べる」ゲーム機として設定された。なぜなら,「Wii」を家族全員が自分に関係あるものだと思ってもらえるようにし[8],リビングルームの中心に置いてある「Wii」を家族のコミュニケーションのきっかけにしてもらうためである[9]。

これらは,Wiiリモコンと呼ばれる棒状のコントローラや,小さいサイズで白くて質感が高くリビングに置いても,他のデジタル家電やインテリアとも調和のとれるデザインという価値を見つけることによって,実現されている。Wiiリモコンは,シンプルで,快適で,親しみやすさを重視したものであった。今までのゲーム機コントローラとはインターフェイスを変えることで,家族の全員が同じスタートラインに立つことができ,スティック状のリモコンとすることで,直感的な操作が可能で,それによって,家族のみんなが自分に関係があるもの,触ってみたいと感じるものにすることを考え出した。またDVDケース2〜3枚分の大きさを目指して開発され,光沢感のある白色のプラスチック素材を外装とし,リビングに置いてもらえるようなデザインにしようとした。このようにして,「Wii」は,これまでのゲーム機とは異なる競争要因を見つけることができたのである。

このように,基盤技術を保有しないために,差別化要因の不足を補う必要性が生じ,これまでとは異なる差別化要因を考えたり,探そうとする活動が増加する。そして,顧客ニーズや製品コンセプト,製品が提供する価値の面で,既存とは異なる何かが見つかる可能性が高まるのである。つまり,この思索・探索の活性化によって,異なる競争要因を構想することができるのである。

6.3.2 組織的危機感

以上のように,思索・探索の活性化によって,これまでとは異なる競争要因を構想することができたとしても,それを容易に実現できるわけではない。構想された競争要因というものは,企業がこれまで提供してきた競争要因とは大きく異なることが多い。そのため,それまで企業が行ってきた既存の競争のやり方を変えなければならない。しかし,従来の競争のやり方を変えることは難

しいといわれる (Prahalad and Bettis, 1986；Leonard-Barton, 1995)。

　なぜなら，まず既存の競争のやり方を続けることには組織慣性が働く (Hannan and Freeman, 1984 and 1989) ためである。企業は，それぞれ特有の行動様式を繰り返し，補強していくことによって，固有のやり方を構築していく。これらの行動様式は組織内で共有されている世界観や，問題に対する対処法を反映したものである (Tidd, Bessant and Pavitt, 2001)。

　Levitt and March (1988) によれば，ルーティンとは業務を遂行するための確立された一連の行動様式からなるものであるという。技術や手続き，戦略や非公式な慣行もしくは習慣などの集合体の中で受け継がれるうち，役に立つ経験としてルーティンは進化していく。彼らに言わせれば，ルーティンとは，歴史からのレッスンを伝達するメカニズムのことである。そしてルーティンは，それを実行する場合，細部にまでわたる注意深い思考が必要とされないという特徴を持つという (Tidd, Bessant and Pavitt, 2001)。すなわち，普段の企業活動を行う上で，その活動が必要なのか，この行い方が効率的であるのかなどの活動に伴う思考を必要とせず，その思考を省くことにより，そして役に立つことを繰り返すことで企業活動をより円滑に効率的に行うことがルーティンにほかならず，このルーティンが強化されることにより，企業に慣性が働くようになるのである。

　また，企業が産業で生き残っていくための方法は多様にあり，他の競争要因を創出することが，すべてではないからである (伊丹・加護野, 2003)。これまでの競争のやり方，製品開発のやり方をより効率的にしていくことのほうが容易である場合が多い。競争のやり方を継続していくことによって，高い競争優位を構築できないとしても，競争し，産業で生存していくことは可能かもしれない。

　つまり，構想とその実行との間には大きな断絶が存在するのである。そのため，その断絶を飛び越えジャンプするための力が必要となる。この力を供給するのが心理的エネルギーである組織的危機感である。

　この組織的危機感は，基盤技術を保有しないことが端緒となって生じる。基盤技術を保有しない企業は，差別化要因の1つである基盤技術を持たない。そのため，競争の焦点が基盤技術による機能である競争環境においては，かなり

不利な状況のなかで製品開発を行っていかなければならないことになる。

このように不利な状況にあったとしても，基盤技術を保有しない企業の中には，高い開発目標を設定する企業がある。先行製品において，高い競争力を有することに成功していた企業は，新たに開発しようとする製品でも，これまでの競争優位と同等に高い競争地位につきたいと考える傾向が強い。したがって，これまでの成功の程度の高い企業は，新たに開発する製品においても，高い開発目標を設定するのである。

こうして，差別化要因の1つである基盤技術を保有せず，不利な競争を強いられるという現状と，先行製品のように高い競争地位につきたいという理想との間にギャップが生じることとなる。すると，この現状と理想との間のギャップを解消しようとする（Lewin, 1951；Festinger, 1957）心理的なエネルギーが発生するのである。例えば，Argyris（1977 and 1991）が，組織の方針や目標についても根本的に問い直す思考活動として論考したダブルループ学習（double loop learning）[10]が始まるきっかけは，景気後退や競合企業が画期的な新製品を開発したことなどによって社内で生じる危機感であるという。

以上のように，何とかして不利な状況を打ち破ろう，現状のままではいけないという組織的な危機感が生まれ，これが努力のバネとなって（伊丹，2003；伊丹・加護野，2003），これまでとは異なる競争要因を持つ製品の実現を後押しするのである。

これまでの研究でも，余剰資源が少ない状況のなかだからこそ，製品開発はより革新的になり（Kanter, 1983），イノベーションが活性化されることが明らかにされている。また，市場シェアの低下や企業内でのコンフリクトなどといった不満がイノベーションを喚起することが明らかにされている（George and Zhou, 2001；Zhou and George, 2001）。そして，このような不満の増加によって，イノベーションの発生率は急速に高まっていく（Carnevale and Probst, 1998）[11]。

薄型テレビ産業のソニーは，パネルに関する技術を保有しないため，液晶パネルやプラズマパネルそのものでは差別化することが困難であった。そのため，特にパネル性能やそのコストが競争に強い影響を与える薄型テレビ産業の導入期では，苦しい競争を強いられていた。

しかし，ソニーは，このように厳しい状況のなかでも高い開発目標を持つことができた。なぜなら，ブラウン管テレビでは，高い市場シェアを誇り，収益性も高く，その代替製品である薄型テレビでも，高い競争地位に立ちたいと考えていたからである。また，テレビはリビングの顔として，その中心に置かれ，ブランドの誇示のためには必要であると考えられ，テレビとネットワークを構築するDVDレコーダやその他周辺機器も購入してもらうためにも，薄型テレビで高いシェアを占めたいと考えたからでもある。そのため，厳しい現状と目標との間に大きなギャップが生じ，それを解消しようという組織的危機感が働いて，1990年代にはそれほど重視されていなかったデザインに注力した製品開発が行えたと考えられるのである。

　デジタルカメラ産業のカシオ計算機は，撮像素子技術と光学系技術を保有しないために，CCDや光学レンズで差別化することができずに，厳しい状況のなかで競争していかなければならなかった。ただし，そのような不利な状況でも，カシオ計算機は，高い開発目標を持つことができ，強い心理的なエネルギーを生み出すことができた。

　カシオ計算機は，1995年発売の「QV-10」によって，民生用デジタルカメラ産業を一気に拡大させ，「QV-10」以降に発売されたデジタルカメラのほとんどが，背面に液晶ディスプレイを搭載しているなど，デジタルカメラのドミナントデザインと考えられる製品であった。市場での競争力も高く，1995年度の市場シェアで約54%を占めるなど，大成功した機種であった。そのため，カシオ計算機には，デジタルカメラ産業の拡大に大きく寄与したのは自社であるという強い自負が生まれていたと考えられる。しかし，その後の撮像素子の多画素化と光学レンズの高倍率化という撮影画像の高画質化には，ついていくことができず，市場シェアを落としていき，収益性も悪化していった。市場シェアは，5%を切るまでに落ちており，デジタルカメラ事業から撤退しようかというところまでカシオ計算機のデジタルカメラ事業部「QV部」は追い詰められていた。

　そのなかで，数人の技術者が，再び強い競争力のあるデジタルカメラを開発し，カシオ計算機のデジタルカメラ事業を復活させようという目標を立て[12]，「EX-S1」の開発に邁進していった。この撮像素子技術や光学系技術を保有し

ないという厳しい現状のなかでも，競争力の強いデジタルカメラを開発し，デジタルカメラ事業部を再び立ち上がらせようという目標を持つことで，このままではいけない，できることは何でもしようという強いモチベーションが発生した。そして，2002年当時のデジタルカメラのトレンドからは大きく逸脱した130万画素CCDと単焦点レンズを内蔵し，薄型軽量で1.6インチ液晶ディスプレイを搭載した「EX-S1」を開発できたのである。

　家庭用据え置き型ゲーム機産業の任天堂にも，強い組織的危機感が生じていたと考えられる。据え置き型ゲーム機産業には，技術のロードマップがあり，それに沿ったかたちでゲーム機の開発は行われていた。それは，CPUやGPUの性能向上による情報処理能力のゲームの高度化・複雑化やゲーム映像の高精細化であった。それに対して，任天堂は，半導体に関する技術を保有しないために後手に回った。任天堂は，ゲーム機が普及し始めた1970年代後半から1980年代から，ゲーム機を開発しており，1983年発売の「ファミコン」以降，据え置き型ゲーム機産業において強い競争力を発揮していた。のちの「スーパーファミコン」でも高い競争地位は揺るがなかった。しかし，ソニーが1994年に「プレイステーション」を発売して以降，その座を譲ることになった。「NINTENDO64」でも「ゲームキューブ」でも，ソニーの同世代ゲーム機よりも発売時期は遅く，後塵を拝していた。

　この競争地位の低下は，任天堂の危機感を高めた。任天堂は，ゲーム機の専業メーカーであり，そこで生き残っていくしかないこと，またその競合相手は，ソニーやマイクロソフトという企業規模も大きく，高い技術力を有する企業であったこと，次世代CPU「Cell」がスーパーコンピュータを凌ぐほどの性能を持つと言われたためである。したがって，任天堂は，CPUやGPUといった基盤デバイス以外の部分で競争を仕掛けることを後押しする心理的なエネルギーを生み出すことができ，「Wii」を開発できたのである。

　以上のように，基盤技術を保有しない企業には，基盤技術では差別化することが難しいという厳しい状況においても，高い競争力のある製品を開発したいという開発目標を持つことができるならば，何とかしてこの現状を打ち破ろうという強いモチベーションが生まれる。この何とかしよう，このままではいけないのだという組織的危機感が努力のバネとなり，これまでとは異なる競争の

やり方であっても，それを後押しして実現することができるのである。

6.3.3 組織的優位性

　上記のように，基盤技術を保有しない企業は，これまでとは異なる競争要因を考えたり，探したりする思索・探索の活性化というメリットと，思索と探索で見つけられた既存とは異なる競争要因を後押しして，それを実現する組織的危機感というメリットを享受することができる。この組織的優位性は，既存の製品とは異なる競争要因を創出できるという独自性を生むことになる。

　この基盤技術を保有しないからこその独自性とは，基盤技術が実現する機能以外での差別化という既存の競争要因からは外れたところ，それまでの製品開発では重視されてこなかった要因での差別化を行うことである。この基盤デバイスの機能という価値に対して，独自に創造される競争要因とは，基盤デバイス以外の機能や，既存の製品とは異なる使用文脈（Pine and Gilmore, 1999；Hamel, 2000；Christensen and Raynor, 2003；Kotler and De Bes, 2003；Prahalad and Ramaswamy, 2004；Kim and Mauborgne, 2005；楠木・阿久津, 2006），新しいデザイン（Vogel, Cagan and Boatwright, 2005；Utterback, Vedin, Alvarez, Ekman, Sanderson, Tether and Verganti, 2006；紺野, 2008）である。

　まず，基盤技術以外の機能による競争要因である。「EX-S1」や「EX-Z1000」では，携帯性や表示性という機能が高められた。どちらの機種とも薄型軽量にすることでポータビリティの向上が行われている。「EX-S1」では，筐体サイズを小さくするために，HCLiやMCMが新たに開発されている。HCLiは，CCDとレンズを一体化することで，余分な部品を省き，CCDレンズモジュールの厚みを抑えるものであった。MCMは，複数のLSIチップを1つのチップにまとめたもので，省スペース化に寄与している。また，表示性は，当時としては大型の1.6インチ液晶ディスプレイを搭載し，写真を撮った直後に画像を確認できるという機能だけではなく，画像をデジタルカメラに入れて持ち運び，それを家族や友人などに見せるという携帯アルバムとしての機能も担っている。

　「EX-Z1000」では，2.8インチワイド液晶ディスプレイを搭載し，さらに表示性を高めている。2.8インチという大きさの液晶ディスプレイは，デジタルカメラに初めて搭載された大きさで，当時最大のものであった（図表4-13）。加

えて，ストライプ配列液晶というパソコンなどに利用されている技術方式の液晶を搭載することで，文字のニジミを抑えるなど，表示性を高める工夫が行われている。

　続いて，製品の使用文脈を転換するという競争要因である。上記のような機能を有する「EX-S1」は，デジカメならでは使い方を追求している。既存のデジタルカメラは，高画質な画像を撮影できる銀塩カメラの代替製品を志向し，したがって，撮像素子の多画素化や光学ズームの高倍率化によって機能向上をしていた。それに対し，「EX-S1」は，130万画素CCDと単焦点レンズを内蔵し，撮像素子の多画素化や光学ズームの高倍率化という競争からは逸脱していた。「EX-S1」では，高画質な画像の撮影という機能を追求するのではなく，いつでもどこでも撮りたいときに撮れるウェアラブルな使い方であったり，コミュニケーションツールとして携帯アルバムのような使い方を目指したものであった。

　また「Wii」も，競合ゲーム機とは異なる使い方を追求していた。ライバルであるソニー「プレイステーション3」やマイクロソフト「Xbox360」は，CPUやGPUの高性能化によるゲーム映像の高精細化や画像の豪華さ，情報処理能力の速さという機能を志向していた。それに対して，「Wii」は，家族のコミュニケーションの潤滑油として，家族全員が遊べることを目指したものである。そのために，ユーザーインターフェイスであるコントローラをWiiリモコンのように，シンプルに親しみやすくし，また本体サイズをDVDケース3枚程度の小ささにすることで，リビングに置いてもらい，家族みんなで「Wii」を囲んでわいわい遊んでもらうという使い方を追求していた。

　最後に，デザインという競争要因である。ソニーは，薄型テレビ産業の初期段階からデザインに力を入れた製品を開発している。もともとブラウン管テレビと比較して，薄くできる液晶テレビやプラズマテレビでは，高いデザイン性を有していた。そのなかでソニーはさらなるデザイン性の向上を目指す。消費者が，ソニーには先進性が期待していることを知ると，それを体現するようなデザインを考え出す。それがフローティングデザインやアートフレームデザインなどである。ソニーは，このような工夫を薄型テレビ産業が勃興する早い段階から他社に先駆けて行っていた。

据え置き型ゲーム機産業における任天堂の「Wii」もデザインに注力して開発されている。それまでのゲーム機は高速のCPUやGPUを搭載するため，それを冷却するための大型ファンを内蔵したり，LSI基板が大きくなることなどによって，ゲーム機本体サイズは肥大化していく一方であった。それに対し，「Wii」は，CPU用に小さな冷却ファンは搭載しているが，CPUとGPUの処理能力を「プレイステーション3」や「Xbox360」ほど高くせず，抵抗部品などの数を減らし，シンプルな構成にすることで，消費電力を抑え，本体サイズを小さくすることができた。外装は，それまでの任天堂の据え置きゲーム機は，細かいシボの入ったプラスチック素材で，色もグレーやブルーなどを多用し，おもちゃ然としていたのに対し，「Wii」では，光沢感のある白色のプラスチック素材を利用することで，高級感を高めている。サイズを小さくし，高級感を高めた外見とすることで，リビングのその他のインテリアに調和し，その中心にあるテレビの近くに置いてもらえるようなデザインにしたのである。

6.3.4　基盤技術を保有しないことによる競争要因の変化の方向性

前節で示したように，基盤技術を保有しない企業は，基盤技術以外での製品差別化を行おうとする。その競争要因の変化の方向性は，基盤技術を保有しないことにより，企業が他製品の開発で形成されてきた製品差別化に関する思考枠組みや，その製品開発を通じて蓄積されてきた資源に着目することで方向性づけられる。

デジタルカメラ産業のカシオ計算機は，電卓や時計，電子辞書やポータブルテレビなどを製品開発してきた。これらの製品の中で，高い競争力を有した製品では，製品から何かの機能を減らしたり，削ったりすることで製品の魅力を高めたり，製品を薄型軽量化していた。

例えば，1972年発売の電卓「カシオミニ」では，表示桁数を当時主流の8桁から6桁に減らすことで，小さく，そして低価格にすることで大ヒットした。また，電卓や腕時計の開発の歴史は，そのまま製品の薄型化・軽量化・小型化の歴史でもあった。つまり，カシオ計算機が，電卓や時計，電子辞書やポータブルテレビなどを開発するなかで形成されてきた思考枠組みとは，「製品におけるいくつかの機能を減じてしまっても，1つの特徴を際だたせればいい」と

いうものであり,「製品を軽薄短小にする」というものであった。これが,「EX-S1」の開発において参照され,「EX-S1」の差別化の方向性は,130万画素CCDと単焦点レンズを搭載することで撮影に関する機能は割り切られており,本体は薄型軽量にされた。

　そして,この製品の薄型化や軽量化を実現してきたのが,高密度実装技術とLSI設計技術である。これらの技術は,1950年代に開発した計算機や,1970年代にシャープと繰り広げた電卓戦争のなかで,形成・蓄積されてきた技術であった。その後,時計などのその他の製品にも転用され,複数の製品で利用されることで,カシオ計算機の高密度実装技術とLSI設計技術は強化されていった。これが,「EX-S1」や「EX-Z1000」の開発に利用されている。「EX-S1」に内蔵されたMCMは,FM多重放送用の受信機に利用されていたものであり,これはLSI設計技術によって実現されている。

　また,カシオ計算機の製品の情報の表示を担っていたのが,液晶であった。液晶技術もまた,1970年代に電卓を開発して以来,電卓をはじめ時計や電子手帳,電子辞書やポータブルテレビなどの複数の製品で利用されてきた技術であった。またカシオ計算機は液晶デバイスを開発・生産する部門を子会社化し,積極的に液晶モジュールの外販を行っていた。このように複数製品で多重利用することで,技術は磨かれていった。「EX-Z1000」では,デジタルカメラで初めて2.8インチという大きさの液晶(図表4-13)とストライプ配列液晶を搭載するなど,その技術を活かすことによって,製品の差別化を図るという方向性を志向した。

　薄型テレビ産業のソニーは,1950年の国産初のテープレコーダの発売,1960年に世界初のトランジスタテレビの発売,1968年の日本初のカラーブラウン管テレビ[13]の発売,1979年の携帯カセットプレイヤー「ウォークマン」の発売,1982年のコンパクトディスク(CD)の発表,1984年の世界初の携帯CDプレイヤーの発売,1992年のミニディスク(MD)の発表などを行ってきた。このように,ソニーは,数多く世界初や日本初の製品を生み出してきたのである。そのため,市場では,ユニークで先進的な製品をいち早く市場に送り込む企業であるというイメージが持たれていた。

　そして,このようなイメージは,技術的な先進さだけからくるものではなく,

その先進さを体現するようなデザインに落とし込むことによって，ソニーは先進的であるというイメージが市場に浸透していったのだと考えられる。

例えば，多くのパソコンが薄いグレーからクリーム色であるなか，1997年に発売されたソニー初めての薄型パソコン「VAIO NOTE 505（PCG-505）」では，薄紫色と銀色を採用した。これは，本体にマグネシウム合金を採用し，近未来をイメージさせるものであった。「VAIO NOTE 505」は，スペック的には他社製品と同等程度であった[14]が，デザインでの差別化は成功し，デザインはその後のパソコンの競争要因の1つとしてパソコン産業参入各社が追随していくこととなった。そのほかにも，「VAIO」では，電源端子やUSB端子，モニター端子などにカバーが付き，それらを使用しないときは，端子を隠すことができるなど，それまでのパソコンよりも外観に注力して開発されていた。そして，薄型テレビでは，その先進性というイメージを体現するデザインに注力することとし，開発が行われた。

据え置き型ゲーム機産業の任天堂は，据え置き型ゲーム機産業参入以前は，花札やカルタ，トランプやボードゲームを生産してきた企業であった。これらに共通する特徴の1つは，「家族と遊ぶおもちゃ」というものであった。トランプでは，紙素材のトランプだけではなく，プラスチック素材のトランプを開発したように，家族で何回も遊べることを前提として，耐久性を高くするなど，家族に焦点を当てた製品開発を行っている。

また，初代の家庭用据え置き型ゲーム機の名称が「ファミリーコンピュータ」であったことからもわかるように，ゲーム機産業に参入してからも，製品のターゲットは家族であり，そのコンセプトは，家族の「誰が触っても動く」というものであった。つまり，任天堂には，製品開発の根底に「家族と遊ぶおもちゃ」と「誰が触っても動く」という思考枠組みが存在していたのだと考えられる。

この思考枠組みのなかで構想された「Wii」のコンセプトは，「家族の誰もが遊べるゲーム機」というものであり，リビングの中心に置いて，家族全員で遊べることを目指したものであった。このように，これまでのおもちゃやゲーム機の製品開発のなかで形成されてきた思考枠組みが，「Wii」の製品開発の基軸に大きな影響を与えていたと考えられる。

また，「Wii」を24時間通電したままにしてもらうために，据え置き型ゲーム機で初めて低消費電力化が行われた．それまでの据え置き型ゲーム機は，動作クロックの高速化やゲーム映像の高精細化などを実現するための進化を繰り返しており，その消費電力は大きくなる一方であった．しかし，任天堂は，それまでの携帯ゲーム機で培われた低消費電力化のノウハウを利用し，「Wii」の消費電力を抑えた．また，Wiiリモコンに内蔵された3次元加速度センサは，ゲームボーイ用ソフト「コロコロカービィ」で利用されていたものであった．このように，携帯ゲーム機で蓄積されたノウハウやゲームソフトの開発で知り得た外部技術の情報をテコに「Wii」の進化の方向は定められていったのである．

6.4　3事例の相違

　続いて，薄型テレビ産業のソニーとデジタルカメラ産業のカシオ計算機，家庭用ゲーム機器産業の任天堂の3つの事例分析を行うことで発見された相違について言及する．いずれの研究対象企業においても，産業特性や製品特性は異なるのだが，それだけではなく，企業の特性が違っている．第3章，第4章，第5章において，それぞれ指摘してきたように，研究対象製品を開発するまでに企業が下してきた意思決定や行動が異なるため，形成される思考枠組みや蓄積される資源は異なり，したがって，開発される製品も異なる．つまり，それぞれの企業の歩んできた歴史が異なるため，研究対象製品もユニークな特徴を有していた．

　そこで本節では，なぜ研究対象製品がユニークな特徴を有することができたのか，製品開発以前の企業の歴史に着目をして，製品開発プロセスの相違を明らかにする．そのために，研究対象製品産業参入までの企業の製品開発の相違と研究対象製品以前の基盤デバイスの調達方法の相違によって，研究対象製品の基盤技術の保有の意図は異なり，この保有の意図によって，本書で議論してきた基盤技術を保有しない企業の優位性の志向の仕方が異なることを明らかにする．

6.4.1 研究対象製品産業参入以前の製品開発の相違

　まずは，研究対象製品の開発参入以前の製品開発について，ソニーとカシオ計算機，任天堂について考察していこう。

　薄型テレビ産業のソニーは，プラズマテレビや液晶テレビの開発以前には，ラジオやオーディオ機器，テレビやパソコンなどを開発していた。それらの開発のなかでは，デザインによって，製品を差別化しようとする思考枠組みが形成されていった。そして，それはソニー社内に蓄積されたデザインに関する能力によって実現されていた。またソニーは，トランジスタなどの技術を利用することや，ウォークマンのように新しい製品分野を開拓するなど，先進的な製品を開発してきた。そこでソニーは，先進的なデザインを採用することで，ソニーのイメージを増強し，差別化の要因の1つとしていた。

　薄型テレビの先行製品であるブラウン管テレビでは，ブラウン管テレビの基盤技術であるブラウン管を自社で開発し，内製していた。ソニーは，「トリニトロン」と呼ばれる独自性の高いブラウン管を開発しており，外部に外販をせず，独占的にブラウン管テレビに搭載することで，他社製品との差別化を図り，高い競争力を有していた。しかし，ブラウン管テレビは，プラズマテレビや液晶テレビといった薄型テレビに代替されていった。その際にソニーは，薄型テレビでも，映像表示を担うパネルデバイスを開発することで，製品を差別化しようと考えていた。

　カシオ計算機は，「EX-S1」や「EX-Z1000」といったデジタルカメラ開発以前に，電卓や時計，電子楽器や電子手帳などといったエレクトロニクス製品を開発してきた。そのなかで形成してきた製品差別化に関する思考枠組みとは，「製品においていくつかの機能を減じても，1つの特徴を際だたせればいい」というものだったり，「製品を軽薄短小にする」ことによって，差別化を図ろうというものだった。また，複数の製品分野の製品開発を通じて，高密度実装技術やLSI設計技術，液晶技術といった技術的資源を蓄積してきた。そして，製品の一部の機能を低減・削減し，その代わりに製品を軽薄短小化したり，液晶を搭載することで製品差別化を行ってきた。

　その一方で，カシオ計算機は，デジタルカメラの先行製品と考えられている

銀塩カメラやビデオカメラの開発を行っていなかった。デジタルカメラ産業の参入企業の中で競争力を持つことができた企業の多くは，銀塩カメラやビデオカメラを開発してきた企業であった（図表4-1）。これらの企業は，銀塩カメラやビデオカメラを開発するなかで，撮像素子技術や光学系技術を蓄積し，デジタルカメラ産業参入時には，高度な技術力を有していた。そのため，カシオ計算機は，デジタルカメラ産業への参入時から，撮像素子技術や光学系技術を開発したとしても，すでに銀塩カメラ産業やビデオカメラ産業で技術開発を行ってきた企業との技術的な差を埋めることは難しいと考えたのだと推測できる。そのため，カシオ計算機は，デジタルカメラ産業に参入するに当たって，新たに撮像素子技術や光学系技術を技術開発することによって，独自なCCDや光学レンズを開発し，それによって，製品を差別化しようとはしなかった。つまり，カシオ計算機は，撮像素子技術や光学系技術をデジタルカメラの重要な競争要因であるとは考えていたが，自社が差別化できる要因として捉えていなかったと考えられる[15]。

　家庭用ゲーム機器産業の任天堂は，「Wii」開発以前に，カードゲームやテレビゲームの開発を行ってきた。それらの製品の開発において，「家族で遊ぶゲーム」であったり，「誰が触っても動くゲーム機」を開発することで，製品を差別化しようとする思考枠組みが形成されていた。また，これらの製品開発を通じて，「低消費電力化のノウハウ」や「耐久性に関する基準」，「3次元加速度センサの知識」などを蓄積していた。こうして誰でも遊ぶことができるおもちゃが開発されてきたのである。

　任天堂は，花札やトランプなどのカードゲームを開発してきた企業であったので，エレクトロニクスに関する知識は保有しておらず，テレビゲームを開発する際には，CPUやGPUといった半導体に関する技術を保有していなかった。そのため，「ファミコン」以来，CPUやGPUをデバイスメーカーからの外部調達によってまかなってきた。そのため，「Wii」の開発においても，半導体に関する技術は，重要な競争要因の1つであるとは認識していたが，CPUやGPUによって製品を差別化しようとはしていなかった。

　以上から，本書での研究対象企業を2つに分類することができる。1つは，デジタルカメラ産業のカシオ計算機と家庭用ゲーム機器産業の任天堂であり，

基盤技術は重要な競争要因の1つであるとは考えていたが，それを自社の差別化要因としては考えていない企業である．もう1つは，薄型テレビ産業のソニーであり，基盤技術は重要な競争要因の1つであるとは考えており，またそれによって，製品を差別化しようと考えている企業である．

6.4.2 研究対象製品の基盤技術の保有の意図の相違

このような基盤技術によって差別化しようと考えている企業とそうではない企業との間の違いは，基盤技術の保有の意図の相違として表れる．

まず，デジタルカメラ産業のカシオ計算機は，デジタルカメラの基盤技術である撮像素子技術と光学系技術を，競争要因の1つとして重視していたが，自社開発して，それによって製品を差別化しようとは考えていなかった．つまり，撮像素子技術と光学系技術によって製品差別化をする意図はなく，したがって，デジタルカメラの基盤技術は，あえて持たなかった．また，家庭用ゲーム機器産業の任天堂も，カシオ計算機と同様に，CPUやGPUといった基盤デバイスによって，ゲーム機を差別化する意図はなく，半導体に関する技術はあえて持たないという選択を行った．

一方，薄型テレビ産業のソニーは，薄型テレビの基盤技術であるパネルデバイスに関する技術によって，製品を差別化しようと考えていた．そのため，実際にプラズマアドレス液晶を開発するなど，パネルデバイスによって，差別化する意図があった．しかし，結果として，プラズマパネルと液晶パネルの開発は行っておらず，プラズマアドレス液晶の技術開発はうまくいかなかったため，パネルデバイスに関する技術を持ちたいけれども，持つことができなかった．

つまり，研究対象製品以前の製品開発の相違によって，基盤技術をあえて持たない（will not make）と，基盤技術を保有したいけれども，持つことができない（can not make）という基盤技術の保有の意図の違いが生じるのである．

6.4.3 研究対象製品の開発プロセスの相違

この基盤技術保有の意図の相違が，研究対象製品の開発プロセスの違いを生む．それを本書で構築してきた基盤技術を保有しない企業の優位性の観点から考察していく．基盤技術をあえて持たない（will not make）という選択を行っ

たカシオ計算機は，CCDや光学レンズの調達を外部のデバイスメーカーから受けていた。その際には，多様なCCDやレンズモジュールをさまざまな企業から調達する外部調達と，開発目標に適合する130万画素CCDと単焦点レンズから構成されるHCLiをCCDメーカーとレンズメーカーとの共同開発で調達していた。このように，カシオ計算機は，CCDやレンズによって製品差別化を目指すのではなく，その性能は割り切ってしまって，その代わりに低コストで迅速にCCDやレンズを調達してくることを志向していた。

その一方で，撮像素子や光学レンズ以外の部分での差別化を志向する傾向が強かった。これまでの製品開発を通じて形成されてきた思考枠組みや蓄積していた技術的資源を活かすことで，これまでのデジタルカメラとは異なる製品コンセプトや製品特性を思索・探索した。デジタルカメラならではの使い方を追求し，いつでもどこでも撮りたいときに撮れるウェアラブルなカメラであったり，携帯アルバムのような使い方のできるコミュニケーションツールといった製品コンセプトを設定した。またこのコンセプトを高密度実装技術とLSI設計技術により，製品の軽量薄型化を実現し，大型の液晶ディスプレイを搭載している。これによって，撮影画像の高画質化とは異なる競争要因を追求し，それによって製品差別化を行った。

また家庭用ゲーム機器産業の任天堂も，据え置きゲーム機の基盤技術である半導体に関する技術をあえて持たない（will not make）という選択をし，CPUやGPUは外部の半導体メーカーから調達していた。IBM社やATI社といった半導体メーカーに開発目標を示し，それに合うCPUやGPUを開発してもらう。IBM社にはPowerPCの技術をベースとして，動作クロック数が700MHz程度のCPU「Broadway」を共同開発し，「Wii」に内蔵していた。同世代ゲーム機である「プレイステーション3」と「Xbox360」が，3.2GHzのCPUを搭載したのに比べ，明らかに動作クロック数は劣っていたが，任天堂は，CPUやGPUによって差別化をする意図はなく，基盤技術の性能は割り切り，低コストなCPUやGPUを調達することに主眼を置いていたと考えられる。

だが，半導体以外の部分で，差別化を志向していた。その際には，「家族で遊ぶゲーム」や「誰が触っても動くゲーム機」といった思考枠組みのもとで製品コンセプトを考え，「家族の誰もが遊べるゲーム機」というコンセプトを設

定した。また，24時間通電してもらい，冷却ファンを回さないように低消費電力化のノウハウを活用したり，3次元加速度センサを利用してWiiリモコンを開発した。こうして，これまでのゲーム機のように，ゲーム映像の高精細化や豪華さ，処理スピードの速さとは異なる競争要因によって，差別化を志向したのである。

それらに対し，薄型テレビ産業のソニーは，プラズマパネルや液晶パネルといったパネルデバイスに関する技術を保有したいと考えていたが，持つことができなかった (can not make)。パネルデバイスによって，製品を差別化しようという強い意図があり，そのため，パネルデバイスは，外部から調達するのだが，それに手を加えて，ソニーならではの工夫を施そうとしていた。パネルデバイスをデバイスメーカーから調達してくる際には，デバイスメーカーへ技術者を派遣し，CELLの情報を得て，T-controller（図表3-14）をソニーが開発した。それによって，ソニー専用パネルを開発することができ，パネル部分での差別化が図ることができた。

また，サムスンとの合弁工場に出資をして，S-LCDを設立し，そこでは基礎技術はサムスンの技術を用いながら，液晶パネルの後工程では，ソニーがブラウン管テレビの開発などで蓄積してきた画作りのノウハウを活かして，「ソニーパネル」を開発した。このように，パネルデバイスの調達方法を工夫することで，パネルデバイスは内製しないながらも，独自性の高いパネルを開発することで，薄型テレビの差別化をしようとした。

加えて，ソニーは，パネル以外の部分でも差別化要因を模索した。差別化に関する思考枠組みや保有資源を活かして，先進性を体現するようなデザインの薄型テレビを開発したのである。

6.4.3　3事例の相違からの発見事実

ここまで明らかにしてきたように，研究対象製品産業参入までの企業の製品開発の相違と研究対象製品以前の基盤デバイスの調達の相違が，研究対象製品の基盤技術の保有の意図の違いを生み，その結果，基盤技術を保有しない企業の優位性の志向の仕方が異なっていた。そしてここでは，2つのパターンが確認できた。

1つは，カシオ計算機や任天堂のように，研究対象製品以前の基盤デバイスを外部から調達しており，基盤技術を差別化要因として考えず，基盤技術を自社で開発しようとする意図を持たず，基盤技術をあえて持たない（will not make）。そのため，基盤デバイスは低コストで迅速に外部から調達してくることに力点を置く経済的優位性を志向する。

　その一方で，基盤技術以外の競争要因にこそ差別化の可能性があるのだと考え，これまで形成してきた思考枠組みや蓄積してきた資源を活用して，主として基盤技術以外に製品の独自性の源泉を求めていく組織的優位性を追求する。この際には，基盤技術による機能からそれ以外の競争要因へと競争要因を大きく変える。

　もう1つのパターンは，ソニーのように，研究対象製品以前の基盤デバイスを技術開発し，内製することで，独自性の高いデバイスを開発し，それによって製品差別化を図ってきた企業である。このタイプの企業は，基盤技術を製品差別化の源泉と考えており，それを自社開発することで，差別化を図ろうとする企業である。基盤技術を自社で開発する意図があり，基盤技術は持ちたかったが，技術開発がうまくいかず，持つことができない（can not make）。すると，独自性の高い基盤デバイスを開発する方法を模索する。基盤デバイスの調達において，デバイスメーカーとのコミュニケーションを緊密にとる共同開発や，資金を出資しての合弁工場の設立などといった調達方法をとることで，基盤デバイスの開発・製造に積極的に関与し，基盤デバイスでの差別化を追求するという経済的優位性を志向する。しかし，ソニーの場合，合弁工場の共同設立企業に，ソニーの技術情報が流出してしまい，基盤デバイスの生産に関わることによるデメリットが強く働いてしまった。

　そして，基盤技術以外でも差別化を図ろうとするが，その際には，競争要因の評価軸を変えるのではなく，基盤技術による機能を競争要因の中心として認識しながらも，それにプラスアルファとして，基盤技術以外の競争要因を付け加えている程度であった。

　このように，基盤技術を保有しない企業には，2つの戦略パターンが存在している。研究対象製品以前の製品開発が，研究対象製品の基盤技術の保有の意図に影響を与え，その結果として，研究対象製品の開発プロセスに相違を生ん

でいた。基盤技術をあえて持たない企業は，基盤技術は自社にとっての主たる競争要因であると考えず，基盤技術以外の競争要因を創出することに積極的であり，これまでとは異なる競争要因によって勝負している。

一方，基盤技術は持ちたいけれども持つことができない企業は，基盤技術の共同開発や合弁工場への出資などを通じて，何とかして基盤デバイスでの独自性を発揮しようとしていた。それは，基盤技術こそが産業においても，自社にとっても主たる競争要因であると考えており，基盤技術以外の製品特性については，それを補う程度の要因としか認識していなかったといえる。

したがって，一言で基盤技術を保有しない企業といっても，それぞれを詳細に分析すれば，個々の企業ごとに競争要因としての基盤技術の捉え方は異なり，戦略も異なるのである。

【注】

1 ただし，基盤技術を保有する企業が，基盤技術を保有しない企業をパートナーとして受け入れられる意志のある企業のみに限られる。
2 また2010年からは，シャープの液晶パネル工場に出資をして，シャープとも液晶パネルの共同開発を行う予定である。
3 関連する議論として，戦略的柔軟性（strategic flexibility）を取り上げたSanchez（1995）やSanchez and Mahoney（1996），椙山（2000），Worren, Moore and Cardona（2002）がある。
4 インタビュー4, 5。
5 インタビュー4, 5。
6 インタビュー4, 5。
7 ただし，この基盤技術の代替的な選択肢を思索・探索することは，すべての代替的な選択肢を考え，探すことにはならない。そうではなく，少数の代替的な選択肢が見つかると，まずそれらが試みられることになる。思索・探索活動が始動されてすぐに見つかる代替的な選択肢とは，基盤技術を保有しない企業の身近にある選択肢であると考えられる（March and Simon, 1958）。
8 『日経ビジネス』2005年10月17日号。
9 『日経エレクトロニクス』2004年6月21日号。
10 事象や状況にふさわしい情報と知識に基づいて行動し，自由闊達で忌憚のない議論，臨機応変な意思決定，変化を奨励する人材や組織に見られる非線形的な思考のこと（Argyris, 1977）。
11 これらの研究以外にも，現状への不満がイノベーションを活性化させることを扱った研究

として，Van Dyne and Saavedra（1996）やDe Dreu and West（2001），Lovelace, Shapiro and Weingart（2001）やDe Dreu（2002），West（2002）やAnderson, De Dreu and Nijstad（2004）などが挙げられる。

12　カシオ計算機羽村技術センター開発本部QV統轄部企画室室長中山仁氏へのインタビュー（山口，2004）。

13　初めてのトリニトロン方式のカラーテレビでもあった。

14　製品仕様は，CPUにPentium133MHz，メモリに32MB，記憶媒体に1.0GB HDD，10.4型SVGA TFT液晶を搭載し，薄さ23.9mm，重量1.35kgであった。

15　その一方で，銀塩カメラ産業やビデオカメラ産業において，撮像素子技術や光学系技術を開発してきた基盤技術を保有する企業は，デジタルカメラの主たる競争要因を撮像素子技術や光学系技術であると認識して，技術開発を行ったのだと考えられる。

第7章

「持たざる企業」が優位性を確立するために

7.1 「持たざる企業」の優位性の源泉

　本書では，薄型テレビ産業におけるソニーの事例分析，デジタルカメラ産業におけるカシオ計算機の事例分析，家庭用据え置き型ゲーム機産業における任天堂の事例分析を通じて，基盤技術を保有しない企業の優位性に関する論理を構築してきた。この中で明らかになってきたことは，基盤技術を保有しない企業の優位性は2つ存在することである。

7.1.1 基盤技術を保有しないことによる柔軟性

　本書では，基盤技術を保有しない企業が有する優位性の1つとして，経済的優位性を挙げた。基盤技術を保有しない企業は，製品開発に不可欠な基盤デバイスを企業外部から調達してくることになる。その際，調達可能な複数の選択肢を比較して調達することができる選択広範性と，その選択肢間を容易に変更することができる切替容易性というメリットを享受することができる。これによって，基盤技術を保有しない企業が活用できる基盤デバイスについて，幅広く選択でき，低コストで迅速に切り替えることができるのである。この選択広範性と切替容易性があることによって，基盤技術を保有しない企業は，市場環境や技術環境の変化に柔軟に適応することができ，競争上の優位に立てる可能性が高まる。

第1に，市場変化への適応とは，消費者ニーズへの変化に対して，多様な基盤デバイスを用いて，さまざまな製品の開発が行えることを意味している。顧客を細分化して，多くの顧客が満足する仕様の製品を多数開発することができれば，消費者ニーズに対する適応が達成される。ただしその一方で，開発にかかるコストは増加してしまう。そこで，製品仕様の多様性に対して，コストの増加を抑えて対応できることが競争上重要になる。基盤技術を保有しない企業は，幅広い選択肢の中からコストパフォーマンスの良い基盤デバイスを選び，またより優れた選択肢が現れた際には，それに切り替えることによって，基盤デバイスの調達にかかるコストを削減することができる。こうすることで，基盤技術を保有しない企業は，市場環境の変化に対応する柔軟性を享受でき，競争優位へとつながる。

　第2に，技術変化への適応とは，基盤デバイスの機能向上について対応することができることである。製品を構成する基盤デバイスの技術開発が盛んに行われている場合，その基盤デバイスの機能の変化に対応するためのコストを低く抑え，迅速さを確保することが競争力につながる。基盤技術を保有しない企業は，デバイスメーカーが，基盤デバイスの技術開発を行い，基盤デバイスの機能が向上していくなか，調達するデバイスを任意に幅広い選択肢の中から選ぶことができる。また，高い機能の基盤デバイスが新たに外販されるようになれば，その新しい基盤デバイスの調達へと切り替えることができる。こうすることによって，基盤技術を保有しない企業は，技術環境の変化に対応することができる柔軟性を享受でき，競争優位を構築できるようになるのである。

　このように，市場変化や技術変化に対して，幅広い選択ができ，低コストで，迅速に対応でき，競争優位を構築できると考えられる。これが，基盤技術を保有しない企業の優位性の源泉の1つである基盤技術を保有しないことによる柔軟性である。

7.1.2　基盤技術を保有しないからこその独自性

　基盤技術を保有しない企業は，外部から調達してくる基盤デバイスでは，根源的に製品を差別化することが困難である。そのため，差別化要因の不足を何かで補う必要性がある。この必要性がトリガーとなって，基盤技術以外の要因

で差別化を図ろうとする。すると，差別化できる要因を考えたり，探したりする思索活動や探索活動が活発に行われるようになる。思索・探索の活性化が起こるなかで，基盤技術を保有しない企業は，既存の消費者の声に耳を傾け，これまで製品を消費してこなかった非消費者が誰であるのか，そしてどのような製品であれば対価を支払ってくれるのかを考える。また，それまでの製品開発で形成されてきた製品差別化に関する思考枠組みを参照して，製品コンセプトを再考し，これまで蓄積してきた技術を探して，これまでの製品とは異なる価値を創造しようとする。こうすることで，既存とは異なる競争要因を見つけ出すことができるのである。

しかし，これまでとは異なる競争要因を見つけたとしても，それを容易に製品として実現できるわけではない。これまでとは異なる競争要因を持つ製品を開発するためには，それを後押しする組織的危機感が必要となる。この組織的危機感は，基盤技術の欠落という企業にとって危機的な状況と，そのなかでも何とかして高い競争力を持とうとする開発目標との間のギャップによって生み出される心理的なエネルギーのことである。つまり，基盤技術を保有しなくても，何とかして優位性を構築しようという反骨精神や，基盤技術を保有しないために，このままでは産業で生存していくことできないのではないかという緊張や不安というべきものである。この組織的危機感によって，既存の競争のやり方を変えてまで，独自性は高いが，不確実性も高い競争要因を実現することを後押しするのである。

このようにして，基盤技術を保有しない企業が，これまでの要因とは異なる独自性の高い競争要因を創出できる。競合他社にはない独自の競争要因を創出することができれば，それに価値を認めた消費者に対価を支払ってもらえる可能性が高まり，競争優位につながる。この基盤技術を保有しないからこそ発生する独自性が，基盤技術を保有しない企業の優位性の源泉のもう1つである。

7.1.3　基盤技術を保有しない企業の間での優位性の相違

これまで考察してきたように，本書では，薄型テレビ産業のソニーとデジタルカメラ産業のカシオ計算機，家庭用据え置き型ゲーム機産業の任天堂の3つの事例研究から，基盤技術を保有しない企業に優位性に関する論理を構築して

きた。そこでは，3つの事例分析を行うなかで，3企業に共通するロジックを抽出してきた。それが，経済的優位性と組織的優位性である。

ただし，3企業の事例分析を行うなかで，それぞれの企業の相違として発見された事項も存在する。本書では，研究対象製品以前の製品開発の歴史までを分析することにより，企業の製品開発の歴史が，研究対象製品の開発に与える影響に着目をしている。こうすることで，同じ基盤技術を保有しない企業であっても，基盤技術の非保有から発生する優位性の追求の志向パターンは異なっていたことである。本書では，2つのパターンが確認された。

第1の基盤技術を保有しない企業の優位性の志向のパターンは，デジタルカメラ産業のカシオ計算機と家庭用据え置き型ゲーム機産業の任天堂がとったパターンである。これらの企業では，研究対象製品以前の製品開発において，基盤デバイスの調達方法として外部調達を選択していた。そのため，基盤技術によって，製品を差別化することは困難であったが，それでも競争力の高い製品を開発することが可能であった。

すなわち，基盤技術を製品の差別化要因として捉えなくなり，差別化要因として考えない基盤技術を自社で開発しようとはしなくなる。そして，次に開発された研究対象製品においても，基盤技術で差別化しなくても，競争力の高い製品を開発することはできると考えるようになり，基盤技術はあえて持たない（will not make）という選択を下す。

自社開発せず，外部調達してくる基盤デバイスによって，製品を差別化することは困難であるため，基盤デバイスの調達に関しては，その性能の高さよりも，コスト優位性を追求するようになる。その一方で，基盤技術以外の競争要因を顧客への訴求ポイントと考え，主としてこれまでとは異なるコンセプトを持ち，異なる特性を持つ製品を開発することで，競合製品との差別化を追求するようになる。したがって，第1の基盤技術を保有しない企業の優位性の志向のパターンとは，経済的優位性では，コストパフォーマンスに優れた基盤デバイスを調達してコスト優位性を志向し，組織的優位性では，これまでの製品とは異なる競争要因を有する製品を開発することを志向するのである。

第2の基盤技術を保有しない企業の優位性の志向のパターンは，薄型テレビ産業のソニーに見られたものである。この企業では，研究対象製品以前の製品

開発において，基盤デバイスの調達方法として内製という方法を選択していた。基盤技術を保有し，それを実装する独自な基盤デバイスを自らで開発し，それによって，製品を差別化していたのである。そのため，基盤技術を保有し，それから開発する基盤デバイスによって，製品の競争力を高めていたと考えるため，研究対象製品においても，基盤技術を自らで持ち，独自性の高い基盤デバイスを開発しようとし，基盤技術の技術開発を行う。しかし，技術開発には高い不確実性が存在し，技術開発に失敗してしまう。その結果，基盤技術を持ちたいけれども，持つことができなくなる（can not make）。

この基盤技術を保有しない企業は，基盤技術を自ら開発することはできないが，それでも基盤デバイスの開発への関与をしようとする。デバイスメーカーに技術者を派遣し，自らが開発したい仕様の基盤デバイスを開発しようとする積極的な共同開発を行ったり，出資をして，基盤技術を保有する企業と合弁工場を設立したりするのである。つまり，部分的に基盤技術への投資を行い続け，基盤デバイスでの差別化を志向するのである。一方で，基盤技術以外の競争要因での差別化も行うとする。ただし，その場合であっても，まずは基盤デバイスの差別化の優先順位が高く，それへのプラスアルファとして，基盤技術以外での差別化を行おうとするのである。

すなわち，第2の基盤技術を保有しない企業の優位性の志向のパターンとは，経済的優位性では，積極的に基盤技術の開発に関与し，基盤デバイスの差別化を強く志向する。基盤技術以外の競争要因を構想し，それを実行しようとする組織的優位性はあるが，そのプライオリティは高くなく，基盤デバイスでの差別化を補う程度のプラスアルファでしかない。

以上のように考察してきたとおり，基盤技術を保有しない企業の間でも，研究対象製品以前の製品開発が異なるため，基盤技術の保有の意図が異なり，その製品差別化の志向のパターンには違いが存在していた。1つは，基盤技術を保有する意図がなく，あえて持たず（will not make），基盤技術以外の競争要因を，自社製品のアピールポイントとしていた。もう1つは，基盤技術を持ちたかったが持つことができず（can not make），それでもなお積極的に基盤技術開発に関与し，基盤デバイスによって差別化し，基盤技術以外での競争要因はプラスアルファ程度と考えていた。

まとめれば，研究対象製品以前の製品開発の相違が，研究対象製品の基盤技術の保有の意図の違いを生み，その結果，同じ基盤技術を保有しない企業であっても，経済的優位性と組織的優位性の志向性は異なるという経路依存性（Nelson and Winter, 1982）の違いが見られる。

7.2 「持たざる企業」の強さと「持つ企業」の弱さの関連性

第1章で述べたように，基盤技術を保有しない企業の強さとは，基盤技術を保有する企業の弱みを攻撃することで発生するだけではなく，基盤技術を保有しないからこそ発生する強みがあり，それを追求して考えることに本書の意義があると指摘した。

そこで，本節では，3つの事例分析を行い，それを通して構築した本書の基盤技術を保有しない企業の優位性のどの部分が，基盤技術を保有する企業の弱みの裏返しの論理なのか，またどの部分が，基盤技術を保有しないからこそ発生する強みであるのかを考察する。

7.2.1 経済的優位性における関連性

まず，経済的優位性における関連性について考察する。基盤技術を保有しない企業は，製品に不可欠な基盤デバイスを調達において，企業内部で生産を行っていないために，企業外部から調達してくることになる。その調達の際に，幅広い選択肢の中から選択するデバイスを選ぶことができるという選択広範性がある。

これに対して，基盤技術を保有する企業は，その技術を活用して自社で開発・生産した基盤デバイスを内製し，それを搭載する製品を上市する。技術があれば，それを活用して，デバイス内製を行う誘引が強く働く。特に，製品機能の根幹をなす基盤デバイスを内製できるのであれば，なおさらデバイス内製を行う誘引は強くなる。そのため，本書の事例では，基盤デバイスを保有する企業はすべからく技術開発や生産開発をし，設備投資を行い，自らで基盤デバイスの生産を行っていた。

もし内製する基盤デバイスよりもコストパフォーマンスの優れた基盤デバイスが，他の外部デバイスメーカーから外販されていれば，基盤デバイスを外販してくることは可能である[1]。だが実際には，生産設備の稼働率を上げるために，まずは内製する基盤デバイスを使い切ったのちでなければ，外部から基盤デバイスを調達してくることは難しい。特に，半導体や液晶パネルといった資本集約的なデバイス生産の場合は，この傾向は強くなる。また，もし内製する基盤デバイス量よりも自社内でのデバイス消費量が少なければ，余った分を外部へ販売することになる。このように，工場の生産能力に依存した固定的なデバイス生産量があり，それと自社のデバイス消費量との需給のバランスの上に，基盤技術を保有する企業のデバイス調達がある。このように，基盤デバイスの調達に関しては，基盤技術を保有しない企業と保有する企業との間には，選択肢に違いが存在する。

　また，基盤技術を保有しない企業は，現在選択している選択肢よりも優れた選択肢が現れた場合には，それに切り替えることできる。その選択肢の変更に要するサンクコストが低いために，選択肢の切り替えが簡単に行えるという切替容易性というメリットがある。具体的には，基盤技術の技術開発への投資や，生産設備などへの資金投入が必要ないため，調達の選択肢を変えることによって生じるサンクコストが低いのである。

　一方，基盤技術を保有する企業は，内製している基盤デバイスの利用から，他の選択肢に変更することは難しい。基盤技術に関連する実験設備や生産設備などの物的資源に投資をし，また技術者などの人的資源を保有し，特許の申請などに資金を投入しているため，これらへの投資を回収するまでは，基盤デバイスの生産を自社で行い続ける必要性が強い。そのため，内製する基盤デバイスよりもコストパフォーマンスに優れた基盤デバイスが外販されていても，その選択肢へ切り替えることは困難であると考えられる。したがって，基盤技術を保有する企業は，基盤デバイスの調達に関して，その選択肢を切り替えることには困難が伴うと考えられる。

　以上から，基盤技術を保有しない企業の経済的優位性は，基盤技術を保有する企業の弱みの裏返しであったといえる。基盤技術を保有することで，選べる選択肢が限定されたり，選択肢を変更したりすることが困難になる。基盤技

を保有しない企業は，これらの裏返しを行うことで，基盤技術を保有しないことを優位性へと転化したのである．

7.2.2　組織的優位性における関連性

続いて，組織的優位性における関連性について考察する．基盤技術を保有しない企業は，差別化要因の1つである基盤技術を持たず，それによって，製品差別化をするには困難であるため，基盤技術を代替するような差別化要因を新たに考えたり，探したりするようになる．この思索・探索の活性化によって，基盤技術を保有しない企業は，これまでとは異なる競争要因を見つけられる可能性が高まるのである．

これに対して，基盤技術を保有する企業は，内製する基盤デバイスによって，製品差別化を図る可能性が高い．そのため，基盤技術以外の競争要因を考えたり，探したりする思索活動や探索活動を行う動機が存在しない．したがって，基盤技術以外の差別化要因を思索・探索することは活性化しない．ただし，基盤技術の保有以外の要因によって，何らかの差別化要因を見つけ出すことが盛んに行われる可能性はある．

また，基盤技術を保有しない企業は，基盤技術を保有しないという不利な状況のなかで競争していかなければならず，そのなかで高い開発目標を持つことができれば，その厳しい現状と，実現した理想との間のギャップが大きくなり，それを解消しようとする力が働くことになる．これを供給するのが，組織的危機感であり，この心理的なエネルギーが発生することによって，思索・探索で構想された競争要因を実現することができるのである．

一方，基盤技術を保有する企業は，基盤技術を保有し，それによって製品差別化を行うことができるという有利な状況で競争を行うことができる．そのため，現状と開発目標とのあいだのギャップが生じにくく，したがって，それを解消しようとするような心理的なエネルギーは発生しにくいと考えられる．つまり，基盤技術を保有する企業には，基盤技術を保有しないために，現状と理想との間のギャップを埋めようとして生じる組織的危機感は存在しない．ただし，基盤技術を保有していたとしても，それが企業の負担となることがあり，その不満を解消しようとすることで心理的なエネルギーが生じることはあると

考えられる。しかしこの場合には，基盤技術を保有しない企業とは異なるロジックのもとで発生する心理的なエネルギーであり，基盤技術を保有する企業の論理の裏返しが，基盤技術を保有しない企業の論理とはなっていない。

以上から，基盤技術を保有しない企業の組織的優位性とは，基盤技術を保有する企業の弱みの裏返しによって生じているのではないといえる。思索・探索の活性化は，基盤技術という差別化要因を代替しようとする動機があって起こるものであり，また組織的危機感も，基盤技術を保有しないという不利な状況と，そのなかでも何とかして競争力の高い製品を開発したいという開発目標との間のギャップを解消しようとすることから生じるものである。このようなロジックは，基盤技術を保有しない企業独自のものであるといえ，したがって，基盤技術を保有する企業の弱さの裏返しによって生じたものではないと考えられる。

7.2.3　基盤技術を保有しない企業の強さと保有する企業の弱さの線引き

ここまで考察してきたとおり，基盤技術を保有しない企業の優位性の一部は，基盤技術を保有する企業の弱さを裏返したものであった。また，他部は基盤技術を保有する企業の弱さとは独立で，基盤技術を保有しないからこそ発生する優位性であった。

基盤技術を保有しないことで享受できる経済的優位性は，基盤技術を保有し，基盤デバイスを内製しているために，固定的なコストがかかるという持つ企業の強さの裏返しの論理である。基盤デバイスの内製を行っていないために，企業外部から幅広い選択肢のなかから，コストパフォーマンスの高い基盤デバイスを調達することができ，またその選択肢間を低コストで切り替えることができる。こうして，基盤技術を保有する企業が，自社で基盤デバイスを内製することの負の側面を，基盤技術を保有しない企業は，柔軟性として自らの優位性に転換しているのである。

他方，基盤技術を保有しない企業の組織的優位性は，基盤技術を保有しないからこそ発生する優位性であった。基盤技術を保有しないために，基盤技術を代替する差別化要因を思索・探索しようとするし，基盤技術を保有しないという不利な状況のもとで競争していかなければならないからこそ，開発目標との

間に大きなギャップが生じ，それを解消するために，強い組織的危機感が生じると考えられるのである。

よって，基盤技術を保有する企業のロジックとは無関係に，基盤技術を保有しないからこそ組織的優位性は発生すると考えられ，したがって，本書で構築してきた組織的優位性とは，基盤技術を保有しないからこそ発生する強みであるといえる。つまり，基盤技術を保有する弱みの裏返しのみで，基盤技術を保有しない企業の強みの議論をすべて論じることができないため，ここに本書の意義が存在すると考える。

7.3 「持たざる企業」が優位性を発揮するための条件

本節では，本書で議論してきた基盤技術を保有しない企業が優位性を構築するための条件についてまとめたい。以下の2つが考えられる。

7.3.1 基盤技術を保有しない企業が優位性を発揮するための条件（1）

まずは，優秀な基盤デバイスを調達できる環境が整っていることである。基盤技術を保有しない企業は，外部から製品開発に必要な基盤デバイスを調達してこなければならない。しかし，その調達デバイスが，他社製品に搭載されているのと同等程度の機能やコストでなければ，競合企業と対等に競争していくことが難しい。なぜなら，産業の導入期や，それ以降であっても，基盤デバイスは，消費者の評価基準の一角を占め，重要な競争要因の1つであるからだ。この点において，競合他社に勝らなくても，同等かそれに準じた機能の基盤デバイスが必要になる。

薄型テレビ産業のソニーの事例でも，デジタルカメラ産業のカシオ計算機の事例でも，家庭用据え置き型ゲーム機産業の任天堂の事例でも，性能の高い基盤デバイスを供給する企業が存在していた。

薄型テレビ産業のソニーの事例の場合，プラズマテレビや液晶テレビという最終製品を開発する企業からプラズマパネルと液晶パネルの調達を得ていた。プラズマパネルは，パイオニアや富士通日立プラズマディスプレイ，NECなどであり，液晶パネルは，シャープやLGフィリップス，サムスンなどである。

これらのパネル供給企業は，自社生産のパネルを搭載する最終製品を開発しており，その製品にも搭載されるのと同等の機能やコストのパネルを外販している。それを調達してソニーは，薄型テレビ開発を行えたため，パネルに関しては，パネル技術を保有する企業と対等の機能を有する薄型テレビを開発することができた。

　また，デジタルカメラ産業のカシオ計算機の事例も，カシオ計算機に撮像素子や光学レンズといった基盤デバイスを供給していたのは，ソニーやパナソニック，キヤノンやペンタックスという企業であった。これらの企業は，撮像素子や光学レンズをモジュールとして外販しているだけではなく，最終製品であるデジタルカメラの開発を行っていた。そして，これらの企業は，開発した撮像素子や光学レンズを自社製品に搭載してまもなく，場合によっては，自社製品に搭載するよりも前に，企業外部への基盤デバイスの外販を行うことがあった。つまり，自社のデバイスを利用して最終製品の開発も行うような企業が，基盤デバイスの外販を行っており，実際に自社製品に搭載しているデバイスを外販するため，カシオ計算機は，基盤技術を保有する企業と同等の撮像素子や光学レンズを調達することができたのである。

　では，なぜこのように基盤技術を保有する企業は，その基盤デバイスを外販するのであろうか。たとえ，製品アーキテクチャがモジュラー化したとしても，基盤技術を保有しない企業が基盤デバイスを購入できなければ，製品を開発することはできず，基盤技術を保有する企業にとっての競争相手を増やすことにはならない。基盤技術を保有する企業は，競争優位の源泉となりうる基盤デバイスを，外部には販売したくないはずである。なぜなら，持つ企業は，デバイス生産とともに最終製品の開発・販売も行っていることがあり，デバイス外販により他社製品にも同じデバイスが搭載されることで，基盤デバイスによる差別化ができなくなってしまうためである。

　しかし，基盤技術を保有する企業には，基盤デバイスを外販しなければならない理由がある。企業がデバイスを外販する理由として，榊原（2005）はデバイス生産の経済規模が社内需要の規模を上回ることを挙げている。企業は，製品競争力の向上させるため，技術開発に注力し，大量生産によるコストダウンを目指す。そのためには，多額の設備投資を行い，稼働率を上げ，アイドルタ

イムを減らすために生産しなければならない。その結果，デバイスの生産量と自社製品への搭載量との間にはギャップが生まれる。そのギャップを埋めるために，デバイスをモジュラー化し，外部に販売しなくてはならなくなる。

　さらに，デバイスの競争力が高い場合には，外販することによって得られる収益は大きいはずであり，デバイス外販の動機は高まる。つまり，競争力のあるデバイスであればあるほど，それを外販し，中間財の市場化を誘発してしまう（延岡・伊藤・森田，2006）。このようなロジックのもと，基盤技術を保有する企業は，競争力の源泉とも言える基盤デバイスを外部に販売せざるを得ず，基盤技術を保有しない企業は，優れた基盤デバイスを入手し，製品開発を行うことができるのである。

　家庭用据え置き型ゲーム機産業の任天堂の場合は，基盤デバイスであるCPUやGPUをIBM社やATI社といった半導体に関する技術を有する企業から調達していた。IBM社やATI社はパソコン用のCPUやGPUを開発している企業で，高い技術力を有していた。そのため，据え置き型ゲーム機用途であっても，高機能水準のCPUとGPUを開発することができた。またIBM社に関しては，1990年代から据え置き型ゲーム機用のCPUを複数のゲーム機器メーカーに対して供給しており，「ゲーム機のインテル」と呼ばれるほど，強力なデバイスメーカーであった。任天堂は，これらのデバイスメーカーからCPUやGPUを調達することで，半導体に関する技術を保有する企業に対抗することができたのである。

7.3.2　基盤技術を保有しない企業が優位性を発揮するための条件（2）

　第一の条件は，基盤技術を保有しない企業の基盤デバイスの調達に関わる条件，バリューチェーンでいえば，基盤技術を保有しない企業の川上での条件であった。これに加え，基盤技術を保有しない企業が，高い競争力を構築するためのもう1つの条件として，バリューチェーンの川下での条件，つまり消費者に関する条件が存在する。

　それは，消費者が基盤技術以外の競争要因で，製品の価値を認め，それに対価を支払ってもらえる可能性である。つまり，基盤技術以外での消費者への製品訴求可能性が挙げられる。産業の導入期においては，デバイスの機能が消費

者の要求水準を大きく下回ることが多く、そのため、基盤デバイスの機能向上や生産性向上が、産業での競争の焦点になる。このときには、消費者の製品に対する評価軸の中心は、基盤デバイスにあり、基盤技術以外の競争要因は積極的に評価されにくい状態である。このような場合には、基盤技術以外の競争要因で差別化を図ろうとする基盤技術を保有しない企業が競争優位を構築できる可能性は低い。

しかし、Christensen（1997）が指摘するように、技術水準向上のペースは、それに対する顧客の要求水準の向上スピードを上回ることが一般的である（図表7-1）。そのため、基盤技術の技術水準が、顧客の要求水準を超えた時点から、顧客に対する基盤技術の訴求力は低下し始める。それまで基盤技術が担う機能に対して多くの対価を支払ってきた顧客は、それに関して十分満足するようになると、それ以外の製品属性に目を向け、それらに対して対価を払うようになる傾向が強くなる。このように、顧客ニーズが多様化すると、基盤技術以外の競争要因を顧客に提供することで、他社と競合できる可能性が高まる。つまり、消費者が基盤技術以外の競争要因に対して対価を支払ってくれる環境が必要となるのである。

デジタルカメラ産業のカシオ計算機の事例では、300万画素程度のCCDを搭載するデジタルカメラが登場して以降、消費者は撮像素子や光学レンズ以外の競争要因を評価し始めるようになっていったと考えられる。なぜなら、通常の写真の大きさであるL版プリントを十分な画質にするためには、300万画素程度の撮像素子が必要とされていたからである。300万画素クラスのCCDを搭載するデジタルカメラが、発売されるデジタルカメラの中で主流になり始めたのが、2001年から2002年にかけてであった。そのなかで、2002年6月にカシオ計算機から発売されたのが、「EX-S1」であり、この機種では、撮像素子の画素数は抑え、その代わりに携帯性や俊敏性を消費者に訴求し、写真を手軽に撮れるという価値や容易に持ち運ぶことができるという価値に対して対価を支払ってもらうことができたのだと考えられる。

また、家庭用据え置き型ゲーム機産業の任天堂の事例では、「Wii」の開発が開始された2002年には、すでに3次元映像でゲーム映像を行うことができ、豪華なCGも映し出せる「プレイステーション2」や「Xbox」、「ゲームキューブ」

図表7-1 ◆基盤技術の性能向上と顧客要求水準の関係

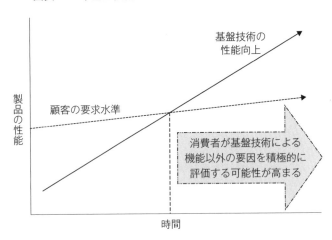

出所:Christensen(1997)を参考に筆者作成。

などが発売されており,そのリアルなゲーム映像に消費者は十分高い評価を与えていた。つまり,その時点で,CPUやGPUの性能向上による情報処理速度やゲーム映像の精細さや豪華さは,多くの消費者にとって,十分すぎるほどの水準に達していたと考えられる。そして,「Wii」では,このようなCPUやGPUの性能向上による差別化ではなく,製品の競争要因を変化させ,ユーザーインターフェイスを変え,家族みんなで遊べるようなゲーム機の開発を行った。消費者の評価基準には変化が生じており,「Wii」を評価し,対価を支払ったのだと考えられる。

7.4 理論的・実践的な示唆

本節では,本書から導き出されたインプリケーションについて,理論的なインプリケーションと実践的なインプリケーションに分けて考察する。

7.4.1 理論的示唆

本書の議論は理論的にどのような意味を持つのであろうか。以下の5点に関

して，関連する文献に言及しながら，本書の意義を検討したい。

　第1の理論的インプリケーションは，先行研究において十分に理論的な考察が行われてこなかった技術的な経営資源を十分に保有しない企業であっても，競争優位を構築できる可能性があることの概念モデルを提示したことである。これまでのRBVを中心とした経営戦略論の先行研究においては，技術的な経営資源を保有し，それを活用することによって，競争優位を構築する論理が構築され，検証されてきた（例えば，Wernerfelt, 1984；Barney, 1986）。また，その一連の研究の中で，技術的な経営資源を持つことの負の側面，つまり経営資源の保有が競争優位を構築する上で，重荷となり，技術的な経営資源を保有するがために，競争地位を落としてしまうコンピテンシートラップやコアリジディティといった論理が探索されてきた（例えば，Levitt and March, 1988；Leonard-Barton, 1992）。

　それに対して，本書では，基盤技術という概念を用いることで，企業の技術的な経営資源の保有の有無を明確にし，その上で，基盤技術を保有しない企業がどのようなロジックのもとで競争を行い，高い競争力を発揮するのか，その論理を構築した。したがって，本書の理論的な位置づけは，**図表7-2**のとおりである。本書では，基盤技術を保有しない企業の優位性について取り上げた。

　本書の論理では，基盤技術を保有しない企業だからこそ発揮できると考えられる経済的優位性と組織的優位性に着目をし，それぞれの優位性について考察を行った。経済的優位性とは，基盤技術を保有せず外部から基盤デバイスを調達しなければならないのだが，その際に，幅広い選択肢の中から，調達するデ

図表7-2 ◆本書の理論的な位置づけ

競争力		保有する	保有しない
	強い	持つ強さ	持たざる強さ
	弱い	持つ弱さ	持たざる弱さ

基盤技術の保有

出所：筆者作成。

バイスを選ぶことができる選択広範性と，現在の選択肢よりも優れた選択肢が現れた場合には，それへ容易に切り替えることができるという切替容易性であった。これらがあるために，市場や技術の変化に対して迅速に，低コストで対応できる柔軟性という優位性を発揮することができる。

　もう1つの組織的優位性とは，基盤技術を保有せず，基盤デバイスによって差別化が困難であるため，基盤技術以外の部分で，自社ならではの特徴を出す必要性に迫られ，他の競争要因を考えたり，探したりする活動が盛んに行われるようになるという思索・探索の活性化と，基盤技術を保有しないという不利で厳しい状況のなかでも，高い開発目標を持つことができれば，何とかしてその状況を打ち破ろうという強いモチベーションが生まれる組織的危機感であった。思索・探索活動が活性化することによって，既存とは異なる競争要因を見つけることができ，組織的危機感が努力のバネとなって，これまでの競争のやり方を変えて，その競争要因を実現しようとする。その結果，基盤技術の機能以外の製品価値を追求することができるという基盤技術を保有しないからこその独自性を発揮することができるのである。

　すなわち，この基盤技術を保有しないことの柔軟性と基盤技術を保有しないからこその独自性が，基盤技術を保有しない企業の優位性の源泉なのである。

　第2に，企業の資源や技術の調達の面に焦点を当てただけではなく，企業内部の意思決定や行動にもスポットライトを当て，独自性の高い製品を開発するプロセスを分析したことである。企業の外部資源や技術，デバイスの調達に関する議論は活発に行われてきた。例えば，Make or Buyの議論などである（代表的な議論として，Coase, 1988やWilliamson, 1975 and 1985, Joskow, 1985）。これらの議論は，資源の特殊性に着目をして，外部調達を行うか，あるいは内部で開発するのか，企業の境界に関連する議論であった。そのなかでも近年では，製品アーキテクチャのモジュラー化を背景として，EMSなどの製造専業メーカーや製品に主要なデバイスのみを作るデバイスメーカーの台頭，そして工場を持たないファブレス企業の増加によって，企業の調達に関連する議論が盛んに行われている[2]。

　しかし，これらの議論では，研究対象企業と外部企業との関係性についての議論が中心である。外部から技術やデバイスを調達することにはいかなるメ

リットが存在するのか，そしてどのようにしたら効率的な調達が行えるのかという考察が行われる。これに対し，本書では，このような外部企業との関係性を経済的優位性として分析範囲に入れながらも，それ以外に組織的優位性として，基盤技術を保有しないからこそ発生する独自性を扱っている。この技術的な資源を持たないからこそ，企業は独自性を発生するという観点はこれまで明示的に議論されてきたわけではなく，したがって，この点が本書の最も重要な貢献であると考えている。

　第3に，価値次元を転換するイノベーションの研究に対する本書の理論的インプリケーションである。新市場破壊的イノベーション（Christensen and Raynor, 2003）やバリューイノベーション（Kim and Mauborgne, 2005）は，価値次元を転換するイノベーションである。しかし，これらの議論では，なぜそのようなイノベーションが可能になるのか，そのプロセスは必ずしも明示的に示されたわけではなかった[3]。本書の基盤技術を保有しない企業が競争優位性を構築する論理は，これらの議論を補完的する議論となるであろう。

　Christensen（1997）やChristensen and Raynor（2003）は，既存の大企業が新規参入企業に敗北を喫する現象を説明する。既存企業は，産業で中核的で主要な技術的資源を保有し，それを活用した製品によって競争優位を築いている。それを打ち負かすような新規企業，この企業は既存企業からスピルオーバーした企業であり，基盤的な技術的資源を保有せず，代わりに既存企業で開発された周辺的な技術，代替的な技術を保有している。そして，基盤的な技術を持たないことにより，主要顧客の声に耳を傾けすぎることなく，周辺的な技術を製品開発に積極的に活用できる。その結果，製品機能で顧客に訴求するのではなく，より低コストであり，既存製品の過剰性能につけ込むような製品[4]や使用文脈に製品の価値を見いだすこと[5]ができる。これは，新規企業が，中核的な技術を保有していないからこそ，既存の製品コンセプトにとらわれることなく，新しい製品コンセプトが創出することができるという本書と同様のロジックである。

　また，Kim and Mauborgne（2005）は，ブルーオーシャン戦略，バリューイノベーションの議論における分析ツール「アクションマトリクス」[6]において，激しい競争の行われている既存市場（レッドオーシャン）から競争のない

市場（ブルーオーシャン）へ転換するために必要な企業行動の分類をしている。しかし，そのような企業行動をとるためのロジックは明確に示されていない。本書での基盤技術を保有しない企業の競争優位を獲得する論理は，新たなブルーオーシャンへ乗り出すための1つの説明となりうるだろう。基盤技術を保有しないことが，製品から製品機能を取り除いたり，付け加えたりすることの原動力となっているのである。

　カシオ計算機の「EX-S1」を例とするならば，CCDの画素数を減らし，光学ズームとオートフォーカスを取り除き，省電力性や液晶ディスプレイを強化し，薄さや軽さを付け加えることによって，顧客にとって新たな価値を創造し，ブルーオーシャンへの転換を図ったと言える。そして，この製品機能を取り除いたり，付け加えたりできる背景のロジックとして，本書で主張する基盤技術を保有しないことによる優位性が競争優位につながるとの論理に適合性があると考えられる。

　以上のように，ChristensenやKim and Mauborgneの議論では明確に示されてこなかった価値転換のイノベーションの発生の源泉の1つとして，本書で主張する基盤技術を保有しないことが優位性につながるという論理を示した。

　また，先行研究では，競争要因がどう変化したかについては論じられてきた。例えば，Pine and Gilmore（1999）は，製品やサービスが顧客に与える感動を有する経験の重要性を指摘する。楠木・阿久津（2006）は，競争次元の可視性に着目し，見えない次元での競争を行うことによってコモディティ化から脱却できることを示した。そして，新市場創造のためのツールも示唆されている。Kim and Mauborgne（2005）は，まず戦略キャンバスというチャートを用いて，自社や競合企業の現状の戦略プロフィールを洗い出した後に，4アクションという4つの操作（取り除く，減らす，増やす，付け加える）を行うことで，新しい価値提案ができることを示している。

　ただし，これらは，静的な分析やツールであり，動的なメカニズムとして，提示されているわけではない。本書では，基盤技術を保有しない企業に焦点を当て，技術的資源を保有しないからこそ，新しい差別化要因を探索する必要性が生まれ，外部との接触のなかからアイディアを得て，保有する資源を動員し，外部資源を活用して，新しい競争要因を形成し，心理的エネルギーが競争要因

の実現を後押しするプロセスとして，競争要因の変化が起きるメカニズムを1つの推論として示した。

加えて，Christensenの議論では，破壊的イノベーションの担い手が，既存企業からスピンアウトした新興企業であり，このイノベーションの担い手を明示的にイノベーション発生のプロセスに組み込んでいたが，その他の多くの研究では，イノベーションの担い手に対してあまり着目してこなかったように思われる。本書では，そのイノベーションの担い手の特性に焦点を当てた。製品の基本的機能を担い，産業の参入企業や顧客が共通して重要だと認識している技術を基盤技術と設定し，その技術的資源を保有していない企業を分析対象として，その企業がどのように競争要因を変化させていくのかを明らかにしてきた。すなわち，既存の競争要因とは異なる要因を展開できる企業の特性として，何かを欠いた弱みを持つ企業であり，その資源の欠乏とそれが引き起こす競争力低下が新しい競争要因創出の動因となっていたことを明らかにした。

第4の理論的インプリケーションは，基盤技術を保有しない企業の中でも2つの戦略パターンが存在することから導出されるものである。第6章第4節で指摘したように，基盤技術を保有しない企業は，基盤技術の保有の意図の相違によって，製品開発プロセスが異なる。基盤技術をあえて持たず (will not make)，基盤技術以外の競争要因を積極的に志向する企業と，基盤技術は持ちたいけれども持つことができず (can not make)，デバイス開発に積極的に関与し，基盤デバイスでの製品差別化を志向する企業に分類できた。

まず，基盤技術をあえて持たない企業は，基盤技術を開発せず，基盤デバイスは外部調達でまかない，その他の競争要因で差別化を強く志向する。産業の導入期では，すぐに基盤技術以外の競争要因が受け入れられるのかは，不確実性が高い。しかし，市場が拡大していく段階でもあるので，製品需要は十分あり，産業に生き残っていける可能性は高い。時間の経過とともに，基盤技術の性能が向上し，顧客ニーズが多様化していくと，一部の消費者は，基盤技術の機能に満足し，製品の評価軸は変化し（Christensen, 1997；Christensen and Raynor, 2003），基盤技術以外の製品特性を評価するようになっていく。このような産業環境になれば，積極的に基盤技術以外の競争要因の創出を志向することが，基盤技術を保有しない企業にとって，大きなメリットとなる可能性が

高まるのである。したがって，基盤技術をあえて持たない企業は，まずは基盤デバイスの外部調達を行い，基盤技術を保有しない企業の製品に見劣りしない製品を開発しながら，基盤デバイスの性能向上と顧客ニーズの多様化が起こるのを待ち，基盤技術以外の要因によって，製品が差別化できるチャンスをうかがうことが重要であると言える。

また，基盤技術は持ちたいけれども持つことができない企業は，基盤技術の開発に成功しなかったとしても，あきらめることなく，産業にとどまることが重要である。薄型テレビ産業のソニーの事例で見たように，自社で基盤技術を開発していないとしても，基盤技術を保有する企業とともに，共同開発を行ったり，合弁工場へ出資したりすることによって，自社が開発したい仕様や技術を基盤デバイスに反映させることができ，独自性の高いデバイスを開発することが可能である。自社で基盤技術を開発せずとも，基盤デバイスの開発に積極的に関わる方法はあり，それをきっちりと実現することが大切となる。そして，製品差別化のプラスアルファとして基盤技術以外での競争要因を追求することは，消費者の製品評価軸が多様化したときにメリットになる。他社に先駆けて基盤技術以外での競争要因を思索・探索していることで，製品差別化において先手を打つことができるのである。

基盤技術をあえて持たない企業にも，基盤技術は持ちたいけれども持つことができない企業にも共通して主張できることとして，短期的な視点にとらわれることなく，長期的な視点に立ち，粘り強く産業で競争していくことが大切である。産業の導入期では，消費者は，基盤技術による機能を積極的に評価し，基盤技術以外の競争要因を評価することはあまりない。そのような競争環境では，基盤技術を保有しない企業は，じっと耐えることが大切で，すぐに産業から撤退などしないことが必要である。研究対象製品産業には，多くの基盤技術を保有しない企業が参入するが，そのほとんどが数機種を発売しただけで，すぐに撤退してしまった。短期的には，撤退することが合理的であったのかもしれない。しかし，長期的な視点に立って，いつか基盤技術以外の競争要因が消費者に評価されると信じ，事業を継続させていくことが重要になると考えられるのである。

第5の理論的インプリケーションは，RBVの議論における競争優位の源泉

となる経営資源をめぐる分析アプローチへの示唆である。RBVにおける分析アプローチは大別して，ファクター特定アプローチとプロセス解明アプローチの2つがある。ファクター特定アプローチとは，企業の競争優位の源泉となる企業的な要因を特定しようとするアプローチである。その起源を産業組織論に持ち，Porter（1985）をはじめとするポジショニングスクールを補完するかたちで発展してきた。

　一方のプロセス解明アプローチは，企業が競争優位を構築するまでの過程を解明しようとするアプローチである。その起源は，Penrose（1959）にあると言える。Penroseの分析視角とは，企業と経営資源の集合体と見なすものである。そして，経営資源と生産用役（productive services）は明確に区別すべきであるという（訳書，1962, p.33）。2つを区別することで，遊休状態にある経営資源からどのように生産用役を引き出すかによって，企業のアウトプットは異なると考えることができるのである。

　本書では，基盤技術や周辺技術という経営資源からの生産用役の引き出されるほうの違いが，企業の競争力の違いを生み出したと考えられる。基盤技術を保有する企業が周辺技術を保有していたとしても，基盤技術を保有しない企業に製品開発への展開において遅れをとることは，それぞれの企業の競争優位の構築について，プロセスの解明を行うことの重要性を示唆するものである[7]。つまり，経営資源と生産用役をはっきりと区別し，どのように生産用役が引き出されるのかを分析することが重要であると主張する。

7.4.2　実践的示唆

　続いて，本書の実践的インプリケーションである。企業に対する本書のメッセージは，製品の中心となる技術を保有していなくても，あきらめる必要はないということだ。特に日本企業は，技術的な要因によって製品の差別化を図ろうとする傾向が非常に強い。実際に，多くの企業が，消費者が求める以上の高機能・高性能の製品を開発・発売していると言われる。他国の消費者と比較すると，日本の消費者は，技術的に新規性の高い製品や多機能な製品，品質の高い製品に対価を支払う傾向が強いという特殊性はあるが，それでも世界的に見れば，過剰スペックと思われる製品が数多く開発・販売されている。具体的に

は，携帯電話を筆頭に，パソコンやビデオカメラなどが挙げられる。技術を過信し，特殊性の高い国内市場に強く依存する結果，世界では圧倒的に数が求められている単機能で低価格な製品を開発することができていない。

一方，世界規模で競争力の高い製品とは，携帯オーディオプレイヤーであるアップルのiPodやヒューレット・パッカードやデル，エイスースのパソコンなどの，機能を絞って，価格を抑え，その代わりに，ユーザーインターフェースやデザインのユニークさ，消費者自らが製品構成をカスタマイズできる仕組みが評価されている製品である。つまり，製品の機能や品質が，消費者の評価基準の最も重要な部分を占めているのではない。

言い換えれば，基盤技術が実現する機能以外の部分を消費者は評価してくれる可能性が高いはずだから，いまこそが，基盤技術を保有しないことを優位性に転化しやすい環境にあると考えられる。しかも，本書で構築した基盤技術を保有しない企業の優位性に関する論理では，基盤技術を保有しないからこそ製品の独自性を生み出すことができる可能性を示している。したがって，基盤技術を保有しないことをチャンスであると考えて，基盤技術以外の部分での差別化を追求していくことをあきらめなければ，競争力の高い製品を開発できると考えられる。

7.5　今後の課題

最後に，本書の限界と今後の課題を示す。本書の基盤技術を保有しない企業の優位性に関する論理は，3つの事例分析を行って構築されたものである。薄型テレビ産業におけるソニーの事例分析，デジタルカメラ産業におけるカシオ計算機の事例分析，家庭用据え置き型ゲーム機産業における任天堂の事例分析に基づいて，議論を行ってきた。

しかし，基盤技術を保有しない企業は，これら3企業だけではない。これらの企業以外にも存在する。この3つの事例のみしか分析を行っていないことによって，以下の2つの限界が生じる。そして，この限界を解消することが，今後の課題になると考える。

7.5.1　その他の基盤技術を保有しない企業の論理

　本書では,基盤技術を保有しない企業として,薄型テレビ産業のソニー,デジタルカメラ産業のカシオ計算機,家庭用据え置き型ゲーム機産業の任天堂の事例を取り上げた。それらの事例分析を行うことによって,本書の基盤技術を保有しない企業の優位性に関する論理を構築したわけであるが,それらの企業以外にも基盤技術を保有しない企業は存在する。**図表7-3**のように,これから検討すべき基盤技術を保有しない企業は,4分類でき,これらについて,今後研究をする必要がある。

　まず,第Ⅰ象限に位置する企業である。これは,本書の研究対象企業の産業に参入するその他の基盤技術を保有しない企業であり,基盤技術以外の周辺技術をほとんど保有していない企業である。

　デジタルカメラ産業について考えてみよう。本書では,撮像素子技術と光学系技術というデジタルカメラ産業の基盤技術を保有しない企業として,カシオ計算機を取り上げ,その事例分析を行った。しかし,デジタルカメラ産業に参入する企業の中で,これらの基盤技術を保有しない企業は,カシオ計算機以外にも存在する。例えば,東アジア諸国の企業などである。これらの企業は,撮像素子技術や光学系技術だけではなく,ほとんど要素技術を保有していない企業である。そのため,カシオ計算機が行ったように,製品において新しい競争要因を創出するということは行っていない可能性が高い。製品の面で差別化を

図表7-3◆今後の研究課題―まだ分析を行っていない基盤技術を保有しない企業―

	基盤技術以外には技術的資源を保有する企業	ほとんど技術的資源を保有しない企業
研究対象企業と同一産業に参入する基盤技術を保有しない企業	Ⅱ	Ⅰ
研究対象としなかった産業に参入する基盤技術を保有しない企業	Ⅲ	Ⅳ

出所:筆者作成。

するのではなく，ただ量産効果を追って低コスト戦略を追求したり，あるいは，流通チャネルなどで差別化を図っているのかもしれない。つまり，カシオ計算機とは差別化を行う要因が大きく異なり，ビジネスモデル自体が根本的に違う可能性がある。

また，薄型テレビ産業では，VIZIOが挙げられる。VIZIOはパネルに関する技術を保有しておらず，またその他の技術的な資源も保有していないようである。しかし，圧倒的に低価格戦略を通じて，また高級感のある外装とすることで，アメリカでの市場シェアを向上させ，成長している企業である。このVIZIOとソニーとは，その戦略の面で大きく異なっていると考えられるので，VIZIOに関しての分析を行う必要があると考える。

次に，第II象限に属する企業である。これは，本書の研究対象企業の産業に参入するその他の基盤技術を保有しない企業であり，基盤技術以外には，技術的な資源を保有している企業である。

例えば，家庭用据え置き型ゲーム機産業のマイクロソフトが取り上げられる。マイクロソフトは，据え置き型ゲーム機の基盤技術である半導体技術は保有していない。そのため，CPUやGPUは，IBM社などから外部調達している。しかし，ソフトウェアに関しては高い技術を持っており，それを活かした据え置き型ゲーム機開発を行っている。「Xbox」のOSには，Windowsを改良したものを採用していたし，サードパーティーのゲームソフトウェア企業や消費者向けに，「Xbox」用ゲームソフトを開発するためのソフトウェアを開発・配布していた。このように，製品の独自性の発揮の仕方が，任天堂とは異なっている。そのため，どのようなロジックのもとで，マイクロソフトが競争しているのかを分析する必要があるだろう。

続いて，第III象限に属する企業である。これは，本書では取り扱っていない産業で活躍している基盤技術を保有しない企業の中で，その中でも基盤技術以外の技術的資源を保有する企業である。

例えば，DVDプレーヤ産業の日本企業である。DVDプレーヤの基盤デバイスを光ピックアップと設定すると，光ピックアップに関する技術を保有しなくても，光ピックアップ以外の部分で勝負を仕掛け，競争力を高めた企業がある。では，このような企業が，どのような製品開発をしていたのか，その背後にあ

る論理とはどのようなものなのか，分析する必要があるだろう。

　最後に，第Ⅳ象限に位置する企業である。この企業は，本書では取り扱っていない産業で活躍している基盤技術を保有しない企業の中で，基盤技術以外にもほとんど技術的資源を保有しない企業である。

　DVDプレーヤ産業の例で言えば，光ピックアップは外部調達してきて，低価格の製品を開発している中国企業や台湾企業である。これらの差別化の要因やそのやり方は，第Ⅲ象限に位置する企業とも違うだろう。それを分析する必要がある。

　本書の基盤技術を保有しない企業の優位性に関する論理は，薄型テレビ産業のソニー，デジタルカメラ産業のカシオ計算機，家庭用据え置き型ゲーム機産業の任天堂の3事例を通じて構築された。そのため，本書の論理は，基盤技術を保有しない企業が強さを発揮する論理の一部にすぎない。したがって今後，研究対象産業でも本書で取り上げなかった企業や，幅広い産業の異なる資源プロフィールを持つ企業を取り上げることによって，包括的な基盤技術を保有しない企業の優位性に関する論理を構築していくことが必要であると考えている。

7.5.2　基盤技術を保有する企業との比較

　本書の第2の課題は，基盤技術を保有しない企業と基盤技術を保有する企業との比較を行っていないことである。Leonard-Barton（1992, 1995）は，コア技術やコアコンピタンスを保有することが，強さの源泉となることもあるし，弱さの原因となることもあると指摘している。そして，本書での基盤技術を保有しない企業の優位性に関する論理の一部は，第7章第2節でも示したように，Leonard-Bartonらの議論に依拠しており，コア技術やコアコンピタンスを持つことの負の側面を，基盤技術を保有しない企業は利用することで，強みを発揮できる側面がある。

　しかし，Leonard-Bartonらの持つ弱さの論理の単純な裏返しが，基盤技術を保有しない企業の優位性に関する論理のすべてではない。基盤技術を保有しないことの積極的な意義であったり，基盤技術を保有しないからこそ発生する強みというのが存在するのである。それが，本書で構築した基盤技術を保有しない企業の優位性に関する論理のなかで，基盤技術を保有しない企業には，こ

れまでとは異なる競争要因を創出できる組織的優位性がある。この基盤技術を保有しないからこそ発生する強みがあることをより明確に主張するために，基盤技術を保有する企業と基盤技術を保有しない企業の競争の論理を比較する必要があるだろう。

　薄型テレビ産業のソニーの事例では，液晶パネルを保有するシャープや液晶パネルとプラズマパネルともに保有するパナソニックとの比較が必要だろう。またデジタルカメラ産業のカシオ計算機の事例で言えば，撮像素子技術や光学系技術を保有するソニーやパナソニック，キヤノンやニコン，オリンパスや富士フイルムなどとの比較検討をしなければならない。そして，家庭用据え置き型ゲーム機産業の任天堂の事例では，「プレイステーション3」にCell[8]と呼ばれるCPUを搭載したソニーとの比較が必要とされる。今後は，基盤技術を保有する企業との比較を検討することで，基盤技術を保有しない企業ならではの強さを追求していきたい。

【注】

1　ここでは，内製する基盤デバイスと外販されている基盤デバイスとの間の性能的な差が小さい場合を想定している。もし，自社開発デバイスとデバイスメーカーのデバイスとの技術的な差が大きければ，自社開発した高い性能の基盤デバイスを利用できることが大きなメリットになる。

2　自社では工場を持たず，製品の製造は外部に委託するファブレス企業の関する研究とその製造を請け負うEMS（Electronics Manufacturing Service）の研究を中心に行われてきた（例えば，Child and Fanlkner, 1998；佐久間，1998；稲垣，2001；藤坂，2001；原田編，2001；伊藤，2004）。また調達に関しては，アクセンチュア調達戦略グループ（2007）がある。

3　Christensen and Raynor（2003）は，新規企業が競争優位性を築くプロセスについて言及している。ただし，その新規企業の競争優位を獲得するまでの企業行動の議論については不十分な部分がある。

4　ローエンド破壊型イノベーションと呼ばれる。

5　新市場破壊的イノベーションと呼ばれる。

6　業界の常識と比べて増やす・付け加えるべきものと，減らす・取り除くべきものを洗い出すための分析ツール。

7　藤本・延岡（2006）は，ものづくりの組織能力を分析するというコンテクストで，経営資源と生産用役をはっきりと峻別することが必要だと指摘する。

8 ただし，2007年10月に，ソニーは，CELLを共同開発した東芝に長崎県諫早市にある半導体製造設備を譲渡している。

参考資料1　BRAVIA以降の液晶テレビの仕様一覧

シリーズ	タイプ		機種名(KDL-)	液晶サイズ	ソニーパネル	画素数	画像処理エンジン
2005FW	X	X1000	46X1000	46	○	1920*1080	DRC-MF v2エンジン
			40X1000	40	○	1920*1080	DRC-MF v2エンジン
	V	V1000	40V1000	40	○	1366*768	高集積ハイビジョン,ビデオプロセッサ
			32V1000	32	○	1366*768	高集積ハイビジョン,ビデオプロセッサ
	S	S1000	40S1000	40	○	1366*768	高集積ハイビジョン,ビデオプロセッサ
			32S1000	32	○	1366*768	高集積ハイビジョン,ビデオプロセッサ
2006SS	V	V2000	46V2000	46	○	1366*768	BE
			40V2000	40	○	1366*768	BE
			32V2000	32	○	1366*768	BE
	S	S2000	46S2000	46	○	1366*768	BE
			40S2000	40	○	1366*768	BE
			32S2000	32	○	1366*768	BE
			26S2000	26	○	1366*768	BE
			23S2000	23	○	1366*768	BE
			20S2000	20		1366*768	BE
2006FW	X	X2500	52X2500	52	○	1920*1080	BEPro
			46X2500	46	○	1920*1080	BEPro
			40X2500	40	○	1920*1080	BEPro
	V	V2500	46V2500	46	○	1920*1080	BE
			40V2500	40	○	1920*1080	BE
			32V2500	32	○	1366*768	BE
2007SS	X	X2500/X2550	52X2500/X2550	52	○	1920*1080	BEPro
			46X2500/X2550	46	○	1920*1080	BEPro
			40X2500/X2550	40	○	1920*1080	BEPro
	V	V2500	46V2500	46	○	1920*1080	BE
			40V2500	40	○	1920*1080	BE
			32V2500	32	○	1366*768	BE
	J	J5000	40J5000	40		1366*768	BE
			32J5000	32		1366*768	BE
		J3000	40J3000	40	○	1366*768	BE
			32J3000	32		1366*768	BE
			26J3000	26		1366*768	BE
			20J3000	20		1366*768	BE
	S	S2500	46S2500	46	○	1366*768	BE
			40S2500	40	○	1366*768	BE
			32S2500	32	○	1366*768	BE
			20S2500	20		1366*768	BE
		S2000	26S2000	26	○	1366*768	BE
			23S2000	23	○	1366*768	BE

注：BEは「ブラビアエンジン」の略称。

シリーズ	タイプ	機種名 (KDL-)	フローティングデザイン	アートフレームデザイン	クール&モダンデザイン
2005FW	X	X1000	46X1000	○		
			40X1000	○		
	V	V1000	40V1000			○
			32V1000			○
	S	S1000	40S1000			
			32S1000			
2006SS	V	V2000	46V2000			○
			40V2000			○
			32V2000			○
	S	S2000	46S2000			
			40S2000			
			32S2000			
			26S2000			
			23S2000			
			20S2000			
2006FW	X	X2500	52X2500	○		
			46X2500	○		
			40X2500	○		
	V	V2500	46V2500			
			40V2500			
			32V2500			
2007SS	X	X2500/ X2550	52X2500/ X2550	○		
			46X2500/ X2550	○		
			40X2500/ X2550	○		
	V	V2500	46V2500			
			40V2500			
			32V2500			
	J	J5000	40J5000			
			32J5000			
		J3000	40J3000			
			32J3000			
			26J3000			
			20J3000			
	S	S2500	46S2500			
			40S2500			
			32S2500			
			20S2500			
		S2000	26S2000			
			23S2000			

シリーズ	シリーズ	タイプ	機種名(KDL-)	液晶サイズ	ソニーパネル	画素数	画像処理エンジン
2007FW	X	X7000	70X7000	70	○	1920*1080	BEPro
2007FW	X	X5000/5050	52X5000/5050	52	○	1920*1080	BEPro
2007FW	X	X5000/5050	46X5000/5050	46	○	1920*1080	BEPro
2007FW	X	X5000/5050	40X5000/5050	40	○	1920*1080	BEPro
2007FW	W	W5000	52W5000	52	○	1920*1080	BEPro
2007FW	W	W5000	46W5000	46	○	1920*1080	BEPro
2007FW	W	W5000	40W5000	40	○	1920*1080	BEPro
2007FW	V	V5000	52V5000	52	○	1920*1080	BEEX
2007FW	V	V5000	46V5000	46	○	1920*1080	BEEX
2007FW	V	V5000	40V5000	40	○	1920*1080	BEEX
2007FW	V	V3000	46V3000	46	○	1920*1080	BEEX
2007FW	V	V3000	40V3000	40	○	1920*1080	BEEX
2007FW	J	J5000	46J5000	46	○	1366*768	BE
2007FW	J	J5000	40J5000	40	○	1366*768	BE
2007FW	J	J3000	40J3000	40	○	1366*768	BE
2007FW	J	J3000	32J3000	32		1366*768	BE
2007FW	J	J3000	26J3000	26		1366*768	BE
2007FW	J	J3000	20J3000	20		1366*768	BE
2008	X	X7000	X7000	70	○	1920*1080	BEPro
2008	XR	XR1	55XR1	55	○	1920*1080	BE2Pro
2008	XR	XR1	46XR1	46	○	1920*1080	BE2Pro
2008	X	X1	52X1	52	○	1920*1080	BE2Pro
2008	X	X1	46X1	46	○	1920*1080	BE2Pro
2008	X	X1	40X1	40	○	1920*1080	BE2Pro
2008	ZX	ZX1	40ZX1	40	○	1920*1080	BE2
2008	W	W1	46W1	46	○	1920*1080	BE2
2008	W	W1	40W1	40	○	1920*1080	BE2
2008	F	F1	46F1	46	○	1920*1080	BE2
2008	F	F1	40F1	40	○	1920*1080	BE2
2008	F	F1	32F1	32	○	1366*768	BE2
2008	V	V1	52V1	52	○	1920*1080	BE2
2008	V	V1	46V1	46	○	1920*1080	BE2
2008	V	V1	40V1	40	○	1920*1080	BE2
2008	J/JE	J1/JE1	32JE1	32		1366*768	BE2
2008	J/JE	J1/JE1	32J1	32		1366*768	BE2
2008	J/JE	J1/JE1	26J1	26		1366*768	BE2
2008	J/JE	J1/JE1	20J1	20		1366*768	BE2
2008	M	M1	20M1	20		1366*768	BE2
2008	M	M1	16M1	16		1366*768	BE2

注:BEは「ブラビアエンジン」の略称。

シリーズ	タイプ		機種名 (KDL-)	フローティングデザイン	アートフレームデザイン	クール&モダンデザイン
2007FW	X	X7000	70X7000	○		
		X5000/5050	52X5000/5050	○		
			46X5000/5050	○		
			40X5000/5050	○		
	W	W5000	52W5000		○	
			46W5000		○	
			40W5000		○	
	V	V5000	52V5000		○	
			46V5000		○	
			40V5000		○	
		V3000	46V3000		○	
			40V3000		○	
	J	J5000	46J5000			
			40J5000			
		J3000	40J3000			
			32J3000			
			26J3000			
			20J3000			
2008	X	X7000	70	○		
	XR	XR1	55XR1	○		
			46XR1	○		
	X	X1	52X1	○		
			46X1	○		
			40X1	○		
	ZX	ZX1	40ZX1	○		
	W	W1	46W1	○		
			40W1	○		
	F	F1	46F1			
			40F1			
			32F1			
	V	V1	52V1			
			46V1			
			40V1			
	J/JE	J1/JE1	32JE1			
			32J1			
			26J1			
			20J1			
	M	M1	20M1			
			16M1			

参考資料２　QV-10以降のカシオ計算機のデジタルカメラの製品仕様（1995年４月〜2008年９月）

機種数（累計）	1	2	3	4	5	6
機種名	QV-10	QV-10A	QV-30	QV-100	QV-300	QV-11
発売年月	1995年４月	1996年３月	1996年３月	1996年７月	1996年11月	1997年１月
撮像素子画素数（万画素）	25	25	25	36	36	25
撮像素子サイズ（インチ）	1/5	1/5	1/5	1/4	1/4	1/5
モニターサイズ（インチ）	1.8	1.8	2.5	1.8	2.5	1.8
サイズ（W×D×H）	130×40×66mm	130×40×66mm	162×49×72mm	139×40×66mm	162×72×49mm	130×40×66mm
重量（g）	190	190	240	180	250	170

機種数（累計）	7	8	9	10	11	12
機種名	QV-200	QV-70	QV-700	QV-770	QV-5000SX	QV-7000SX
発売年月	1997年７月	1997年８月	1997年９月	1998年３月	1998年４月	1998年９月
撮像素子画素数（万画素）	36	25	35	35	131	132
撮像素子サイズ（インチ）	1/4	1/5	1/4	1/4	1/3	1/3
モニターサイズ（インチ）	1.8	1.8	2.5	1.8	1.8	2.5
サイズ（W×D×H）	141×66×40mm	103×34×66mm	147×50×69mm	129×38×66mm	131×69×43mm	140.5×52.5×75mm
重量（g）	190	150	290	200	250	280

機種数（累計）	13	14	15	16	17	18
機種名	QV-5500SX	QV-8000SX	QV-2000UX	QV-3	XV-3	QV-23
発売年月	1999年３月	1999年９月	1999年９月	2000年２月	2000年４月	2000年７月
撮像素子画素数（万画素）	131	131	211	334	334	211
撮像素子サイズ（インチ）	1/3	1/3	1/2	1/1.8	1/1.8	1/2.7
モニターサイズ（インチ）	1.8	2.5	1.8	1.8	1.8	1.8
サイズ（W×D×H）	131×69×43mm	142.5×71×77.5mm	129.5×61×75mm	134.5×57.5×80.5mm	114.8×32.8×62.0mm	118×54×67mm
重量（g）	250	330	315	320	215	245

機種数（累計）	19	20	21	22	23	24
機種名	QV-28	LV-10	QV-35	QV-24	QV-2900UX	QV-4000
発売年月	2000年9月	2000年11月	2001年3月	2001年5月	2001年6月	2001年8月
撮像素子画素数（万画素）	211	35	334	211	211	413
撮像素子サイズ（インチ）	1/2.7	1/2.7	1/1.8	1/2.7	1/2.7	1/1.8
モニターサイズ（インチ）	1.8	無し	1.8	1.8	1.8	1.8
サイズ（W×D×H）	121×66×80.5mm	94×34×高さ63mm	134.5×57.5×80.5mm	118×54×67mm	121×66×80.5mm	118×64.5×74.5mm
重量（g）	295	120	320	245	295	355

機種数（累計）	25	26	27	28	29	30
機種名	LV-20	GV-10A	QV-2100	EX-S1	EX-M1	GV-20
発売年月	2001年10月	2001年11月	2001年11月	2002年6月	2002年6月	2002年7月
撮像素子画素数（万画素）	35	131	214	134	134	214
撮像素子サイズ（インチ）	1/3	1/3.2	1/2.7	1/2.7	1/2.7	1/3.2
モニターサイズ（インチ）	無し	1.6	1.5	1.6	1.6	1.6
サイズ（W×D×H）	84×54×25mm	100.5×74.0×49.0mm	108×67×44mm	88×55×11.3mm	88×55×12.4mm	100.5×74.0×49.0mm
重量（g）	83	250	190	85	87	250

機種数（累計）	31	32	33	34	35	36
機種名	QV-R4	EX-S2	EX-M2	QV-5700	EX-S3	EX-Z3
発売年月	2002年7月	2002年9月	2002年9月	2002年11月	2003年3月	2003年3月
撮像素子画素数（万画素）	413	211	211	500	335	334
撮像素子サイズ（インチ）	1/1.8	1/1.8	1/1.8	1/1.8	1/1.8	1/2.5
モニターサイズ（インチ）	1.6	1.6	1.6	1.8	2.0	2.0
サイズ（W×D×H）	90×59×31mm	88×55×11.3mm	88×55×11.3mm	118×74.5×64.5mm	89.5×57×11.7mm	87×57×22.9mm
重量（g）	200	88	88	355	72	126

機種数（累計）	37	38	39	40	41	42
機種名	QV-R40	EX-S20	EX-M20	EX-Z4	QV-R51	EX-Z30
発売年月	2003年8月	2003年10月	2003年11月	2003年11月	2004年1月	2004年3月
撮像素子画素数（万画素）	413	211	211	423	525	334
撮像素子サイズ（インチ）	1/1.8	1/2.7	1/2.7	1/2.5	1/1.8	1/2.5
モニターサイズ（インチ）	1.6	1.6	1.6	2.0	2.0	2.0
サイズ（W×D×H）	88×60.5×27mm	83×53×11.3mm	83×53×11.3mm	87×57×23.1mm	88.3×60.4×33.4mm	87×57×23.1mm
重量（g）	160	78	78	129	168	121

機種数（累計）	43	44	45	46	47	48
機種名	EX-Z40	EX-P600	EX-Z50	QV-R61	EX-S100	EX-Z55
発売年月	2004年3月	2004年4月	2004年9月	2004年9月	2004年10月	2004年10月
撮像素子画素数（万画素）	423	637	525	638	334	525
撮像素子サイズ（インチ）	1/2.5	1/1.8	1/2.5	1/1.8	1/3.2	1/2.5
モニターサイズ（インチ）	2.0	2.0	2.0	2.0	2.0	2.5
サイズ（W×D×H）	87×57×23.1mm	97.5×67.5×45.1mm	87×57×22.4mm	88.3×60.4×33.4mm	88×57×16.7mm	87×58×22.5m
重量（g）	121	225	121	168	113	130

機種数（累計）	49	50	51	52	53	54
機種名	EX-P700	EX-P505	EX-Z750	EX-Z57	EX-S500	EX-Z500
発売年月	2005年1月	2005年2月	2005年3月	2005年3月	2005年6月	2005年8月
撮像素子画素数（万画素）	741	525	741	525	525	525
撮像素子サイズ（インチ）	1/1.8	1/2.5	1/1.8	1/2.5	1/2.5	1/2.5
モニターサイズ（インチ）	2.0	2.0	2.7	2.7	2.2	2.7
サイズ（W×D×H）	97.5×67.5×45.1mm	98.5×55.5×73.5mm	89×58.5×22.4mm	88.5×58×22.5mm	90×59×16.1mm	88.5×57×20.5mm
重量（g）	225	215	127	130	115	112

参考資料 241

機種数（累計）	55	56	57	58	59	60
機種名	EX-Z110	EX-S600	EX-Z600	EX-Z850	EX-Z60	EX-Z1000
発売年月	2005年9月	2005年11月	2006年1月	2006年3月	2006年4月	2006年5月
撮像素子画素数（万画素）	637	618	618	832	637	1010
撮像素子サイズ（インチ）	1/2.5	1/2.5	1/2.5	1/1.8	1/2.5	1/1.8
モニターサイズ（インチ）	2.0	2.7	2.7	2.5	2.7	2.8
サイズ（W×D×H）	90×60×27.2mm	88.5×57×20.5mm	88.5×57×20.5mm	89×58.5×23.7mm	95.2×60.6×19.8mm	92×58.4×22.4mm
重量（g）	136	115	112	130	118	139

機種数（累計）	61	62	63	64	65	66
機種名	EX-Z70	EX-Z700	EX-S770	EX-Z1050	EX-Z75	EX-Z1080
発売年月	2006年8月	2006年8月	2006年10月	2007年2月	2007年4月	2007年9月
撮像素子画素数（万画素）	720	720	720	1010	720	1030
撮像素子サイズ（インチ）	1/2.5	1/2.5	1/2.5	1/1.75	1/2.5	1/1.75
モニターサイズ（インチ）	2.5	2.7	2.8	2.7	2.6	2.6
サイズ（W×D×H）	95.2×60.6×19.8mm	88.5×57×20.5mm	94.5×60.4×17.3mm	91.1×57.2×24.2mm	95.4×60.6×19.6mm	91.1×57.2×24.2mm
重量（g）	118	112	127	125	112	125

機種数（累計）	67	68	69	70	71	72
機種名	EX-Z77	EX-S880	EX-Z80	EX-S10	EX-Z100	EX-Z200
発売年月	2007年9月	2007年9月	2008年2月	2008年2月	2008年3月	2008年3月
撮像素子画素数（万画素）	720	810	810	1010	1010	1010
撮像素子サイズ（インチ）	1/2.5	1/2.5	1/2.5	1/2.3	1/2.3	1/2.3
モニターサイズ（インチ）	2.6	2.8	2.6	2.7	2.7	2.7
サイズ（W×D×H）	95×59×19.8mm	94.5×60.4×17.3mm	89.7×51.7×19mm	94.2×54.6×15mm	93×55×21.2mm	93×55×22.7mm
重量（g）	118	128	118	113	111	119

機種数（累計）	73	74	75	76	77
機種名	EX-F1	EX-Z85	EX-Z250	EX-Z300	EX-FH20
発売年月	2008年3月	2008年8月	2008年8月	2008年8月	2008年9月
撮像素子画素数（万画素）	600	910	914	1010	910
撮像素子サイズ（インチ）	1/1.8	1/2.5	1/2.5	1/2.3	1/2.3
モニターサイズ（インチ）	2.8	2.6	3.0	3.0	3.0
サイズ（W×D×H）	127.7×79.6×130.1mm	89.7×51.7×19mm	96.7×57.3×19.9mm	96.9×57.6×23mm	122.6×81.4×84.5mm
重量（g）	671	100	119	131	483

参考資料3　主要ゲーム機メーカー4社の据え置き型ゲーム機の開発年表（1980年〜2008年）

	任天堂	ソニー	マイクロソフト	セガ
1980年				
1981年				
1982年				
1983年	ファミリーコンピュータ			SC-3000/SG-1000
1984年				
1985年				セガ・マークⅢ
1986年	ファミコン ディスクシステム			
1987年				セガ・マスターシステム
1988年				メガドライブ
1989年				
1990年	スーパーファミコン			
1991年				メガCD
1992年				
1993年				
1994年		プレイステーション		スーパー32X/セガサターン
1995年	バーチャルボーイ			
1996年	NINTENDO64			
1997年				
1998年				ドリームキャスト
1999年	NINTENDO64DD			
2000年		プレイステーション2		
2001年	ゲームキューブ		Xbox	
2002年				
2003年				
2004年				
2005年			Xbox360	
2006年	Wii	プレイステーション3		
2007年				
2008年				

注：網掛けによる色分けはゲーム機の世代を表す。

参考資料4　主要ゲーム機メーカー3社の携帯ゲーム機の開発年表（1980年〜2008年）

	任天堂	ソニー	セガ
1980年	ゲーム&ウォッチ		
1981年			
1982年			
1983年			
1984年			
1985年			
1986年			
1987年			
1988年			
1989年	ゲームボーイ		
1990年			ゲームギア
1991年			
1992年			
1993年			
1994年			
1995年			
1996年	ゲームボーイポケット		
1997年			
1998年	ゲームボーイカラー／ゲームボーイライト		
1999年		ポケットステーション	
2000年			
2001年	ゲームボーイアドバンス		
2002年			
2003年	ゲームボーイアドバンスSP		
2004年	ニンテンドーDS	プレイステーションポータブル	
2005年	ゲームボーイミクロ		
2006年	ニンテンドーDS Lite		
2007年			
2008年	ニンテンドーDSi		

注：網掛けによる色分けはゲーム機の世代を表す。

参考資料5　主要ゲーム機メーカー4社の据え置き型ゲーム機の製品仕様（1980年～2006年）

任天堂の据え置き型ゲーム機

	発売日（日本）	CPU	CPUクロック数	GPU	対応メディア
ファミリーコンピュータ	1983年7月15日	RP2A03（8ビット）（リコー製）	1.79MHz	RP2C02	ロムカセット
スーパーファミコン	1990年11月21日	65816（16ビット）（リコー製）	3.58MHz	S-PPU	ロムカセット
NINTENDO64	1996年6月23日	VR4300カスタマイズ（64ビット）（NEC製）	93.75MHz	Reality Control Processor (RISC R3000)	ロムカセット
ゲームキューブ	2001年9月14日	Power PC「Gekko」(IBM製)	485MHz	「Flipper」	8cm光メディア
Wii	2006年12月2日	Power PC「BroadWay」(IBM製)	735MHz（推測）	「Hollywood」	12cm光メディア

ソニーの据え置き型ゲーム機

	発売日（日本）	CPU	CPUクロック数	GPU	対応メディア
プレイステーション	1994年12月3日	MIPS R3000A	33MHz	Geometric Transfer Engine	CD-ROM
プレイステーション2	2000年3月4日	「Emotion Engine」	294MHz	「Graphics Synthesizer」	DVD-ROM, CD-ROM
プレイステーション3	2006年11月11日	「Cell」	3.2GHz	「Reality Synthesizer」	BD-ROM, DVD-ROM, CD-ROM

マイクロソフトの据え置き型ゲーム機

	発売日（日本）	CPU	CPUクロック数	GPU	対応メディア
Xbox	2002年2月22日	PentiumⅢ	733MHz	NVIDIA NV2A	DVD-ROM, CD-ROM
Xbox360	2005年12月10日	Power PCカスタム	3.2GHz	ATI Xenos	DVD-ROM, CD-ROM（オプション：HD DVD）

セガの据え置き型ゲーム機

	発売日（日本）	CPU	CPUクロック数	GPU	対応メディア
メガドライブ	1988年10月29日	MC68000（16ビット）	7.67MHz		ロムカセット, CD-ROM
セガサターン	1994年11月22日	SH-2 (32ビット)	28.64MHz		CD-ROM
ドリームキャスト	1998年11月27日	SH-4	200MHz	PowerVR2 CLX2	GD-ROM, CD-ROM

参考資料6　主要ゲーム機メーカー3社の携帯ゲーム機の製品仕様（1980年〜2004年）

任天堂の携帯ゲーム機

	発売日（日本）	CPU	CPUクロック数	対応メディア
ゲーム＆ウォッチ	1980年4月28日			内蔵ゲーム
ゲームボーイ	1989年4月28日	Z80カスタム	4MHz	ロムカセット
ゲームボーイアドバンス	2001年3月21日	ARM7TDMI＋カスタムZ80	16.78MHz/8MHz	ロムカセット
ニンテンドーDS	2004年12月2日	ARM946E-S＋ARM7TDMI	67MHz/33MHz	ロムカセット

ソニーの携帯ゲーム機

	発売日（日本）	CPU	CPUクロック数	対応メディア
ポケットステーション	1999年1月23日	ARM7T		CD-ROM XA
プレイステーションポータブル	2004年12月12日	「PSP CPU」（R4000×2）	333MHz	UMD、メモリースティックDuo

セガの携帯ゲーム機

	発売日（日本）	CPU	CPUクロック数	対応メディア
ゲームギア	1990年10月6日	Z80A	3.58MHz	ロムカセット

注：マイクロソフトは，現在まで携帯ゲーム機を発売していない。

参考文献

Abernathy, W. J. (1978) *The Productivity Dilemma: Roadback to Innovation in the Automobile Industry*, John Hopkins University Press.
Abernathy, W. J., K. B. Clark and A. Kantrow (1983) *Industrial Renaissance*, Basic Books. (望月嘉幸監訳 (1984)『インダストリアル・ルネサンス』TBSブリタニカ)
Abernathy, W. J. and K. Clark (1985) "Innovation: Mapping the Winds of Creative Destruction", *Research Policy*, 14, pp.3-22.
Abernathy, W. and J. Utterback (1978) "Patterns of Industrial Innovation", *Technology Review, 80* (7): 40-47.
赤木哲平 (1992)『セガvs.任天堂 マルチメディアウォーズのゆくえ』日本能率協会マネジメントセンター。
青井倫一・和田充夫・矢作恒雄・嶋口光輝 (1989)『リーダー企業の興亡―運命か、戦略の失敗か―』ダイヤモンド社。
青木昌彦 (2002)「産業アーキテクチャのモジュール化―理論的イントロダクション」青木昌彦・安藤晴彦編『モジュール化―新しい産業アーキテクチャの本質』東洋経済新報社。
青島矢一 (2003)「産業レポート:デジタルスチルカメラ」一橋ビジネスレビュー, Summer, pp.116-121。
青島矢一・福島英史 (1998)「異業種からのイノベーション:カシオのデジタル・カメラ (QV-10) 開発」伊丹敬之・加護野忠男・宮本又郎・米倉誠一郎編『日本企業の経営行動3 イノベーションと技術蓄積』有斐閣。
青島矢一・宮原諄治 (2001)「新製品開発のマネジメント」一橋大学イノベーション研究センター編『イノベーションマネジメント入門』日本経済新聞社。
青島矢一・武石彰 (2001)「アーキテクチャという考え方」藤本隆宏・武石彰・青島矢一編『ビジネス・アーキテクチャ―製品・組織・プロセスの戦略的設計』有斐閣。
アクセンチュア調達戦略グループ (2007)『強い調達』東洋経済新報社。
Allen, T., M. Tushman and D. Lee (1979) "Technology Transfer as a Function of Position in the Spectrum from Research through Development to Technical Services", *Academy of Management Journal*, 22, 4, pp.694-708.
Anderson, P. (1999) "Collective Interpretation and Collective Action in Population-level Learning, 16: 277-307. In A. Miner and P. Anderson (Eds.), *Advances in Strategic Management*, Stamford, CT: JAI Press.
Anderson, N., C. K. De Dreu and B. A. Nijstad (2004) "The routinization of

innovation research: a constructively critical review of the state-of-the-science", *Journal of Organizational Behavior*, 25, pp.147-173.

浅羽茂（1995）『競争と協力の戦略―業界標準をめぐる企業行動』有斐閣。

Argyris, C., (1977) "Double Loop Learning in Organizations", *Harvard Business Review*, Sep-Oct, pp.115-125.

Argyris, C., (1991) "Teaching Smart People How to Learn", *Harvard Business Review*, May-June, pp.99-109.

Arthur, B. W. (1989) "Competing Technologies, Increasing Returns, and Lock-in by Historical Events", *Economic Journal*, 99, 394, pp.116-131.

Baldwin, C. Y. and Kim B. Clark, (2000) *Design Rules: The Power of Modularity*, MIT Press.（安藤晴彦訳（2004）『デザインルール―モジュール化パワー』東洋経済新報社）

Barney, J. B. (1986) "Strategic Factor markets: Expectations, Luck, and Business Strategy", *Management Science*, Vol.32, pp.1231-1241.

Barney, J. B. (1991) "Firm Resources and Sustained Competitive Advantage", *Journal of Management*, 17, 1, pp.99-120.

Barney, J. B. (2002) *Gaining and Sustaining Competitive Advantage, Second Edition*, Pearson Education, Inc.（岡田正大訳（2003）『企業戦略論』ダイヤモンド社）

ブレーンチャイルド『マルチメディアビジネストレンド』（各年度版）。

Carnevale, P. J., and T. M. Probst (1998) "Social values and social conflict in creative problem solving and categorization", *Journal of Personality and Social Psychology*, Vol.74, pp.1300-1309.

Chesbrough, H., (2003) "*Open Innovation*", Harvard Business School Press.（大前恵一朗訳（2004）『オープンイノベーション』産業能率大学出版部）

Child, J. and D. Faulkner (1998) *Strategies of Co-operation: Managing Alliances, Networks, and Joint Ventures*, Oxford University Press.

Christensen, C. M. (1997) "*The Innovator's Dilemma*", Harvard Business School Press.（玉田俊平太監訳（1997）『イノベーションのジレンマ：技術革新が巨大企業を滅ぼすとき』翔泳社）

Christensen, C. M. and M. E. Raynor (2003) *The Innovator's Solution: Creating and sustaining Successful Growth*, Harvard Business School Press.（玉田俊平太監訳（2003）『イノベーションへの解：利益ある成長に向けて』翔泳社）

Christesen, C. M., S. D. Anthony and E. A. Roth (2004) *Seeing What's Next: Using the Theories of Innovation to Predict Industry Change*, Harvard Business School Press.（宮本喜一訳（2005）『明日は誰のものか：イノベーションへの最終解』ラ

ンダムハウス講談社）
CIPA（カメラ映像機器工業会）（各年度版）『カメラ映像機器工業会統計』。
Coase, R. H.（1988）*The Firm, the Market, and the Law*, University of Chicago Press.（宮沢健一・後藤晃・藤垣芳文訳（1992）『企業・市場・法』東洋経済新報社）
Collis, D. J. and C. A. Montgomery（1998）*Corporate Strategy: A Resource-Based Approach*, McGraw-Hill.（根来龍之・蛭田啓・久保亮一訳（2004）『資源ベースの経営戦略論』東洋経済新報社）
Cooper, A. C. and D. Schendel,（1976）"Strategic Responses to Technological Threats", *Business Horizons*, 19, 1, pp. 61-69.
Cusumano, M., Y. Mylonadis, and R. Rosenbloom（1992）"Strategic Maneuvering and Mass-Market Dynamics: The Triumph of VHS over Beta", *Business History Review*, 66: 51-94.
Day, G. and J. Schoemaker,（2006）*Peripheral Vision*, Harvard Business School Press.
Daft, R. and K. Weick,（1984）"Toward a Model of Organizations as Interpretation Systems", *Academy of Management Review*, 9, 2, pp. 284-295.
David, A.（1985）"Clio and the Economics of QWERTY", *American Economic Review*, 75, 2, pp. 332-337.
De Dreu, C. K.（2002）"Team innovation and team effectiveness: the importance of minority dissent and reflexivity", *European Journal of Work and Organizational Psychology*, 11, 3, pp.285-298.
De Dreu, C. K. and M. A. West（2001）"Minority dissent and team innovation: the importance of participation in decision making", *Journal of Applied Psychology*, 86, 6, pp.1191-1201.
Dierickx, I. and K. Cool,（1989）"Asset Stock Accumulation and Sustainability of Competitive Advantage", *Management Science*, 35, 12, pp.1504-1511.
Eisenhardt, K. M.（1989）"Building Theories from Case Study Research", *The Academy of Management Review*, 14, 4, pp.532-550.
Eisenhardt, K. M. and J. A. Martin（2000）"Dynamic Capabilities: Why Are They?", *Strategic Management Journal*, 21, pp. 1105-1121.
Festinger, L.（1957）*A Theory of Cognitive Dissonance*, Row Peterson.（末永俊郎監訳（1965）『認知的不協和の理論』誠信書房）
Fine, C. H.（1998）*Clockspeed: Winning Industry Control in the Age of Temporary Advantage*, Perseus Book Group.（小幡照雄訳（1999）『サプライチェーン・デザイン─企業進化の法則』日経BP社）

Foster, R. (1986) *Innovation: The Attacker's Advantage*, Summit Books.(大前研一訳(1987)『イノベーション』TBSブリタニカ)
Foster, R. and S. Kaplan (2001) *Creative Destruction*, McKinsey & Company, Inc.(柏木亮二訳(2002)『創造的破壊』翔泳社)
藤本隆宏(2003)『能力構築競争』中公新書。
藤本隆宏(2004)『日本のもの造り哲学』日本経済新聞社。
藤本隆宏・青島矢一・武石彰(2001)『ビジネス・アーキテクチャ―製品・組織・プロセスの戦略的設計』有斐閣。
藤本隆宏・延岡健太郎(2006)「競争力分析における継続の力:製品開発と組織能力の進化」『組織科学』39, 4, pp.43-55。
藤坂浩司(2001)『EMSがメーカーを変える! 製造アウトソーシングで競争に勝つ』日本実業出版社。
藤原雅俊(2004)「生産技術の事業間転用による事業内技術転換」日本経営学会誌, 12, pp.33-44。
福島英史(2002)「デジタルカメラ産業の勃興過程:電子スチルカメラ開発史」米倉誠一郎編『現代経営学講座(2) 企業の発展』八千代出版。
Garud, R. and P. R. Nayyar (1994) "Transformative Capacity: Continual Structuring by Intertemporal Technology Transfer", *Strategic Management Journal*, Vol.15, pp.365-385.
Gavetti, G. and D. Levinthal (2000) "Looking Forward and Looking Backward: Cognitive and Experimental Search", *Administrative Science Quarterly*, 45, pp. 113-137.
George, J. M. and J. Zhou (2001) "When openness to experience and conscientiousness are related to creative behavior: an interactional approach", *Journal of Organizational Behavior*, Vol.20, pp.1139-1155.
Gilad, B. (2004) *Early Warning: Using Competitive Intelligence to Anticipate Market Shifts, Control Risk, and Create Powerful Strategies*, Amacom Books.
浜村弘一(2007)『ゲーム産業で何が起こったか?』アスキー。
Hamel, G. (2000) *Leading the Revolution*, Harvard Business School Press.(鈴木主税・福嶋俊造訳(2001)『リーディング・ザ・レボリューション』日本経済新聞社)
Hamel, G. and B. Breen (2007) *The Future of Management*, Harvard Business School Press.
韓美京・近能善範(2001)「アーキテクチャ特性と製品開発パターン:自動車部品のケース」藤本隆宏・武石彰・青島矢一編『ビジネス・アーキテクチャ―製品・組織・プロセスの戦略的設計』有斐閣。
Hannan, M. and J. Freeman (1984) "Structural Inertia and Organizational

Change", *American Sociological Review*, 49, pp.149-164.
Hannan, M. T. and J. Freeman (1989) *Organizational Ecology*, Harvard University Press.
原田保編 (2001)『EMSビジネス革命―グローバル製造企業への戦略シナリオ―』日科技連。
Helfat, E. C. (1997) "Know-How and Asset Complementarity and Dynamic Capabilities Accumulation: The Case of R&D", *Strategic Management Journal*, 18, pp. 339-360.
Henderson, R. and K. Clark (1990) "Architectural Innovation: The Reconfiguration of Existing Product Technologies and the Failure of Established Firms", *Administrative Science Quarterly*, 35, pp.9-30.
平本厚 (1994)『日本のテレビ産業』ミネルヴァ書房。
生稲史彦 (2000)「家庭用ゲームソフトの製品開発 消費者感性のシュミレート」藤本隆宏・安本雅典『成功する製品開発 産業間比較の視点』有斐閣。
稲垣公夫 (2001)『EMS戦略 企業価値を高める製造アウトソーシング』ダイヤモンド社。
Itami, H. (1987) *Mobilizing Invisible Assets*, Harvard University Press.
伊丹敬之・一橋MBA戦略ワークショップ (2003)『企業戦略白書・日本企業の戦略分析：2002』東洋経済新報社。
伊丹敬之・加護野忠男 (2003)『ゼミナール 経営学入門 第3版』日本経済新聞社。
次世代PDP開発センター編 (2006)「トコトンやさしいプラズマディスプレイの本」日本工業新聞社。
Joskow, P. (1985) "Vertical integration and long-term contracts: the case of coal-burning electric generating plants", *Journal of Law, Economic, and Organization*, 1, pp.33-80.
伊藤宗彦 (2004)「EMSが生み出す製造価値―アメリカ，台湾のEMS企業と日本の製造業の戦略比較―」『流通研究』7, 2, pp.57-73。
伊藤宗彦 (2005)『製品戦略マネジメントの構築：デジタル家電商品企業の競争戦略』有斐閣。
逸見啓・大西勝明 (1997)『日本のビッグ・ビジネス21 任天堂・セガ』大月書店。
加護野忠男 (1988)『組織認識論』千倉書房。
Kanter, R. M. (1983) *The change masters*, Simon and Schuster, NY.
加藤良平 (2003)『ソニーのDNAを受けついだ11人』集英社。
軽部大 (2001)「日米HPC産業における2つの性能進化：企業の資源蓄積と競争環境との相互依存関係が性能進化に与える影響」組織科学, 35, 2, pp.95-113。
勝見明 (1998)『ソニーの遺伝子 平面ブラウン管テレビ「ベガ」誕生物語に学ぶ商

品開発の法則』ダイヤモンド社。

Katz, R. and T. J. Allen (1982) "Investigating the Not Invented Here (NIH) Syndrome: A Look at the Performance, Tenure, and Communication Patterns of 50 R&D Project Groups", *R&D management*, 12, 1, pp.7-19.

Katz, M. L. and C. Shapiro (1985) "Network Externalities, Competition, and Compatibility", *American Economic Review*, 75, pp.424-440.

河合忠彦 (2004)『ダイナミック戦略論：ポジショニング論と資源論を超えて』有斐閣。

Kim, W. C. and R. Mauborgne (2005) *Blue Ocean Strategy*, Harvard Business School Press.（有賀裕子訳 (2005)『ブルー・オーシャン戦略―競争のない世界を創造する』ランダムハウス講談社）

高永才 (2006)「技術知識蓄積のジレンマ―温度補償型推奨発振器市場の製品開発過程における分析」『組織科学』40, 2, pp.62-73。

小橋麗香 (1998)「ソフトのイノベーション　任天堂のデファクト・スタンダード形成とソフト開発」伊丹敬之・加護野忠男・宮本又郎・米倉誠一郎編『日本企業の経営行動　イノベーションと技術蓄積』有斐閣。

小島郁夫 (2000)『図解 ソニーのすべて』ぱる出版。

紺野登 (2008)『知識デザイン企業』日本経済新聞社。

Kotler, P. (2000) *Marketing Management, The Millennium Edition*, Prentice Hall.

Kotler, P. and F. T. de Bes (2003) *Lateral Marketing: New Techniques for Finding Breakthrough Ideas*, John Wiley & Sons Inc.（恩蔵直人監訳 (2004)『コトラーのマーケティング思考法』東洋経済新報社）

国友隆一 (1994)『セガVS.任天堂・新市場で勝つのはどっちだ!?―次世代ゲーム機からマルチメディアまで 第二ラウンドに入った中山隼雄と山内溥の戦い』こう書房。

楠木建・阿久津聡 (2006)「カテゴリー・イノベーション：脱コモディティ化の論理」『組織科学』39, 3, pp.4-18。

Langlois, R. N. and P. L. Robertson (1992) "Networks and Innovation in a Modular System: Lessons from the Microcomputer and Stereo Component Industry", *Research Policy*, Vol.21, pp.297-313.

Leonard-Barton, D. (1992) "Core Capacities and Core Rigidities: A Paradox in Managing New Product Development", *Strategic Management Journal*, Vol.13, pp.111-125.

Leonard-Barton, D. (1995) *Wellsprings of knowledge: Building and Sustaining the Sources of Innovation*, Harvard Business Press.（阿部孝太郎他訳 (2001)『知識の源泉―イノベーションの構築と持続』ダイヤモンド社）

Levitt, B. and J. March (1988) "Organizational Learning", *American Review of*

Sociology, 14, pp.319-340.

Lewin, K. (1951) *Resolving Social Conflicts and Field Theory in Social Science*, American Psychological Association. (猪股左登留訳 (1956)『社会科学における場の理論』誠信書房)

Lippman, S. A. and R. P. Rumelt (1982) "Uncertain Imitability: An Analysis of Interfirm Differences in Efficiency Under Competition", *Bell Journal of Economics*, 13, 2, pp. 418-438.

Lovelace, K., D. L. Shapiro and L. R. Weingart (2001) "Maximizing cross-functional new product teams' innovativeness and constraint adherence: a conflict communications perspective", *Academy of Management Journal*, 44, pp.779-783.

March, J. G. (1991) "Exploration and exploitation in organizational learning", *Organization Science*, 2, pp.71-87.

March, J. and H. Simon (1958) *Organizations*, John Wiley & Sons Inc. (土屋守章訳 (1977)『オーガニゼーションズ』ダイヤモンド社)

McEvily, S. and B. Chakravarthy (2002) "The Persistence of Knowledge-based Advantage: An Empirical Test for Product Performance and Technological Knowledge", *Strategic Management Journal*, 23, 4, pp.285-305.

Miller, D. (1990) *The Icarus Paradox: How Exceptional Companies Bring about Their Own Downfall: New Lessons in the Dynamics of Corporate Success*, Harper Business.

溝上幸伸 (2008)『Wiiのすごい発想』ぱる出版。

Morris, C. and C. Ferguson (1993) "How Architecture Wins Technology Wars", *Harvard Business Review*, Mar./Apr., pp.86-96.

中田宏之 (1990)『任天堂大戦略』JICC出版。

Nelson, R. and S. Winter (1982) *An Evolutionary Theory of Economic Change*, Harvard University Press.

日本経済新聞社 (2005)『ソニーとSONY』日本経済新聞社。

日経BP社『日経マーケット・アクセス別冊デジタル家電市場総覧』(各年度版)。

日経産業新聞『日経市場占有率』(各年度版)。

延岡健太郎 (2002)『製品開発の知識』日経文庫。

延岡健太郎 (2006)「MOT [技術経営] 入門」日本経済新聞社。

延岡健太郎・伊藤宗彦・森田弘一 (2006)「コモディティ化による価値獲得の失敗：デジタル家電産業の事例」榊原清則・香山晋編『イノベーションと競争優位―コモディティ化するデジタル機器』NTT出版。

野中郁次郎・勝見明 (2004)「イノベーションの本質」日経BP出版センター。

沼上幹 (1999)「液晶ディスプレイの技術革新史：行為連鎖システムとしての技術」

白桃書房。

沼上幹・淺羽茂・新宅純二郎・網倉久永（1992）「対話としての競争—電卓産業における競争行動の再解釈」組織科学，26, 2, pp.64-79。

長内厚（2006）「組織分離と既存資源活用のジレンマ—ソニーのカラーテレビ事業における新旧技術の統合—」組織科学，40, 1, pp.84-96。

織畑基一（1990）『情報世紀への企業革新 日本企業の自我確立のために』日本経済新聞社。

Penrose, E. (1959) *The Theory of the Growth of the Firm*, Basil Blackwell.（末松玄六訳（1962）『会社成長の理論』ダイヤモンド社）

Peteraf, M. (1993) "The Cornerstones of Competitive Advantage: A Resource-Based View", *Strategic Management Journal*, 14, 3, pp.179-191.

Pine, B. J. and J. H. Gilmore (1999) *The Experience Economy*, Harvard Business School Press.

Porter, M. (1980) *Competitive Strategy*, Free Press.（土岐坤他訳（1982）『競争の戦略』ダイヤモンド社）

Porter, M. (1985) *Competitive Advantage: Creating and Sustaining Superior Performance*, Free Press.（土岐坤他訳（1985）『競争優位の戦略—いかに高業績を持続させるか』ダイヤモンド社）

Prahalad, C. K. and R. Bettis (1986) "The Dominant Logic: A New Linkage Between Diversity and Performance", *Strategic Management Journal*, 7, pp.485-551.

Prahalad, C. K. and G. Hamel (1990) "The Core Competence of the Corporation", *Harvard Business Review*, 68, 3, pp.79-91.

Prahalad, C. K. and G. Hamel (1994) *Competing for the Future*, Harvard Business School Press.（一條和生訳（1995）『コア・コンピタンス経営』日本経済新聞社）

Prahalad, C. K. and V. Ramaswamy (2004) *The Future of Competition: Co-creating Unique Value with Customers*, Harvard Business School Press.

Rumelt, R. (1984) *Towards a Strategic Theory of the Firm, in Competitive Strategic Management*, R. Lamb (ed.), Prentice-Hall.

齋藤靖（2004）「技術環境の創発的形成と既存企業の適応力—日米セメント産業における比較分析」『組織科学』38, 1, pp.56-65。

齋藤冨士郎（2005）「組織能力としてのコア技術形成能力」経営・情報研究，9, pp.33-45。

榊原清則（2005）『イノベーションの収益化』有斐閣。

榊原清則・香山晋編（2006）『イノベーションと競争優位—コモディティ化するデジタル機器』NTT出版。

佐久間昭光（1998）『イノベーションと市場構造』有斐閣。
Saloner, G., A. Shepard and J. Podolny（2001）*Strategic Management*, John Wiley & Sons, Inc.（石倉洋子訳（2002）『経営戦略論』東洋経済新報社）
Sanchez, R.（1995）"Strategic Flexibility in Product Competition", *Strategic Management Journal*, 16, Special Issue, pp.135-159.
Sanchez, R. and J. T. Mahoney（1996）"Modularity, Flexibility, and Knowledge Management in Product and Organization Design", *Strategic Management Journal*, 17, Winter Special Issue, pp.63-76.
経済産業省経済産業政策局調査統計部編『機械統計年報』（各年度版）。
Schilling, M.（2000）"Towards a General Modular Systems Theory And Its Application to Interfirm Product Modularity", *Academy of Management Review*, Vol.25, pp.312-334.
Sheff, D.（1993）*Game Over*, Random House.（篠原慎訳（1993）『ゲーム・オーバー　任天堂王国を築いた男たち』角川書店）
柴田高（1992）「ハードウェアとソフトウェアの事業統合と戦略形成」組織科学, 26, 2, pp.80-90。
新宅純二郎・網倉久永（2001）「戦略スキーマの相互作用―組織の独自能力構築プロセス―」新宅純二郎・淺羽茂編『競争戦略のダイナミズム』日本経済新聞社。
新宅純二郎・田中辰雄・生稲史彦（1999）「家庭用ゲームソフトにおける開発戦略の比較　開発者抱え込み戦略と外部制作者活用戦略」ディスカッション・ペーパー, CIRJE-J-11, 東京大学大学院経済学研究科・経済学部。
新宅純二郎・田中辰雄・生稲史彦（2000）「家庭用ビデオゲーム開発企業に関する実態調査―製品戦略, 製品開発, 人的資源管理における3つの企業類型―」ディスカッション・ペーパー, No.47, 日本学術振興会　未来開拓学術研究推進事業「電子社会と市場経済」プロジェクト。
Simon, H. A.（1996）*The Sciences of the Artificial, 3rd ed*, MIT Press.（稲葉元吉・吉原英樹訳（1999）『システムの科学　第3版』パーソナル・メディア）
椙山泰生（2000）「カラーテレビの製品開発　戦略的柔軟性とモジュラー化」藤本隆宏・安本雅典『成功する製品開発　産業間比較の視点』有斐閣。
ソニー広報部（2001）『ソニー自叙伝』ワック株式会社。
ステファン・M・ハスラー（2000）『青い目が見たソニーvs松下・東芝』東洋経済新報社。
鈴木八十二編（2002）「トコトンやさしい液晶の本」日本工業新聞社。
武田亨（1999）『任天堂の法則』ゼスト。
高橋健二（1986）『任天堂商法の秘密　いかにして"子供の心"を掴んだか』祥伝社。
田中辰雄・新宅純二郎（2001）「ゲームソフト産業における企業組織と成果―抱え込

み型と外部活用型」奥野正寛・池田信夫編『情報化と経済システムの転換』東洋経済新報社。

Teece, D., G. Pisano and A. Shuen (1997) "Dynamic Capabilities and Strategic Management", *Strategic Management Journal*, 18, pp. 509-533。

Thomke, S. and D. Reinertsen (1998) "Agile Product Development: Managing Development Flexibility in Uncertain Environment", *California Management Review*, Vol.41, No.1, pp.8-30.

Tidd, J., J. Bessant and K. Pavitt (2001) *Managing Innovation: Integrating Technological, Market and Organizational Change*, 2nd ed. John Wiley &Sons.(後藤晃・鈴木潤監訳(2004)『イノベーションの経営学』NTT出版)

中日社『電子機器年鑑』(各年度版)。

Tushman, L. and P. Anderson (1986) "Technological Discontinuities and Organizational Environments", *Administrative Science Quarterly*, 31, pp.439-465.

Tripsas, M. and G. Gavetti, (2000) "Capabilities, Cognition, and Inertia: Evidence from Digital Imaging", *Strategic Management Journal*, 21, pp.1147-1161.

上野正樹(2006)「モジュラー型製品の二面性」『一橋ビジネスレビュー』Spr, pp.52-65。

Ulrich, K. T. (1995) "The Role of Product Architecture in The Manufacturing Firm", *Research Policy*, 24, pp.419-440.

内海一郎(1991)『任天堂・ガリバー商法の秘密』日本文芸社。

Utterback, J. M. (1994) *Mastering the Dynamics of Innovation*, Harvard Business School Press.(小津正和・小川進監訳(1998)『イノベーション・ダイナミクス―事例から学ぶ技術戦略』有斐閣)

Utterback, J., B. A. Vedin, E. Alvarez, S. Ekman, S. W. Sanderson, B. Tether and R. Verganti (2006) *Design-Inspired Innovation*, World Scientific Publishing Co. Pte, Ltd.(サイコムインターナショナル訳(2008)『デザイン・インスパイアード・イノベーション:顧客に喜びを与え,簡素と品位を強調し,意味を創造する』ファーストプレス)

Van Dyne, L. and R. Saavedra (1996) "A naturalistic minority influence experiment: effects of divergent thinking, conflict and originality in work-groups", *British Journal of Social Psychology*, 35, pp.151-167.

Vogel, C. M. and J. Cagan and P. Boatwright (2005) *The Design of Things to Come: How Ordinary People Create Extraordinary Products*, Pearson Education, Inc.(スカイライトコンサルティング訳(2006)『ヒット企業のデザイン戦略』英知出版)

von Hippel, E. (1988) *The Sources of Innovation*, New York, Oxford University

Press.
Wernerfelt, B., (1984) "A Resource-Based View of the Firm", *Strategic Management Journal*, 5, pp.171-180.
Wernerfelt, B. (1989) "From critical resources to corporate strategy", *Journal of General Management*, 14, Spring, pp.4-12.
Wernerfelt, B. and C. A. Montgomery (1986) "What Is an Attractive Industry?", *Management Science*, 32, 10, pp.1223-1230.
West, M. A. (2002) "Sparkling fountains or stagnant ponds: an integrative model of creativity and innovation implementation in work groups", *Applied Psychology : An International Review*, 51, pp.355-387.
Williamson, O. E. (1975) *Markets and Hierarchies: Analysis and Antitrust Implications*, The Free Press.
Williamson, O. E. (1985) *The Economic Institutions of Capitalism*, The Free Press.
Winter, S. (2003) "Understanding Dynamic Capabilities", *Strategic Management Journal*, 24, pp. 991-995.
Worren, N., and K. Moore and P. Cardona (2002) "Modularity, Strategic Flexibility, and Firm Performance: A Study of the Home Appliance Industry", *Strategic Management Journal*, 23, pp. 1123-1140.
山田英夫 (2004)『デファクトスタンダードの競争戦略』白桃書房。
山田英夫 (2007)『逆転の競争戦略—競合企業の強みを弱みに変えるフレームワーク 第3版』生産性出版。
山口洋平 (2004)「カシオ計算機における「EXILIM」の開発」『赤門マネジメントレビュー』3, 6, pp.253-288。
Yin, R. K. (1984) *Case Study Research: Design and Methods*, 2nd ed., Sage. (近藤公彦訳 (1996)『ケース・スタディの方法』第2版, 千倉書房)
湯山将美 (2002)「薄型デジタルカメラEXILIMの開発」『マイクロメカトロニクス』46, 4, pp.9-15。
Zhou, J. and J. M. George (2001) "When job dissatisfaction leads to creativity: encouraging the expression of voice", *Academy of Management Journal*, Vol.44, pp.682-696.
Zott, C. (2003) "Dynamic Capabilities and the Emergence of Intraindustry Differential Firm Performance: Insights from a Simulation Study", *Strategic Management Journal*, 24, pp. 97-125.
Zucker, L. (1977) "The Role of Institutionalization in Cultural Persistence", *American Sociology Review*, 42, October, pp.726-743.
Zyglidopoulos, S. (1999) "Initial Environmental Conditions and Technological

Change", *Journal of Management Studies*, 36, 2, pp.241-262.

雑誌・新聞
『エコノミスト』毎日新聞社。
『週刊ダイヤモンド』ダイヤモンド社。
『週刊東洋経済』東洋経済新報社。
『ニューズウィーク』阪急コミュニケーションズ。
『日経エレクトロニクス』日経BP社。
『日経ビジネス』日経BP社。
『日経情報ストラテジー』日経BP社。
『日経産業新聞』
『日本経済新聞』
『読売新聞』

索　引

英　数

4アクション ……………………………… 224
Broadway …… 136, 142, 149, 162, 172, 202
EMS ……………………………………… 222
FED ……………………………………… 50
HCLi ……… 96, 103, 108, 172, 176, 193, 202
Hollywood ……………… 136, 142, 149, 162, 172
IPS ………………………………… 52, 63, 173
Make or Buy …………………………… 222
MCM ……… 96, 103, 111, 107, 142, 193, 196
NIHシンドローム ……………………… 21
QV部 ……………………… 92, 109, 191
Resource-Based View of the Firm（RBV）
 …………… 1, 5, 14, 28, 185, 221, 226
S-LCD ……… 50, 53, 54, 57, 60, 66, 70, 172,
 173, 177, 180, 203
T-Controller ………………… 62, 182, 203
Wiiリモコン ……… 137, 144, 145, 148, 155,
 188, 194, 203

あ　行

アーキテクチャ ………………………… 31
アートフレームデザイン ………… 63, 194
アクションマトリクス ………………… 223
新しいデザイン ………………………… 193
アタリショック ………………………… 118
後工程 …………… 53, 57, 61, 62, 66, 172, 203
暗黙知 ……………………… 16, 17, 20, 21
因果関係のあいまいさ ………… 15, 16, 28
インターネット開発センター …… 92, 108
インバートテッサー方式 ……………… 95
液晶WEGA ……………………… 50, 52, 54
エクシリム …………………………… 77, 90

か　行

外的妥当性 ……………………………… 6
開発リードタイム ……………………… 22
価値曲線 ………………………………… 27
過当競争 ………………………………… 26
カニバリゼーション …………………… 18
技術流出 ……………… 57, 61, 110, 204
基盤技術 …………… 3, 4, 11, 13, 34, 78, 119
基盤技術の保有の意図
 ……………… 198, 201, 204, 211, 212, 225
基盤技術は持つことができない
 （can not make） ……………… 221, 225
基盤技術をあえて持たない
 （will not make）
 ……………… 201, 202, 204, 210, 225
基盤技術を保有しないからこそ発生する
 強み …………………………………… 30
基盤技術を保有しないからこそ発生する
 独自性 ……………… 193, 209, 222, 223
基盤技術を保有しないことによる柔軟性
 ………………………………… 111, 208
基盤デバイス …………………… 4, 6, 7, 78
基盤デバイス調達元企業に関する情報の
 獲得 …………………………………… 181
基盤デバイスの特性に関する情報 …… 181
規模の経済 ……………………………… 23
基本機能 ……………… 3, 4, 34, 78, 118
業界標準 ……………………… 16, 23, 29
競争 ……………………………………… 3
競争原理 ………………………………… 65
競争地位 …………… 2, 7, 8, 120, 158, 161, 191
競争優位の源泉 ………………… 1, 13, 14
協調 ……………………………………… 3

切替容易性 ……… 67, 71, 104, 111, 152, 175,
　　　　　　　　178, 181, 207, 213, 222
経験の罠 ……………………………………… 24
経済的優位性 ……… 11, 65, 70, 102, 149, 162,
　　　　　　　　169, 170, 204, 207, 212, 221
形式知 ………………………………… 16, 17, 21
ケイパビリティ ………………………… 14, 29
経路依存 ‥ 6, 7, 15, 16, 20, 28, 31, 186, 212
ケーススタディ ………………………… 5, 6, 9, 30
コア技術 …………………………………… 4, 5, 231
コアケイパビリティ ………… 17, 18, 28, 31
コアコンピタンス ………………………… 231
コアリジディティ ……… 17, 18, 20, 28, 221
顧客の要求水準 ………………… 25, 179, 219
コスト優位性 ……………………………… 170
コモディティ化 ……………………………… 25, 26
娯楽品 ……………………… 7, 120, 124, 158
コンピテンシートラップ ………… 17, 221
コンフリクト ……………………………… 190

さ 行

サンクコスト ……………… 67, 71, 175, 176
3次元加速度センサ
　　　　　…… 131, 145, 156, 163, 198, 200
試行錯誤の学習 …………………………… 16
思考枠組み ………………………………… 154
思索・探索の活性化 ……… 69, 72, 108, 112,
　　　　　　　　157, 185, 188, 193, 209, 214, 222
資本集約的 …………………………… 61, 213
柔軟性 ……………………………… 178, 181
周辺技術 ………………………… 3, 227, 229
使用文脈 ……………………………… 193, 194, 223
事例分析 ……………………………………… 5
ジレンマ ……………………………………… 1
新興企業 ……………………………… 25, 27
人材の流動性 ……………………………… 175
新市場破壊的イノベーション ………… 223

心理的エネルギー
　　　　　……… 69, 108, 158, 189, 209, 214
水平分業化 ………………………………… 6
ストライプ配列液晶
　　　　　……………… 101, 110, 111, 194, 196
スピルオーバー …………………………… 223
スピンアウト ………………………………… 225
スライディング・レンズ・システム
　　　　　……………………………… 102, 103
生産用役 …………………………………… 227
製造専業メーカー ……………………… 222
製品アーキテクチャ ……………… 6, 22, 217
製品イノベーション ………………………… 3
製品差別化に関する思考枠組み … 35, 44,
　　　　　　　　68, 82, 106, 111, 157, 186, 195, 209
製品統合に関する情報 ………………… 182
潜在的な消費者 …………………………… 185
選択広範性 ……… 66, 71, 103, 111, 151, 170,
　　　　　　　　174, 181, 207, 212, 222
戦略キャンバス ……………………… 27, 224
戦略的柔軟性 ……………………… 22, 205
組織慣性 …………………………… 19, 189
組織的危機感 … 69, 72, 109, 110, 112, 161,
　　　　　　　　163, 189, 193, 209, 214, 222
組織的優位性 …… 11, 67, 72, 104, 152, 162,
　　　　　　　　169, 184, 193, 204, 214, 222, 232
ソニー専用パネル ……………… 59, 62, 203
ソニーパネル ……… 53, 54, 56, 57, 61, 67,
　　　　　　　　172, 177, 203

た 行

代替製品 ………………………… 87, 91, 105, 106
ダイナミック・ケイパビリティ ………… 14
ダブルループ学習 ………………………… 190
知識構築活動 …………………………… 17, 28
中間財の市場化 ………………………… 23, 218
調達元企業の供給量に関する情報 …… 183

調達元企業の生産能力に関する情報
　　　　　　　　　　　　181, 182
調達元企業の納期に関する情報 ……… 183
調達元企業の持つ基盤デバイスに関する
　情報 …………………………………… 181
沈胴式 ……………………………………… 102
デジタルインターフェイス液晶 … 97, 107
デバイス生産 ………………… 23, 29, 217
デバイスの外販 ……………… 23, 29, 217
導入期 …… 8, 11, 25, 171, 216, 218, 225, 226
特許 ………………………………………… 16
ドミナントデザイン ……………… 11, 25, 191
ドミナントロジック ……………………… 24
トリニトロン ………………… 40, 45, 46, 199
トリルミナス ……………………………… 54

な 行

内的妥当性 …………………………………… 7
ネットワーク外部性 ………………… 16, 23

は 行

破壊的イノベーション ……………… 26, 225
バッファ …………………………………… 61
パネル企画室 ………………………… 50, 58
バリューイノベーション ……………… 223
非消費者 ……………………………… 185, 209
必需品 …………………………… 7, 122, 158
ファクター特定アプローチ …………… 227
ファブレス企業 ………………………… 222
不完全な移動性 ………………………… 16
プラズマアドレス液晶 …… 46, 47, 48, 201
ブラビア（BRAVIA）………… 54, 57, 234
ブラビアエンジン ………………………… 54
ブルーオーシャン ……………… 26, 223, 224
フローティングデザイン …………… 63, 194
プロセス解明アプローチ ……………… 227
ベガ（WEGA）………………………… 40, 46
ベガエンジン ……………………………… 54
ポジショニングスクール ……………… 227
マインドセット ………………………… 186
マイクロレンズ ……… 94, 95, 103, 108, 172
前工程 ……………… 53, 57, 61, 62, 66, 172

ま 行

モジュラー ………………………………… 31
モジュラー化 …… 6, 22, 29, 31, 217, 222
持たざる強さ …………………………… 2, 14
持つ強さ …………………………………… 1, 2
持つ弱さ（can not make）
　　　　　　　　　…… 13, 201, 203, 204
模倣 …………………………… 3, 15, 17, 28
模倣困難 ………………… 15, 16, 17, 21, 28

や 行

有機ELテレビ …………………………… 50, 58

ら 行

ライセンス ………………………………… 16
リアプロテレビ …………………………… 58
リジディティ ……………………………… 1
流動期 ……………………………………… 3, 4
量産効果 … 56, 61, 62, 66, 80, 126, 173, 230
累積生産量 ………………………………… 23
ルーティン ………………………… 19, 189
レッドオーシャン ……………………… 26, 223
ロードマップ …… 135, 142, 150, 158, 192

【著者紹介】
山﨑喜代宏（やまざき　きよひろ）

長野県生まれ。
東北大学経済学部卒業，神戸大学大学院経営学研究科博士課程修了，日本学術振興会特別研究員（DC2）。
中京大学経営学部専任講師，メルボルン大学客員研究員を経て，現在，中京大学経営学部准教授。
博士（経営学）。

「持たざる企業」の優位性
―基盤技術を保有しない企業の製品開発―

2017年2月1日　第1版第1刷発行

著　者	山　﨑　喜代宏
発行者	山　本　　　継
発行所	㈱中　央　経　済　社
発売元	㈱中央経済グループ パブリッシング

〒101-0051　東京都千代田区神田神保町1-31-2
　　　　　　電話　03（3293）3371（編集代表）
　　　　　　　　　03（3293）3381（営業代表）
　　　　　　http://www.chuokeizai.co.jp/
　　　　　　印刷／三英印刷㈱
　　　　　　製本／誠製本㈱

Ⓒ 2017
Printed in Japan

＊頁の「欠落」や「順序違い」などがありましたらお取り替えいたしますので発売元までご送付ください。（送料小社負担）
ISBN978-4-502-20881-2　C3034

JCOPY〈出版者著作権管理機構委託出版物〉本書を無断で複写複製（コピー）することは，著作権法上の例外を除き，禁じられています。本書をコピーされる場合は事前に出版者著作権管理機構（JCOPY）の許諾を受けてください。
JCOPY〈http://www.jcopy.or.jp　eメール：info@jcopy.or.jp　電話：03-3513-6969〉